（典藏版）

百部国学传世经典

中华国学经典盛宴／获取先贤核心智慧

中华成语典故

宋双双／主编

漓江出版社

图书在版编目（CIP）数据

中华成语典故／宋双双主编. -- 桂林：漓江出版社，2022. 4
（百部国学传世经典）
ISBN 978-7-5407-9216-9

Ⅰ. ①中… Ⅱ. ①宋… Ⅲ. ①汉语-成语-典故 Ⅳ. ①H136. 31

中国版本图书馆 CIP 数据核字(2022)第 031402 号

中华成语典故 ZHONGHUA CHENGYU DIANGU

主　　编　宋双双

出 版 人　刘迪才
策划编辑　陈植武　林晓鸿
责任编辑　陈植武
助理编辑　覃滟迪
装帧设计　林晓鸿　宋双成
责任监印　杨　东

出版发行　漓江出版社有限公司
社　　址　广西桂林市南环路 22 号
邮　　编　541002
发行电话　010-65699511　0773-2583322
传　　真　010-85891290　0773-2582200
邮购热线　0773-2582200
网　　址　www. lijiangbooks. com
微信公众号　lijiangpress

印　　制　北京飞达印刷有限责任公司
开　　本　710 mm×1000 mm　1/16
印　　张　30
字　　数　588 千字
版　　次　2022 年 4 月第 1 版
印　　次　2022 年 4 月第 1 次印刷
书　　号　ISBN 978-7-5407-9216-9
定　　价　45. 00 元

前言

中华民族有着数千年的文明历史，创造了光辉灿烂的古代文化，其中中国传统国学是我国辉煌灿烂的文化典籍的核心部分，它博大精深、源远流长，显示出中华文化的深厚根基，给人类留下了丰富的精神财富。它塑造了我们中华民族的民族精神，开启心智，滋润生命，陶冶人格，塑造灵魂。

开卷有益，忙碌的人们闲暇之时，应该用传统国学来陶冶自己的情操，开阔自己的心胸，提高自己的人文修养，用先人的哲思来涤荡自己忙碌的心灵。我们应该坚持阅读的爱好，在潮流文化的强大攻势下，让传统文化永驻我们的心田。“复兴国学，从根本上讲，是复兴中华民族的自尊心、自信心。”我们要甄选传世经典著作中最经典的部分来读，要以开放的胸襟和燃烧的激情去承接古人的经典大论与哲思华章，以自豪而不狂妄、执着而不僵化的精神风貌来直面当今社会的竞争与挑战。

为了弘扬中国传统文化，帮助读者深刻了解我们的历史与文化，用经典历史文学知识陶冶情操、提高文化修养，同时使国学得到承传，得以弘扬光大，我们精心编排了本丛书。

本丛书选取了国学经典著作中很多优秀的作品及资料，博采各类经典作品的长处并有所创新，以使得本丛书风格迥异、卓然超群，相信会给读者带来全新的感受。

由于时间仓促，书中难免有不尽之处，恳请读者朋友提出宝贵意见，在此深表谢意。

导读

精悍的成语，仿佛一颗颗经过漫长岁月凝成的珍珠，是古人智慧的结晶，多出自古人的著作，也有一代代人口口相传到今天的。其背后都有着意义深远的故事，这些故事往往内涵深刻、富有趣味，了解了这些故事，有助于加深我们对成语的理解，在运用时能够更加得心应手，语言能力和写作能力都能得到相应的提升。

流传至今的常用成语，多数都有个“显赫”的典故，特别是我们今天奉为经典的春秋战国时期的著作，是成语最重要的源头。举例来说，在儒家经典著作《论语》中，诞生了不少使用频率很高的成语。“不耻下问”出自孔子对卫国大夫孔文子的赞美。孔文子身居高位却不骄傲自满，而是永远保持着好学的习惯，向每一个可以带给自己新知识的人学习，而不问对方身份高低。因此，孔子盛赞孔文子，说他“敏而好学，不耻下问”，这种学习态度无疑是值得我们学习的。“四海之内皆兄弟”则出自孔子的弟子子夏对同学司马牛的劝诫。司马牛因自己没有兄弟而落寞，子夏对司马牛说，只要自己谨慎处事、以礼待人，那么四海之内都有自己的兄弟。

儒家另一部经典著作《孟子》，堪称成语大户。“出尔反尔”出自书中孟子对邹穆公的劝谏，他告诉邹穆公，君主怎样对待老百姓，老百姓就会怎样对待君主；但有趣的是，今天用“出尔反尔”来形容一个人言行前后矛盾，反复无常。成语在今天的含义与出处不同甚至相反，是成语典故中经常出现的现象，也是语言、文化不断演进、变形的结果。“明察秋毫”出自孟子对齐宣王的劝谏，他对齐宣王说：“有个人说自己能把秋天鸟兽新长的绒毛的末梢看得清清楚楚，却看不见眼前的一车柴草，您相信吗？”齐宣王自然不信，孟子就顺理成章地对齐宣王说，那个人之所以看不到一车柴草，是根本就没有去看。孟子进而说齐宣王没有做到使百姓安居乐业，也是没有去施行仁政的缘故，而不是做不到。“明察秋毫”这个成语使用率极高，形容人很精明，对很小的事情也能察看得清清楚楚。再结合这个典故，我们不由得赞叹孟子高妙的论辩技巧，对这个成语也加深了印象。

创造成语可不是儒家的“专利”。道家的杰作《庄子》，诞生了无数精彩纷呈的寓言，同时还诞生了许多与寓言相辅相成的成语。例如，《庄子》中出现了“邯郸学步”这个寓言：有个燕国少年到赵国国都邯郸去学习邯郸人走路的步法，结果不仅没有学会，还把自己原来的步法给忘了，只好爬着回到了燕国。这个夸张有趣的寓言，催生出“邯郸学步”这个常用的成语，告诫我们不要生搬硬套别人的方法，那样反而可能出乖露丑。如果不了解这个故事，我们对这个成语的意义也不会理解得多深刻吧？看，这就是学习成语典故的妙处。成语“游刃有余”，出自《庄子》中庖丁解牛的故事。庖丁是宰牛的高手，他工作时刀刃总是在牛骨节的空隙中游走，所以很快就能将牛分解好，还不会损伤刀刃。根据他宰牛时游刃有余的状态，我们就可以深刻地领会到做事遵循客观规律就能事半功倍、得心应手的道理。

法家集大成之作《韩非子》，也是一座寓言和成语的加工厂。

“老马识途”出自《韩非子》中管仲让迷路的大军跟随老马走出困境的故事，启示我们要积极向有经验、熟悉情况的人请教，这样有助于在困境中找到解决问题的方法。“买椟还珠”也是一个不了解典故就无法深刻理解的成语：有位商人为了卖出一颗珍贵的珍珠，就为珍珠制作了一个精美无比的盒子，有个人买走了装着珍珠的盒子，却把珍珠还回来了，原来他看中的只是盒子。读了这个故事，我们可以扪心自问一下：自己是否也做过舍本逐末、买椟还珠的事呢？能够产生这样的思考，就是我们学习成语典故的最大收获。

先秦诸子著作创造的成语数量之多、质量之精，后人叹为观止。但这并不代表后世著作中诞生的成语就不够多、不够好。例如，诞生于《史记》的“背水一战”，出自西汉名将韩信激励将士们置之死地而后生，从而打败敌军的故事，启示我们做事不要总是瞻前顾后，下定决心就奋勇拼搏；同样诞生于《史记》的“卧薪尝胆”，出自春秋时期越王勾践在兵败后忍辱负重，最终复仇成功的故事，鼓励我们刻苦自励、发奋图强；“杯弓蛇影”，出自东汉应劭的《风俗通义》，讲述的是西晋时一个人误以为倒映在酒杯中的弓的影子是蛇，把酒喝下去后疑虑成病的故事，告诫我们不要疑神疑鬼，产生不必要的恐惧；“成竹在胸”来自北宋大文豪苏轼对自己的表哥、著名画家文同的赞美，文同动笔画竹前心中就已经有竹子的形象了，启示我们做任何事前都应先做好完整的谋划打算；“东窗事发”出自明代文人田汝成的著作，讲述了南宋奸相秦桧与妻子王氏在东窗下密谋杀害岳飞的事，今天用来比喻阴谋败露；“锦囊妙计”“草船借箭”均出自我们熟悉的小说《三国演义》，如今已成为口语的一部分……

综上所述，我们可以看出，成语的出处以古代特别是先秦时代文人的著作为主。但实际上，文人们往往是当时流行语言的记录者，很多成语都是先在社会上广泛流传，再借助文人之笔流传后世的。

从这个角度来说，成语也可以被视为广大人民群众智慧的浓缩。

我们学习成语，了解其背后的典故是非常有必要的。将言简意赅、深刻隽永的成语与凝聚着中国传统文化精髓的成语典故合并阅读，可以让读者更清晰地触碰中国传统文化那蓬勃跳动的脉搏，陶冶自我情操，加深对传统文化的了解。为此，我们编著了此书，精选一些常用的且背后蕴含着有趣典故的成语，介绍了成语的释义，并对成语典故进行了生动通俗的诠释，力求提升全书的知识性、趣味性，让读者爱上成语，并增加文化自豪感。

目录

A

B

C

D

F

G

H

J

K

L

M

中华成语典故

N

P

Q

R

S

T

W

X

Y

Z

A

爱屋及乌

出处

《尚书大传》：纣死，武王皇皇，若天下之未定。召太公而问曰："入殷奈何？"太公曰："臣闻之也：爱人者，兼其屋上之乌；不爱人者，及其胥余。何如？"

译义

由于爱某个人而连带地爱护停留在他屋上的乌鸦。比喻非常喜爱某人，从而连带爱及和他有关的人或物。

故事

商朝末年，纣王穷奢极欲，残暴无道，西方诸侯国的首领姬昌决心推翻商朝统治，积极练兵备战，准备东进，可惜他没有实现愿望就逝世了。姬昌死后，他儿子姬发继位称王，世称周武王。周武王在军师姜尚（姜太公）及弟弟姬旦（周公）、姬奭（召公）的辅佐下，联合诸侯，出兵讨伐纣王。双方在牧野交兵。这时纣王已经失尽人心，军队纷纷倒戈，终于大败。商朝都城朝歌很快被周军攻克。纣王自焚，商朝灭亡。

纣王死后，武王心中并不安宁，感到天下还没有安定。他召见姜太公，问道："进了殷都，对旧王朝的士众应该怎么处置呢？"

"我听说过这样的话：如果喜爱那个人，就连同他屋上的乌鸦也喜爱；如果不喜欢那个人，就连带厌恶他家的墙壁篱笆。这意思很明白：杀尽敌对分子，一个也不留下。大王你看怎么样？"太公说。

武王认为不能这样做。这时召公上前说："我听说过，有罪的，要杀；无罪的，让他们活。应当把有罪的人都杀死，不让他们留下残余力量。大王你看怎么样？"

武王认为这样做也不行。这时周公上前说道："我看应当让各人都回到自己的家里，各自耕种自己的田地。君王不应偏爱自己旧时朋友和亲属，而应用仁政来感化普天下的人。"

武王听了非常高兴，心中豁然开朗，觉得天下可以从此安定了。

后来，武王就照周公说的办，天下果然很快安定下来，民心归附，西周也更强大了。

爱妾换马

出处

唐·李冗《独异志》卷中：后魏曹彰，性倜傥。偶逢骏马，爱之，其主所惜也。彰曰："余有美妾可换，唯君所选。"马主因指一妓，彰遂换之。

译文

北魏时曹彰曾有以妾换马之事。后以此典指所谓风流豪放的行为，也用以咏妾或咏马，或泛指宝物交换。

故事

曹彰是曹操与卞氏所生的次子，从小便喜欢学习武艺。长大后，他性格豪爽，武艺高强，擅长骑马射箭，多次出征，立下赫赫战功。

曹彰酷爱打仗，所以十分喜爱载着他冲锋陷阵的战马。他平时的坐骑是一匹从西域大宛国买来的汗血马，奔驰起来疾如追风。一天，曹彰带着手下出城打猎。他们来到猎场，正准备开始打猎，只见一个年轻的猎手骑着一匹浑身雪白、没有一根杂毛的骏马飞驰在猎场。那猎手"嗖"的一箭，便射中了一只野兔。猎手下马去捡兔子的时候，曹彰策马来到他身旁，对他说："这位公子，你的箭法真不错！你骑的这匹马更是神骏非凡，不知能不能让我试着骑一骑？"

能在这个皇家猎场打猎的都是贵胄子弟，但这个猎手似乎并不认识曹彰，不过他看到曹彰通身的气派，便知道他不是平常之人，连忙问道："请教公子高姓大名？"

"在下姓曹名彰。"曹彰说。

那个猎手久闻曹彰的大名，便很客气地递过缰绳说："原来是二公子。久仰，久仰！公子请便吧！"

曹彰接过缰绳，纵身跨上马背，两腿轻轻一夹，那白马顿时撒开四蹄狂奔起来。曹彰绕猎场奔驰一周，回到原地后，赞不绝口地说："好马！真是一匹举世无双的好马！"接着，他用商量的口气对猎手说："不知阁下能不能割爱，把这匹白马卖给我？"

"这马是我亲自远赴关西用重金买来的，已经跟随我整整两年了……"猎手面有难色地说。

曹彰一听，便决定不再打猎，而是盛情地邀请猎手到自己府中，设宴相待。酒过三巡，曹彰招来一群年轻漂亮的歌伎，让她们唱歌跳舞助兴。曹彰豪爽地说："你我虽然只是初交，但我们一见如故，十分投缘。实不相瞒，我实在太喜爱你这匹马了！我愿意用我宠爱的美妾来换你的骏马，请你自己挑选一位，不知你意下如何？"

猎手看到那些歌伎都美若天仙，不禁怦然心动，于是就答应了曹彰的要求。他挑选了一位自己最中意的歌伎，就把自己的骏马给了曹彰。

此后，曹彰给这匹白马取名为"白鹘"，并用它取代了自己原来骑乘的汗血马。曹彰曾骑着它北征乌桓，奏凯而归。当他骑着白鹘归来时，曹操大喜，拍着他的肩膀说："黄须儿，好样的，没想到你会建立这样的奇功！"

哀兵必胜

出处

《老子》：祸莫大于轻敌，轻敌几丧吾宝。故抗兵相加，哀者胜矣。

译文

形容两军相遇，悲愤的一方一定能取得胜利。也形容为正义而战的一方必然胜利。哀兵：充满悲愤心情的军队。

故事

《老子》第六十九章，是老子关于军事问题的一篇论述。其主要论点是：

一、不要发动侵略战争；

二、各国统治者都懂得"柔胜刚"的道理，天下就将没有战争；

三、抗击侵略者决不可轻敌；

四、反侵略的国家必胜。

老子说："古代用兵的人有这样的话，我不敢做主动发动战争的'主'，而要做不得以而应敌的'客'。我不敢进入别国领土一寸之近，却可以退回本国领土一尺之远。王侯能这样‘守柔’,国家就将没有战争。这就是说,在军事行动中,虽有阵势,却像没有阵势可摆一样;虽要奋臂,却像没有臂膀可举一样;虽面临敌人,却像没有敌人可打一样;虽有兵器,却像没有兵器可执握一样;这就是‘柔弱胜刚强’的道理。如果真有敌人来攻,则万万不可轻视。灾祸莫大于轻视敌人,轻敌差不多要丧失我们国家的土地、人民和主权。两国举兵相争,受侵略而怀着悲愤心情的一方(哀兵),必将打胜仗。”

按兵不动

出处

《吕氏春秋·恃君览》:赵简子将袭卫,使史默往睹之,期以一月。六月而后反,赵简子曰:“何其久也?”史默曰:“其佐多贤也。”赵简子按兵而不动。

译义

军队暂不行动,以待时机。也表示接受任务后不愿行动。

故事

春秋末期,晋国东部的卫国是个弱小的诸侯国。卫国被迫与晋国结盟,实际上完全听命于晋国,不住地给晋国进贡财物。当时任国君的卫灵公不愿长久处于屈辱的地位,便与齐景公缔结盟约,从而与晋国断绝了关系。

晋国执政的正卿赵鞅不能容忍卫国背叛晋国的行为,立即调集军队,打算袭击卫国的都城帝丘,以迫使卫灵公屈服。在出兵前,他先派大夫史默到卫国去暗中了解情况,并命他在一个月内回国。

不料,一个月过去了,史默没有按时回国。赵鞅不知出了什么事,心神不定。有人猜测,史默可能已被卫国人拿住杀掉,又建议说,卫国是个小国,没有多少军事力量,晋国的大军一到,卫国的国君会不战而降,为此请赵鞅下令出兵。

赵鞅不同意这个建议。他认为,卫灵公既然敢于同盟国断绝往来,一定会做好充分准备,不能草率行事。所以他坚持等史默回来再考虑出兵的问题。

过了半年,史默终于回来了。赵鞅问他为什么在卫国待了这么长时间,史默回答说:"要想得到利益,却很可能得到害处,恐怕您还没有觉察出来吧!现在,卫国已任命受到过陷害的贤臣蘧伯玉为相国,这就使他在国内赢得了民心。"

接着,史默又讲述了卫灵公为了激励国人反抗晋国而采用的方法。

卫灵公派大夫王孙贾向国人宣告说,晋国已命令卫国,凡是有多个女儿的人家,都要抽出一个女儿送到晋国去当人质。消息传开后,卫国到处都是痛哭和愤恨的声音。

为了使国人相信这是事实,卫灵公又让王孙贾抽选出一批宗室大夫的女儿,准备送往晋国。结果,出发那天,成千上万的百姓不让她们去晋国当人质,并愤慨地表示要和来犯的晋军打到底,宁死不屈。

史默还提供了一个动向:孔子已来到卫国,他的弟子子贡正给卫灵公出谋划策。最后史默说:"卫国现在的贤臣很多,民气旺盛。国君非常重视贤臣的意见,采纳他们的计谋。想用武力使卫国屈服,恐怕要付出很大的代价!"赵鞅听了史默介绍的情况,认为进攻卫国的时机不够成熟,于是下令军队暂不行动,等待时机。

安如泰山

出处

西汉·枚乘《上书谏吴王》:能听忠臣之言,百举必脱。必若所欲为,危于累卵,难于上天;变所欲为,易于反掌,安于泰山。

译义

像泰山一样安稳,不可动摇。形容十分稳固。

故事

枚乘,字叔,西汉淮阴(今属江苏)人,是汉代著名的文学家。汉景帝时,他在吴王刘濞府中担任郎中。

吴国是当时诸侯中的大国,吴王刘濞野心很大,对中央政权心怀怨恨,暗中图谋叛乱。汉景帝任用富有才能的政治家晁错为御史大夫,晁错主张削减各诸侯国的领地,加强中央的权力和威信,巩固国家的统一。刘濞看到一些诸侯王纷纷被削减了领地,知道自己也在所难免,于是联络楚、赵、胶西、胶东等国的诸侯王谋划叛乱。

枚乘清醒地认识到刘濞反叛的祸害,写了《上书谏吴王》对刘濞进行劝谏。在谏书中,他说:"您要是能够听取忠臣的话,一切祸害都可以避免。如果一定要照自己所想的那样去做,那是比叠鸡蛋还要危险,比上天还要艰难的;不过,如果能尽快改变原来的主意,这比翻一下手掌还容易,也能使您的地位比泰山还稳固。"

但刘濞执迷不悟,加紧实施阴谋。于是,枚乘只得离开吴国,到梁孝王刘武府中做了宾客。

公元前154年,刘濞联络楚、赵、胶西、胶东等诸侯王,以"清君侧,诛晁错"为名,起兵叛乱。历史上称"吴楚七国之乱"。

汉景帝听信谗言,杀了晁错,向诸侯王们表示歉意。这时,枚乘又写了《上书重谏吴王》,劝刘濞罢兵。刘濞还是不肯回头。不久,汉朝大将周亚夫率领军队打败了吴楚叛军。楚王刘戊自杀,吴王刘濞逃到东越被杀,其余五个诸侯王也落得自杀或被杀的下场。这场叛乱只进行了三个月就彻底失败了。

七国之乱平定之后,枚乘因写了《上书谏吴王》而名声大振。

后来汉武帝即位,派人征召他进京做官,可惜他还没到京城就逝世于途中。

安步当车

出处

《战国策·齐策四》:曰:"斶愿得归,晚食以当肉,安步以当车,无罪以当贵,清静贞正以自虞。"

译义

表示慢慢地走,当作坐车。

故事

战国时,齐国有位高士,名叫颜斶。齐宣王慕他的名,把他召进宫来。颜斶随随便便地走进宫内,来到殿前的阶梯处,见宣王正等待他拜见,就停住脚步,不再行进。宣王见了感到很奇怪,就呼唤说:"颜斶,走过来!"

不料颜斶还是一步不动,甚至呼唤宣王说:"大王,走过来!"

宣王听了很不高兴,左右的大臣见颜斶目无君主且口出狂言,都说:"大王是君主,你是臣民,大王可以叫你过来,可你也叫大王过来,怎么行呢?"

颜斶说:"我如果走到大王面前,说明我羡慕他的权势;如果大王走过来,说明他礼贤下士。与其让我羡慕大王权势,还不如让大王礼贤下士的好。"

齐宣王恼怒地说:"到底是君王尊贵,还是士人尊贵?"

颜斶不假思索地说:"当然是士人尊贵,君王并不尊贵!"

宣王说:"你说这话有根据吗?"

颜斶神色自若地说:"当然有。从前秦国进攻齐国的时候,秦王曾经下过一道命令:有谁敢在高士柳下季坟墓五十步以内的地方砍柴的,格杀勿论!他还下了一道命令:有谁能砍下齐王的脑袋,就封他为万户侯,赏金千镒。由此看来,一个活着的君主的头,竟然连一个死了的士人的坟墓都不如啊。"

齐宣王无言以对,满脸不高兴。大臣们忙来解围:"颜斶,过来!我们大王拥有千乘(上千辆战车)之国,东西南北谁敢不服?大王想要什么就有什么,老百姓没有不俯首听命的。你们士人太卑鄙了!"

颜斶驳斥道:"你们说得不对!从前大禹在位的时候,诸侯有万国之多。这是为什么呢?因为他尊重士人。到了商汤时代,诸侯有三千之多。如今,称孤道寡的才二十四个。由此看来,重视士人与否是得失的关键。从古到今,没有能以不务实事而成名于天下的。所以君王要不以经常向人请教为羞耻,不以向地位低的人学习而惭愧。"

齐宣王听到这里,才觉得自己理亏,说:"我是自讨没趣。听了您的一番高论,才知道了小人的行径。希望您收我为您的学生!今后您就住在我这里,我保证您饮食有肉吃,出门必有车乘,您夫人和子女个个会衣着华丽。"

颜斶却辞谢说:"玉,原来产于山中,一经匠人加工,就会被破坏;虽然它仍然宝贵,但毕竟失去了本来的面貌。士人生在穷乡僻壤,如果被选拔上来,就会享有利禄;不是说他不能高贵显达,但他外在形貌和内心世界会遭到破坏。所以我情愿希望大王让我回去,每天晚点吃饭,也像吃肉那样香;安稳而慢慢地走路,足以当作乘车;平安度日不犯事,并不比权贵差。清静无为,纯正自守,乐在其中。命我讲话的是大王您,而尽忠直言的是我颜斶。"

颜斶说罢,向齐宣王拜了两拜,就告辞而去。

暗度陈仓

出处

西汉·司马迁《史记·高祖本纪》:正月,项羽自立为西楚霸王……汉王之国……去辄烧绝栈道,以备诸侯盗兵袭之,亦示项羽无东意……八月,汉王用韩信之计,从故道还,袭雍王章邯。邯迎击汉陈仓,雍兵败,还走。

译文

从正面麻痹敌人,而从侧面突然发动袭击。比喻秘密的行动战略。

故事

公元前206年，刘邦的大军杀进咸阳，推翻了秦朝。项羽倚仗自己实力强大，背弃了“谁先入咸阳谁为王”的前约，自立为西楚霸王。他封刘邦为汉王，把当时最差的西南一角——汉中作为刘邦的属地，同时又派秦朝的降将章邯、司马欣、董翳等人北守关中，监视刘邦。

刘邦采用了张良等人的建议，在去汉中的途中，每走一段路就将栈道烧毁一段，以示自己将永居汉中，再也不回来与项羽争夺天下，以此麻痹项羽。此后不久，刘邦采用韩信的计谋，一面悄悄率军绕过栈道，向东进发；一面又派人明目张胆地修复栈道，摆出即将出兵的阵势。奉项羽的命令监视刘邦的章邯听说刘邦开始修栈道，也派兵布将严守栈道那里的关口要道。哪知刘邦根本没走栈道，而是绕了路，很快大军就打到陈仓。章邯急忙率兵前去抵挡，慌乱之中哪里是汉军的对手，章邯连吃败仗，被迫自杀。司马欣、董翳也随即投降。他们的属地都被刘邦占领，刘邦的大军很快又打回了咸阳。

安然无恙

出处

《战国策·齐策四》：齐王使使者问赵威后，书未发，威后问使者曰：“岁亦无恙耶？民亦无恙耶？王亦无恙耶？”使者不悦，曰：“臣奉使使威后，今不问王而先问岁与民，岂先贱而后尊贵者乎？”威后曰：“不然。苟无岁，何以有民？苟无民，何以有君？故有舍本而问末者耶？”

译义

平安无事，没有遭受损害或发生意外。恙：疾病，借指灾祸。

故事

公元前266年，赵国国君赵惠文王去世，他的儿子太子丹接位为赵孝成王。由于孝成王还年轻，国家大事由他的母亲赵威后负责处理。

赵威后是一个贤明而有见识的中年妇女。她刚刚主持国事的时候，秦国加剧了对赵国的进攻。赵国危急，向齐国求救，齐国要赵威后把她的小儿子长安君送到齐国做人质，然后再出兵。赵威后舍不得小儿子离开，但是听了大臣触龙的意见，还是把长安君送到了齐国。齐国出兵帮助赵国打退了秦军。

有一次，齐王派使者带着信到赵国问候赵威后，威后还没有拆信，就问使者："齐国的收成不坏吧？老百姓平安吗？齐王身体健康吗？"

齐国使者听了心里很不高兴，说："我受齐王派遣来问候您，现在您不先问齐王，却先问收成和百姓，难道可以把低贱的放在前面，把尊贵的放在后面吗？"

威后微微一笑，说："不是的。如果没有收成，怎么会有百姓？如果没有百姓，怎么会有君主？难道问候可以摈弃根本而只问枝节吗？"

齐国使者听了，一时说不出话来。

这则"无恙"的典故，后来演化出成语"安然无恙"。

按图索骥

出处

明·杨慎《艺林·伐山》：伯乐《相马经》有"隆颡蚨日，蹄如累麹"之语，其子执《马经》以求马，出见大蟾蜍，谓其父曰："得一马，略与相同，但蹄不如累麹尔。"

译文

按图像寻找好马，比喻做事拘泥于成法，不能灵活变通。现在也用于按照线索去寻找人或事物。索：寻找，觅求；骥：好马。

故事

孙阳，春秋时秦国人，相传是我国古代最著名的相马专家，他一眼就能看出一匹马的好坏。因为传说伯乐是负责管理天上马匹的神，因此人们都把孙阳叫作伯乐。

据说，伯乐把自己丰富的识马经验，编写成一本《相马经》。在书上，他写了各种各样的千里马的特征，并画了不少插图，供人们参考。

伯乐有个儿子，资质很差，他看了父亲的《相马经》，也很想出去找千里马。他看到《相马经》上说“千里马的主要特征是：高脑门，大眼睛，蹄子像摞起来的酒曲块”，他便拿着书，往外走去，想试试自己的眼力。

走了不远，他看到一只大癞蛤蟆，忙捉回去告诉他父亲说：“我找到了一匹好马，和你那本《相马经》上说的差不多，只是蹄子不像摞起来的酒曲块！”

伯乐看了看儿子手里的大癞蛤蟆，不由感到又好笑又好气，幽默地说：

“这‘马’爱跳，没办法骑呀！”

安居乐业

出处

《老子》：甘其食，美其服，安其居，乐其俗。

译义

表示生活美满、安定。

故事

春秋时，有一位著名的哲学家和思想家，他姓李，名耳，字聃。据说他刚生下来的时候，就是一个白头发、白胡子的小老头儿，所以人们称他“老子”；还说他是在一棵李树下出世的，所以姓李；又因为他耳朵长得特别大，所以名“耳”。其实，老子是人们对他的尊称。

老子对当时的现实不满，并反对当时社会上出现的革新浪潮，想走回头路。他怀恋原始社会，认为物质的进步和文化的发展毁坏了人民的淳朴，给人们带来了痛苦，所以渴望出现“小国寡民”的理想社会。

老子是这样描绘他所设想的“小国寡民”的社会的：

国家很小，人民稀少。

即使有许许多多的器具，也不去使用它们。

让人民不要用生命去冒险，也不向远处迁移。

即使有车辆和船只，也无人去乘坐它们。

即使有兵器和装备，也无处去使用它们。

要使人民恢复古代使用结绳记事的自然状态，吃得很香甜，穿得很舒服，住得很安适，满足于原有的风俗习惯。

邻近各国互相望得见，鸡鸣狗叫互相听得见，但是人们直到老死，也不互相往来。

B

八面威风

出处

元·郑光祖《虎牢关三战吕布》：托赖着真天子百灵咸助，大将军八面威风。

译义

形容声势显赫、威望极盛的样子。

故事

元朝末年，封建朝廷愈加腐败，各地百姓纷纷举起义旗，反抗元朝的统治。这时朱元璋已经领兵攻下安徽和州，准备继续南下。在过年那天，他与大将徐达同乘一条小船，从长江北岸渡过长江。船主是一对老夫妻，船夫知道船上坐着的是大名鼎鼎的朱元璋，便高声喊着号子向他庆贺说："圣天子六龙护驾，大将军八面威风。"

朱元璋明白这是祝贺帝王的话，心里非常高兴，便和徐达轻轻地踢着脚，互相表达庆贺之意。后来朱元璋统一全国，建立明朝，成为历史上著名的皇帝明太祖。明太祖找到当年的船夫，给了他封赏，又将他那条小船涂上朱红颜色，表示有功。

拔苗助长

出处

《孟子·公孙丑上》:宋人有闵其苗之不长而揠之者,芒芒然归,谓其人曰:“今日病矣!予助苗长矣!”其子趋而往视之,苗则槁矣。

译义

将苗拔起,帮助它生长。比喻不顾事物发展的规律,强求速成,结果反而把事情弄糟。

故事

《孟子》是一部儒家经典,记载了战国时期著名思想家孟轲的政治活动、政治学说和哲学伦理教育思想。这部书中有个故事十分有名:

宋国有一个农夫,他担心自己田里的禾苗长不高,就天天到田边去看。

可是,一天、两天、三天,禾苗好像一点儿也没有往上长。他在田边焦急地转来转去,自言自语地说:“我得想办法帮助它们生长。”

一天,他终于想出了办法,急忙奔到田里,把禾苗一棵棵地拔高,从早上一直忙到太阳落山,弄得精疲力尽。

他回到家里,十分疲劳,气喘吁吁地说:“今天可把我累坏了!力气总算没白费,我帮禾苗都长高了一大截。”

他的儿子听了,急忙跑到田里一看,禾苗全都枯死了。

孟轲借用这个故事,向他的学生们说明:违反事物发展的客观规律而主观地急躁冒进,就会把事情弄糟。

拔山举鼎

出处

西汉·司马迁《史记·项羽本纪》：籍长八尺余，力能扛鼎，才气过人……自为诗曰："力拔山兮气盖世，时不利兮骓不逝。"

译义

形容力强气壮。

故事

项羽，名籍，秦末下相人。少年时代，项羽不喜欢读书写字，改学剑术，但没多久又不肯好好学了。叔父项梁很生气，项羽说："学写字只要能记记姓名就够了，剑术是用来对付个把人的，也不值得学，我要学习能抵敌万人的本领。"项梁于是教他兵法，他很高兴，但也只求略知大意，不肯认真钻研。据说，项羽二十二三岁时，身材魁梧，体格强壮，能把几百斤重的鼎举起来。

后来，项羽起兵反秦，接着又同刘邦争夺天下，历经四年楚汉之争，最后被刘邦等包围在垓下，自刎于乌江。自刎前，在四面楚歌的那天晚上，项羽在营帐中对着爱妾虞姬和乌骓马，慷慨高唱道：

力拔山兮气盖世，时不利兮骓不逝！

骓不逝兮可奈何？虞兮虞兮奈若何！

拔帜易帜

出处

西汉·司马迁《史记·淮阴侯列传》：夜半传发，选轻骑二千人，人持一赤帜，从间道萆山而望赵军，诫曰："赵见我走，必空壁逐我，若疾入赵壁，拔赵帜，立汉赤帜。"

译文

比喻取而代之。

故事

韩信被刘邦拜为大将后，率领汉军攻占了魏国和代国，接着又在张耳的协助下，带了几万兵东下井陉，攻击赵国。赵王和主将陈馀在井陉口聚集了二十万大军阻挡。

谋士李左车建议陈馀拨给他三万军队，从小路出发，出其不意地截取汉军的后勤装备及粮食，而赵军前军抵达井陉口时不与汉军交战。这样的话，不到十天就可以取下韩信和张耳的头颅。

陈馀是个读书人，不爱使用诈谋奇计，认为韩信的兵不过数千，经过千里行军，已非常疲惫，可以直接予以攻击，因此没有采纳李左车的计谋。

韩信手下的人探听到这个消息后，十分高兴，放心东下井陉。进军到离井陉口三十里之处，韩信下令休息。半夜里，他选出两千名轻骑兵，让他们每人拿着一面红色旗帜，从小道来到井陉口山后隐蔽起来，同时对他们说：

"我将另派一支军队与赵军对垒，并假装败退。这样，赵军必定倾巢而出，前来追击。你们乘此机会快速进入赵营，拔掉赵军的旗帜，换上我们汉军红色的旗帜。”

接着，韩信又派出一支一万人的军队，叫他们背水摆开阵势。赵军见汉军排出兵法上最讳忌的背水之阵，都哈哈大笑，以为汉军自己断了后路。

天刚亮，韩信指挥这一万人的军队向井陉口进发，赵军立即打开营门迎击。激战了一段时间后，韩信、张耳命汉兵丢掉旗鼓，向水边退去。汉兵退到水边阵地，再也无法后退，只得拼死作战。

这时，隐蔽在山后的两千汉兵，趁赵营无人守卫，快速冲进赵营，飞快地拔掉赵军旗帜，换上汉军红色的旗帜。而在水边作战的赵兵，因遇到背水一战的汉兵的顽强抵抗，无法取胜，想返回营地，却见那里全是汉军的红旗，以为赵王已被汉兵抓住，顿时军心大乱，各自逃命。接着，汉军乘机两面夹击赵军，击杀主将陈馀，生擒赵王。

百川归海

出处

《淮南子·氾论训》：百川异源，而皆归于海。

译义

表示众多的事物汇集一处，也用来比喻大势所趋，众望所归。

故事

西汉的思想家、文学家刘安，是汉高祖刘邦的孙子，袭父封为淮南王。他爱好读书鼓琴，才思敏捷，曾召集宾客和懂得天文、医学、历算、占卜等的方士数千人，集体编写了一部数十万字的书《淮南鸿烈》，也称《淮南子》。

《淮南子》中有一篇《汜论训》，讲了人类社会发展的一些情况，它的基本观点是符合历史唯物主义的。文章中写道：

我们的祖先早先住在山洞里和水旁边，衣着非常简陋，生活十分艰苦。后来出了圣人，他们带领人们建造宫室，这样人们才得以从山洞里走出来，住进了可以躲避风雨寒暑的房子。圣人又教人们制造农具和兵器，用来耕作和捕杀猛兽，使人们的生活比过去有了保障。后来，圣人又制礼作乐，定下各种各样的规矩，使人们有了礼节和约束。由此可见，社会是不断发展的，人们并非总是用一种方式生活。所以古时候的制度，如果不再适合使用，就应该废除；而对于现在的处事方法，如果适合使用，就应该发扬。以上的一切都说明，像千百条来自不同源头的江河，但最后都会归流入海一样，各人做的事不同，但都是为了更好地治理社会，更美好地生活。

百闻不如一见

出处

东汉·班固《汉书·赵充国传》：充国曰："百闻不如一见。兵难隃度，臣愿驰至金城，图上方略。"

译义

听到一百次不如亲眼见一次。表示听得再多也不如亲见可靠。

故事

西汉宣帝时期,羌人侵入边界。攻城夺地,烧杀抢掠。宣帝召集群臣计议,询问谁愿领兵前去抗敌。

七十六岁的老将赵充国曾在边界和羌人打过几十年的交道。他自告奋勇担当这一重任。宣帝问他要派多少兵马,他说:“听别人讲一百次,不如亲眼一见。用兵是很难在遥远的地方算计好的。我愿意亲自到那里去看看,然后确定攻守计划,画好作战地图,再向陛下上奏。”

经宣帝同意,赵充国带领一队人马出发了。队伍渡过黄河,遇到羌人的小股军队。赵充国下令冲击,一下子捉到不少俘虏。兵士们正准备乘胜追击,赵充国阻拦说:“我军长途跋涉到此,不可远追。如果遭到敌兵伏击,就要吃大亏!”

部下听了,都很佩服老将的见识。

赵充国观察了地形,又从俘虏口中得知敌人内部的情况,了解到敌军的兵力部署,然后制定出屯兵把守、整治边境、分化瓦解羌人的策略,上奏宣帝。不久,朝廷就派兵平定了羌人的侵扰,安定了西北边疆。

百丈竿头

出处

宋·释道原《景德传灯录·招贤大师》:师示一偈曰:“百丈竿头不动人,虽然得入未为真。百丈竿头须进步,十方世界是全身。”

译义

比喻不满足于已取得的成就,要继续努力,不断攀登高峰。“百丈竿头”也称“百尺竿头”。

故事

宋朝时,长沙有位高僧名叫景岑,号招贤大师。这位大师佛学造诣高深,时常到各地去传道讲经。

一天,招贤大师应邀到一座佛寺的法堂上讲经。前来听讲的僧人很多,大师讲得深入浅出,娓娓动听,听的人被深深感染。法堂内除了大师的声音,一片寂静。

招贤大师讲完后,一名僧人站起来,向他行了一个礼,然后提了几个问题,请求大师解答。大师还了礼,慢慢地作答起来。那僧人听到不懂处,又向大师提问,于是两人一问一答,气氛亲切自然。

听讲的人发现,他俩谈论的是有关佛教的最高境界——十方世界的内容。

为了说明十方世界究竟是怎么回事，招贤大师当场出示了一份偈帖。所谓偈帖，就是佛教中记载唱词的本子。只见大师指着上面的一段文字念唱道："百丈的竹竿并不算高，尚需更进一步，十方世界才算是真正的高峰。"

百步穿杨

出处

《战国策·西周策》：楚有养由基者，善射，去柳叶者百步而射之，百发百中。

译义

比喻射箭技艺高超，引申为本领非常高强。它与成语"百发百中"意义相似。

故事

秦国的名将白起，领兵前去攻打魏国。有个名叫苏厉的谋士获悉后，赶紧去见周朝的国君，提醒他说："如果魏国被秦军占领，您的处境就危险了。"

原来，这时周朝的国君名义上是天子，实际上对各诸侯国已没有管辖权。魏国如被秦国攻灭，秦国的势力将更强大，对周天子的威胁也更大。周天子问苏厉怎么办，苏厉建议周天子赶快派人去劝说白起停止进攻，并给白起讲一个故事。

苏厉说了一个应该向白起讲的故事：

楚国有个著名的射箭手，名叫养由基。此人年轻时就勇力过人，练成了一手好箭法。当时还有一个名叫潘虎的勇士，也擅长射箭。一天，两人在场地上比试射箭，许多人都围着观看。

靶子设在五十步外，从地上立起一块板，板上有一个红心。潘虎拉开强弓，

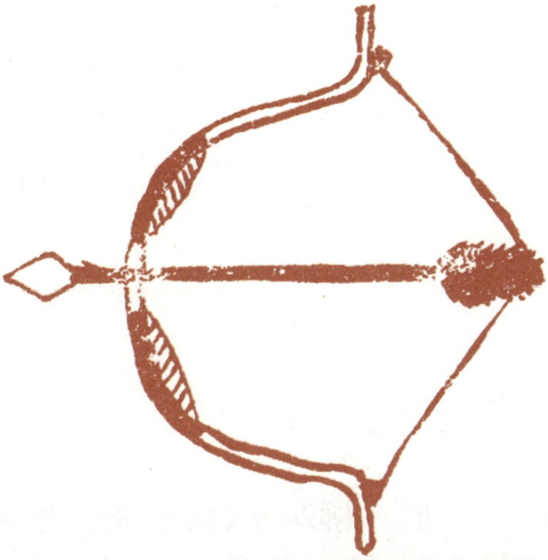

一连三箭都正中红心，博得围观的人一片喝彩声。潘虎也洋洋得意地向养由基拱拱手，表示请他指教。

养由基环视一下四周，说："射五十步外的红心，目标太近、太大了，还是射百步外的杨柳叶吧！"

说罢，他指着百步外的一棵杨柳树，叫人在树上选一片叶子，涂上红色作为靶子。接着，他拉开弓，"嗖"的一声射出箭去，结果箭镞正好贯穿这片杨柳叶的中心。

在场的人都惊呆了。潘虎自知没有这样高明的本领，但又不相信养由基箭箭都能射穿杨柳叶，便走到那棵杨柳树下，选择了三片杨柳叶，在上面用颜色编上号，请养由基按编号次序再射。

养由基向前走近几步，看清了编号，然后退回百步之外，拉开弓，"嗖""嗖""嗖"三箭，依次射中三片编上号的杨柳叶。这一来，喝彩声雷动，潘虎也输得口服心服。

就在一片喝彩声中，有个人在养由基身旁冷冷地说："嗯，有了百步穿杨的本领，才可以教他射箭！"养由基听此人口气这么大，不禁生气地转过身去问道："你准备怎样教我射箭？"

那人平静地说："我并不是来教你怎样弯弓射箭的，而是来提醒你该怎样保持射箭名声的。你是否想过，一旦你力气用尽，只要一箭不中，你那百发百中的名声就会受到影响。一个真正善于射箭的人，应当注意保持名声！"

养由基听了这番话，觉得很有道理，再三向他道谢。

周天子派去的人，就按照苏厉所言，向白起讲了上面这个故事。白起听后，想到要保持自己百战百胜的名声，就不能轻易出战，便借口染病，停止了向魏国的进攻。

这个故事还引申出另一条成语"百发百中"。

班门弄斧

出处

唐·柳宗元《河东先生集·王氏伯仲唱和诗序》:操斧于班、郢之门,斯强颜耳。

译文

在鲁班门前舞弄斧头,比喻在行家面前卖弄本领,含讽刺意。班:鲁班,我国古代的巧匠。

故事

鲁班,又名鲁般、公输般。春秋时期鲁国人,故里在今山东曲阜。传说他是位能工巧匠,善于雕刻与建筑,技艺举世无双。人们一直把他看作是木匠的祖师爷。

有一次,明代诗人梅之焕来采石矶凭吊李白。采石矶是民间传说中著名唐代诗人李白晚年游览采石江时,见水中之月清澈透明,便探身去捉,竟坠江而殁的地方。由于李白在此留下过足迹,当地传说纷起,并形成了不少名胜,如李白墓、谪仙楼、捉月台等等。采石矶也因此成了旅游胜地。

这天,梅之焕来到采石矶上的李白墓旁,一看却心中大为不满——凡墓前可以写字的地方,乃至墓上,都被人留下了诗句!那些写文章狗屁不通,却想冒充风雅之士的游人,竟在被称为"诗仙"的李白的墓上胡诌乱题!那些拙劣诗句的作者,又有何颜面在李白面前舞文弄墨呢?真是可笑至极!梅之焕心中越想越不是滋味,感慨之余,挥笔题了一首诗:

采石江边一堆土,
李白之名高千古。

来来往往一首诗，
鲁班门前弄大斧。

“班门弄斧”的雏形最早出现在柳宗元的“操斧于班、郢(一位古代的操斧能手)之门，斯强颜耳”，意即在鲁班门前操弄斧子是厚着脸皮。这是在讽刺那些不自量力，竟在行家面前卖弄本领的人。

梅之焕讥讽那些自以为会作诗的游人是“鲁班门前弄大斧”。这句话被后人缩成写“班门弄斧”。这样，“班门弄斧”的成语就流传下来了。

半途而废

出处

《礼记·中庸》：君子遵道而行，半涂(途)而废，吾弗能已矣。

译义

比喻做事中途停止，不能坚持到底。

故事

东汉时，河南郡有一位贤惠的女子，人们都不知她叫什么名字，只知道是乐羊子的妻子。

一天，乐羊子在路上拾到一块金子，回家后把它交给妻子。妻子说：“我听说有志向的人不喝盗泉的水，因为它的名字令人厌恶；知廉耻的人不吃嗟来之食，宁可饿死。更何况拾取别人遗失的东西。这样会玷污品行。”乐羊子听了妻子的话，非常惭愧，就把那块金子扔到野外，然后到远方去寻师求学。一年后，乐羊子归来。妻子问他为何回家，乐羊子说：“出门时间长了想家，没有其他缘故。”

妻子听罢，操起一把刀，走到织布机前说：“这机上织的绢帛产自蚕茧，成于织机。一根丝一根丝地积累起来,才有一寸长;一寸寸地积累下去,才有一丈乃至一匹。今天如果我将它割断,就会前功尽弃,从前的时间也就白白浪费掉。”

妻子接着又说:“读书也是这样,你积累学问,应该每天获得新的知识,从而使自己的品行日益完美。如果半途而归,和割断织丝有什么两样呢?”

乐羊子被妻子的话深深感动,于是又去完成学业,一连七年没有回过家。

抱薪救火

出处

《战国策·魏策三》:以地事秦,譬犹抱薪而救火也,薪不尽,火不灭。

译义

抱着柴草去救火。比喻人想消灭灾害,但使用的方法不当,反而使灾害扩大,变得更严重了。薪:柴草。

故事

战国时期,魏国老是受到秦国的侵略。魏国的安釐王即位后,秦国加紧了进攻,魏国连连战败。安釐王元年,秦国进攻魏国,魏国失去了两个城镇。第二年,魏国又失去了三个城镇,不仅如此,秦国的军队当时还直逼魏国的都城,形势十分危急,韩国派兵来救,但也被秦军打败;魏国没有办法,只得割让土地,才中止了战争。可是到了第三年,秦国又发动进攻,强占了魏国的两个城镇,并杀死了数万人。第四年,秦国更把魏、韩、赵三国的军队,一起打得大败,杀死兵士十五万人,魏国的大将芒卯也在此次战争中失踪。

魏国军队的接连败北,使安釐王坐卧不安。此时,魏国军队的另一位大将段干子也十分恐惧,为了苟安,便向安釐王建议,把南阳割给秦国,请求罢兵议和。安釐王本来就对秦军的进攻十分害怕，以为割让土地就可以求得太平，便照着段干子的话做了。

当时有个叫苏代的，是一贯主张“合纵抗秦”的苏秦的弟弟，他也极力主张各诸侯国联合起来抵抗秦国。苏代得知魏国割地求和的事后，就对安釐王说：“侵略者贪得无厌，你这样用领土、主权，想换取和平是办不到的，只要你国土还在，就无法满足侵略者的欲望。这好比抱着柴草去救火，柴草一把一把地投入火中，火怎么能扑灭呢？柴草一天不烧完，火是一天不会熄灭的。”

但是，安釐王不肯听从苏代的话，仍然一味屈膝求和，这样过了没多少年，魏国终于被秦国灭亡。

杯弓蛇影

出处

东汉·应劭《风俗通义·怪神》：时北壁上有悬赤弩照于杯，形如蛇。宣畏恶之，然不敢不饮。

译义

将映在酒杯里的弓影误认为蛇。比喻因疑神疑鬼而引起恐惧。

故事

有一个叫应郴的人在汲县做县令。夏至这一天，一位老朋友来访，应郴设宴款待。朋友座位背后的墙上悬挂着一张红色弩弓，映在酒杯中，形状就像一条小蛇。朋友端起酒杯痛饮的那一瞬间,他瞥见了酒杯中的“蛇”,可当他反应过来时他已经将那杯酒喝进肚里去了。朋友当时就觉得又惊又怕,十分恶心。回到家里,他只觉得胸腹疼痛难忍,以至于饮食不进,身体渐渐消瘦下去。家里人为他请了好多医生,用了好多办法,也不见治好。

自从老朋友那次来访后,已好长时间不见面了,应郴觉得奇怪,于是决定到朋友家去回访。只见朋友形容憔悴,病得不轻。应郴便问是什么原因。朋友如实相告:“自那次在你家喝酒,因酒杯里有一条小蛇被我吞进肚里,我十分害怕,回家后就一病不起。”

应郴觉得这事有些蹊跷:酒杯中哪来的蛇呢?他回到县衙后,还在琢磨这件事。猛一回头,看见挂在墙上的弩弓,心里一下子明白了。于是他专门备了车马,把老朋友再次请到家中,重摆宴席,仍让朋友坐在原来的位置上。当朋友拿起酒杯一看,忽然惊叫起来,原来杯中又出现了蛇影。这时,应郴也端着酒杯走到朋友的座位旁,将自己的酒杯端给朋友看,里面同样有一条蛇影;后来,他请朋友端着原来那杯酒离开那个位置,再看杯中,那蛇影就消失了。朋友心中甚是不解,应郴叫朋友回头看墙上挂着的那张弩弓,对朋友说:“墙上的弩弓映在酒杯中,这就是你看到的杯中的蛇,其实那只是弩弓的影子,杯中什么也没有。”

朋友半信半疑,又和应郴重新演示了几遍,这才哈哈大笑起来,心中的疑团顿时消失,精神一下子清爽了许多。朋友回去以后,病也很快地好了。

背水一战

出处

西汉·司马迁《史记·淮阴侯列传》:信乃使万人先行,出,背水陈。……军皆殊死战,不可败。

译义

背靠江河作战，没有退路。比喻决一死战。

故事

韩信，淮阴（今江苏清江西南）人，是汉王刘邦手下的大将。为了打败项羽，夺取天下，他为刘邦定计，先攻取了关中，然后东渡黄河，打败并俘虏了背叛刘邦、听命于项羽的魏王豹，接着往东攻打赵王歇。

韩信的部队要通过一道极狭的山口，叫井陉口。赵王手下的谋士李左车主张一面堵住井陉口，一面派兵抄小路切断汉军的辎重粮草——韩信的远征部队没有后援，就一定会败走。但大将陈馀不听，仗着兵力优势，坚持要与汉军正面作战。

韩信了解到这一情况，非常高兴。他命令部队在离井陉口三十里的地方安营，到了半夜，让将士们吃些点心，告诉他们打了胜仗再吃饱饭。随后，他派出两千轻骑从小路隐蔽前进，要他们在赵军离开营地后迅速冲入赵军营地，换上汉军旗号；又派一万军队故意背靠河水排列阵势，以此引诱赵军。

到了天明，韩信率军发动进攻，双方展开激战。不一会，汉军假意败回水边阵地，赵军全部离开营地，前来追击。这时，韩信命令主力部队出击，背水列阵的士兵因为没有退路，也回身猛扑敌军。赵军无法取胜，正要回营，忽然发现营中已插遍了汉军旗帜，于是四散奔逃。汉军乘胜追击，打了一个大胜仗。

在庆祝胜利的时候，将领们问韩信："兵法上说，列阵可以背靠山，前面可以临水泽，现在您让我们背靠水排阵，还说打败赵军再饱饱地吃一顿，我们当时不相信，然而竟然取胜了，这是一种什么策略呢？"

韩信笑着说："这也是兵法上有的，只是你们没有注意到罢了。兵法上不是说'陷之死地而后生，置之亡地而后存'吗？如果是有退路的地方，士兵都逃散了，怎么能让他们拼命呢！"

这个故事后来演化出成语"背水一战"，多用于军事行动，也可用于比喻有"决战"性质的行动。

北窗高卧

出处

东晋·陶渊明《与子俨等疏》：见树木交荫，时鸟变声，亦复欢然有喜。尝言五六月中北窗下卧，遇凉风暂至，自谓是羲皇上人。

译义

表示悠然自适。

故事

东晋诗人陶渊明生性恬淡，曾经几次出去做官，都因受不了官场的约束，不愿"为五斗米折腰"，辞官回家。最后一次辞官后，他便开始了隐居生活。

陶渊明隐居在山野之地，读书之余，还要下田耕作。虽然务农，但他一向只知读书，不善农事，以致"草盛豆苗稀"，地里面的草长得都把豆苗遮住了，他却觉得其中也有情趣在。陶渊明爱菊，家里东篱下种了许多菊花，站在院中可以眺望远山，于是有"采菊东篱下，悠然见南山"之句。这种闲适的情怀使得后代文人向往不已。

夏日里，陶渊明在北窗下读书，窗外树阴浓密，鸟鸣悠悠。倦了临窗高卧，凉风徐至，此时犹如远古的高人，恬然自得。他将这种情状描述给外地的友人，知道的人无不羡慕，后人甚至将"高卧之乐"作为人生追求的大乐之一。

陶渊明以自己创作的大量田园诗，营造了一种隐逸的生活风气，体现了文人的风骨，成为后世文人竞相模仿的对象。

比干剖心

出处

西汉·司马迁《史记·殷本纪》：纣愈淫乱不止。微子数谏不听，乃与大师、少师谋，遂去。比干曰："为人臣者，不得不以死争。"乃强谏纣。纣怒曰："吾闻圣人心有七窍。"剖比干，观其心。

译文

人们用这个典故，比喻忠臣被害。也作"比干谏""剖心比干""七窍比干"等。

故事

纣王即位之初的表现，能称得上英明君主，他亲率大军东征徐夷（今徐州一带），在战场上往来冲杀，骁勇无比，吓得徐夷酋长反绑着双手、口衔国宝玉璧、穿着孝服、拉着棺材向纣王投降。纣王率领军队一直打到长江下游地区，东夷部落纷纷臣服。当纣王凯旋时，比干带着文武大臣，步行几十里前往迎接，当时的民谣甚至唱道：纣王江山，铁桶一般……

但很快纣王就荒淫堕落了，他大兴土木，强迫奴隶为他修建宫殿，还建造了一座高高的摘星楼，整天在上面与美女、美酒相伴，朝朝笙歌，夜夜曼舞，从此商朝的国都就改名为朝歌（今淇县）了。

有一次，纣王正和妲己饮酒，远远望见一老一少正在渡河，小的走在前面，已经过河而去，老的落在后面犹豫不前。纣王说："小孩骨髓旺，不怕冷；老人骨髓空，怕冷。”妲己不信，纣王就命士兵把两人抓来，用斧子砸开他们的腿骨让妲己看。这条河从此被叫作“折胫河”。

比干看到纣王的所作所为，就坦率地直谏，并带着他去太庙祭祀祖宗，给他讲历代先王的故事：商汤创业时的艰难、盘庚用茅草盖屋、武丁和奴隶一起砍柴锄地，祖甲约束自己，喝酒从来不过三杯，唯恐过量误国……纣王表面点头称是，但并不真正改过，而且愈加荒淫暴虐。他在王宫里“以酒为池，悬肉为林”，“令男女裸而相逐其间，是为醉乐”。

纣王的爱妃妲己喜欢看人受虐的情景，有一种叫作炮烙的刑具，就是她发明的：用铜做成空心的柱子，行刑的时候，把犯人脱光衣服绑在柱子上，再把烧红的炭火放进铜柱子。

妲己说自己有辨认腹中胎儿是男是女的本领，纣王就抓来数个孕妇试验。妲己让她们先坐下再站起来，然后对纣王说：先抬左腿者是男，先抬右腿者是女。纣王不信妲己，竟命人当场剖腹检验。

比干看到纣王和妲己害人取乐的场面，气得浑身发抖，一边自言自语：“我是皇伯，必须强谏于王！”一边疾步走到纣王面前，直言他的错误，并且请求将妲己斩首。纣王愤愤地坐在那里，一句话也不说。比干继续说：“当年天下大灾，饿殍塞途，汤王下车抚尸而哭，自责无德；又立即开仓济贫，使饥者得食，寒者得衣，为天下称颂。你今天的作为与先王的仁政背道而驰，若不改悔，天下就危险啦！”纣王听完气得拂袖而去。

比干回到家中，请来箕子和微子商议，让他们向纣王进谏。第二天，箕子去劝纣王，纣王却将箕子的头发剪掉，把他囚禁起来；微子进谏，纣王依然不听，微子只好抱着祖先的祭器远走他乡。大臣辛甲进谏了七十五次，纣王丝毫不改，于是投奔了周文王；许多大臣看到纣王已经无可救药了，纷纷弃商投周：纣王已经落到了众叛亲离的地步。而此时，周武王率军东征已经打到了孟津，背叛殷商来和周会盟的大小诸侯有八百多个，商王朝已是风中残烛了。

比干觉得为人臣子不能像微子那样说走就走，就是杀头挖心也得据理力争。“主暴不谏非忠也，畏死不言非勇也，见过即谏，不用即死，忠之至也。”他冒着灭族的危险，连续三日进宫抨击纣王的过错。

纣王被比干批评得无言以对，恼羞成怒地喝问他为什么这样坚持。比干说：“君有诤臣，父有诤子，士有诤友，下官身为大臣，进退自有尚尽之大义！”纣王又问他何为大义，比干答：“夏桀不行仁政，失了天下，我王也学此无道之君，难道不怕丢失了天下吗？我今日进谏，正是大义所在！”纣王听到这里勃然大怒，于是说：“吾闻圣人之心有七窍，信有诸乎？”说罢，命人剖胸取心，比干毫无惧色，慷慨就戮。

髀肉复生

出处

西晋·陈寿《三国志·蜀书·先主传》:备曰:“吾常身不离鞍,髀肉皆消。今不复骑,髀里肉生。日月若驰,老将至矣,而功业不建,是以悲耳。”

译义

比喻长久处于安逸环境中虚度光阴,忧虑不能再有所作为。髀:大腿,也指大腿骨。

故事

刘备在与曹操作战失败后,丧失了地盘,只得投奔汉皇族刘表。一天,刘表请刘备喝酒聊天。

席间,刘表对刘备说:“上次没有听您的话,失去了一个好机会,真可惜!”刘备安慰他说:“如今天下分裂,天天有战事。上次失去机会,怎么知道今后不能再碰到呢?机会是没有尽头的。已经过去的事,就不必再后悔了。”

两人交谈得很投机,又商量了以后的打算。过了一会儿,刘备起身如厕,他摸了摸自己的大腿,发现上面的肉又长起来了，不禁掉下泪来。回到座上的时候，他脸上还留着泪痕。刘表见了很奇怪，问他道："怎么啦？您是不舒服还是有什么心事？"

刘备不好意思地说："没什么，实说吧。我以前南征北战，常年身不离鞍，大腿上的肉精壮结实；到这里来后，一晃就是五年，闲居安逸，用不着骑马，大腿上的肉复长，又肥又松。一想起时光过得这么快，人都快老了，复兴汉室的功业一点也没有建成，因此心里非常难受。"

炳烛之明

出处

西汉·刘向《说苑·建本》：晋平公问于师旷曰："吾年七十欲学，恐已暮矣！"……师旷曰："……老而好学，如炳烛之明。炳烛之明，孰与昧行乎？"平公曰："善哉！"

译义

点燃蜡烛，用以照明。形容人到老年，好学不倦。

故事

晋平公询问师旷说："我今年七十岁了，想要学习，恐怕已经晚了罢！"

师旷说："您为什么不点燃蜡烛来照明呢？"

晋平公说："哪里有当人臣的戏弄他的国君呢？"

师旷说："盲臣哪里敢和国君开玩笑呀！臣听说：少年而好学习，像早晨温和的阳光；壮年而好学习，有如中午的太阳光；老年而好学习，好似点燃蜡烛的亮光。点燃了蜡烛照起亮光，还有谁会在昏暗中摸索着行进呢？"

晋平公说："好极了！"

不可同日而语

出处

《战国策·赵策二》:夫破人之与破于人也,臣人之与臣于人也,岂可同日而言之哉。

译义

不能放在同一时间谈论。形容不能相提并论,不能相比。

故事

战国时期,苏秦是主张"合纵"的,他建议燕、赵、韩、魏、齐、楚六国联合起来,共同对付秦国。为了说服赵国的君主采纳他的意见,他从燕国来到赵国。赵王比较年轻,做君王的时间不长,很想听他的主张,便热情地接待了他。

苏秦婉转地对赵王说:"现今贵国疆域有两千多里,军队数十万,战车千部,战马万匹,粮食够吃十年。就地形而论,西有常山,南有漳水,东有清河,北邻燕国。目前秦国虎视眈眈,想把赵国吞掉,然而迟迟不敢举兵来征伐,是担心韩国和魏国打他的主意。所以说韩、魏两国也是贵国的屏障。可是秦国一旦占了韩、魏,那么赵国就大祸临头了。这就是我为大王忧虑的问题呀!想当年,尧没有什么地盘,舜也无一点土地,却能占有天下。禹不足一百个部属,却成为诸侯的领袖;成汤和周武王也不过三千士卒,三百战车,也做了天子。这是什么缘故呢?因为他们都具有卓识远见。圣明的君主能够了解敌国的强弱,清楚自己士兵的数目、将士的优劣,不必等到战场上厮杀,对于胜负、存亡就已经心中有数了。哪有光听议论就糊涂地决定国家大事的呢?我计算过各国的版图,六国的土地是秦国的五倍,六国的军队是秦国的十倍。如果你们六国合成一体,共同讨伐秦国,那秦国必定失败。可是你们现在不做长远打算,盘算着屈服于秦国,情愿做人家的臣子。你们可应该知道呀,打败敌国和被敌国打败,别人当自己的臣子和自己当别人的臣子,这两种境遇可是不能够放在一起相比着说的呀!我的意见请大王深思啊!”

赵王对苏秦的主张很感兴趣,决定封他为武安君,给他一百辆车子,一千镒黄金,一百双白璧和许多绸缎、衣物,让他去劝说其他几个国家的君主。

不入虎穴,不得虎子

出处

南朝·宋·范晔《后汉书·班超传》:超曰:“不入虎穴,不得虎子。”

译义

比喻不冒危险,就不能成事。今也用来比喻不经历最艰苦的实践,就不能取得真知。

故事

东汉时候,班超跟随奉车都尉(官名)窦固和匈奴打仗,立有功劳。

后班超被派出使西域。他首先到郑善国。郑善国国王早知班超为人,对他十分敬重,但过了一段时间后,忽然变得怠慢起来。班超召集同来的三十六人说:“郑善国最近对我们很冷淡,一定是北方匈奴也派人来笼络他,使他踌躇不知顺从哪一边。聪明人要在事情还没有萌芽的时候就发现它,何况现在事情已经很明显了。"

经过打听,事情果然如班超所料。于是班超又约同所有的人会面:"我们现在处境很危险,匈奴使者才来几天,郑善国国王就对我们这么冷淡。如果再过一些时候,郑善国国王可能会把我们绑起来送给匈奴。你们说,这该怎么办?"当时大家坚决地表示愿听他的主张。

他便继续道:"不入虎穴,不得虎子。现在唯一的办法,就是今天趁着夜色用火攻击匈奴来使,迅速把他们杀了。只有这样,郑善国王才会诚心归顺汉朝。"

这天夜里,班超就和他同去的三十六个同伴,冲入匈奴人住所,奋力死战,最后以少胜多,达到了预期目的。

不耻下问

出处

《论语·公冶长》:敏而好学,不耻下问。

译义

不以向地位、学问较自己低的人请教为可耻,形容谦虚好学。耻:羞耻。

故事

春秋时期的孔子是我国伟大的思想家、政治家、教育家,儒家学派的创始人,被后世尊奉为圣人。然而孔子认为,无论什么人,包括他自己,都不是生下来就有学问的。一次,孔子去鲁国国君的祖庙参加祭祖典礼,不时向人询问,差不多每件事都问到了。有人在背后嘲笑他,说他不懂礼仪,什么都要问。孔子听到这些议论后说:"对于不懂的事,问个明白,这正是我要求知礼的体现啊。"

那时，卫国有个大夫叫孔圉，虚心好学，为人正直。当时社会有个习惯，在最高统治者或其他有地位的人死后，给他另起一个称号，叫“谥号”。按照这个习俗，孔圉死后，被授予谥号“文”，所以后人又称他为“孔文子”。

孔子的学生子贡有些不服气，他认为孔圉也有不足的地方，于是就去问孔子：“老师，孔文子凭什么可以被称为‘文’呢？”

孔子回答：“敏而好学，不耻下问，是以谓之‘文’也。”

意思是说孔圉聪敏又勤学，不以向职位比自己低、学问比自己差的人请教为耻辱，所以可以用“文”作为他的谥号。

孔子的这句话，引出了“不耻下问”这则成语。后来人们常用它来比喻向地位和学问不如自己的人请教，或形容谦虚、好学，不自以为是。

不寒而栗

出处

西汉·司马迁《史记·酷吏列传》：是日皆报杀四百余人，其后郡中不寒而栗。

译义

天不寒冷而发抖，形容非常害怕、恐惧。栗：发抖。

故事

西汉武帝时期，有个名叫义纵的人。他姐姐义姁医术高明，因医好了皇太后的病，得到皇太后宠爱，义纵也因此得到汉武帝的任用。他先在上党郡一个县中任县令，后又升为长安县令。他在任职期间，能够依法办事，不讲情面，也不怕得罪有权有势的人，当地的治安有了很大的改变。汉武帝认为他很有才干，就调任他为河内郡都尉，后又升为南阳郡太守。

当时，南阳城里居住着一个关都尉，名叫宁成。这人很残暴，利用手中的权力横行霸道，百姓们都很害怕他，甚至连进关、出关的官员都不敢得罪他。人们都说，让宁成做官，好比是把一群羊交给狼管。宁成听说义纵要来南阳任太守，有些不安，到了义纵上任那天，他便带领全家老小恭恭敬敬地站在路边迎接义纵。义纵知道宁成这样做的目的，对他不理不睬。一上任，义纵就派人调查宁成的家族，凡是查到有罪的，就统统杀掉。最后，宁成也被判了罪。这一来，当地有名的富豪孔氏、暴氏等豪强也吓得逃离了南阳。

后来，汉武帝又调义纵任定襄（在今内蒙古）太守。那时，这个地区的治安很混乱。义纵一到定襄，就将监狱中二百多个重罪轻判的犯人重新判处死刑，同时将二百多个私自探监的犯人家属抓了起来，说他们想要为犯人开脱罪行，也一起判处死刑。那天，一下子就杀了四百多人。尽管那天天气不冷，然而，住在这个地区的人们听到这个消息后都吓得不寒而栗。

义纵执法严峻，但也存在肆意残杀的问题，司马迁《史记》把义纵归入酷吏一类。

不堪回首

出处

南唐·李煜《虞美人》：春花秋月何时了，往事知多少。小楼昨夜又东风，故国不堪回首月明中。

译义

指对过去的事情想起来就会感到痛苦，因而不忍去回忆。常用来表示对巨大人事变迁的感慨。

故事

公元960年赵匡胤建立宋朝时，周围还有好几个政权。为了完成统一大业，他先后攻灭了南平、后蜀、南汉等国，接着又把攻击的目标对准南唐。

这时统治南唐的是李煜，世称“李后主”。他在政治、军事上昏庸无能，但在文学艺术方面很有才能，诗词、音乐、书画等无所不能。他从小在深宫里长大，过着奢侈的生活，因此他的作品也大都描写宫廷生活的情景。

李煜的妻子周后娥皇，容貌出众，擅长书画歌舞，但不幸早逝。后来，李煜又与娥皇的妹妹小周后相爱，在花前月下饮酒作乐，而把国家大事置之脑后。

宋朝的威胁越来越严重，但李煜迷恋于歌舞升平的生活，只想求得眼前安逸，并不做抵御的准备，而一味向宋朝屈服。宋朝在哪里作战胜利或者有什么喜庆活动，他就赶紧命人向宋朝进贡财宝。后来，他又主动向宋朝上表，希望取消南唐国号，作为宋朝的附庸。

公元974年秋，宋太祖赵匡胤两次派使者召李煜入京，但李煜怕赵匡胤杀他，称病不去。于是赵匡胤以此为借口，派十万大军征伐南唐。

第二年年初，宋军抵达长江北岸，南唐都城金陵危急。但李煜以为宋军无法渡过长江，整天在宫内和一班和尚道士讲经说法。

一日，李煜偶然外出登城，见城外都是宋军的旗帜，才急忙去召援军，但为时已晚。挨到这年冬天，宋军消灭了南唐最后一支援军，终于攻破金陵。李煜被迫投降，被押到开封去。

李煜穿戴着白衣纱帽，战战兢兢地接受赵匡胤的召见。赵匡胤没有杀他，但侮辱性地封他为违命侯，把他安置在城里。他名义上是侯，实际上过着囚犯一样难堪的生活。

李煜是个多愁善感的人，降宋后的痛苦生活，自然使他抑郁不堪。不久赵匡胤去世，他的弟弟赵匡义即位，世称“宋太宗”。宋太宗取消了李煜违命侯的封号，封他为“陇西郡公”。但是，宋太宗比太祖更为猜忌。一次旧臣探访时，李煜懊悔当时不该错杀忠臣，宋太宗得知后非常恼怒。

又一日，李煜做了一首名为《虞美人》的词，其中有“小楼昨夜又东风，故国不堪回首月明中”等句，意思是过去美好的一切不能再回顾，回顾了只能使人更感到痛苦。

这首词传到宋太宗那里，宋太宗对他至今还在恋念故国非常不满。后来，又有一些怀恋故国的词作传到宋太宗那里，太宗便派人将他毒死了。

不可救药

出处

《诗·大雅·板》：天之方虐，无然谑谑。老夫灌灌，小子蹻蹻。匪我言耄，尔用忧谑。多将熇熇，不可救药。

译义

表示病重到不能用药救活。用来比喻人或事物坏到无法挽救的地步。

故事

西周王朝到了后期，奴隶主贵族日益腐朽，不断搜刮钱财，发动战争，压迫百姓和奴隶。周厉王即位后，对百姓和奴隶的剥削压迫更重。他贪财好利，独占山林川泽，不许百姓打猎、砍柴、捕鱼，还派人监视他们的言行——谁议论他，他就把谁杀死。人民忍无可忍，到处都有人起来反抗，周王朝的统治越来越不稳固。

眼看周王朝政权摇摇欲坠，关心国家的大臣都很痛心。忠心耿耿的老臣凡伯，极力劝谏周厉王改变暴虐的政治，力修德政，挽救国家。可是周厉王不听，一些权臣也嘲笑凡伯，说他昏庸无能，不识时务。凡伯非常气愤，挥笔写了一首长诗，表达自己焦急的心情。这首诗很长，其中有一节是这样的：

老天肆虐正闹灾荒，
不要一味纵乐放荡。
老臣忠心诚恳进言，
小子们却傲慢轻狂。
我并非年老说胡话，
却被你们取笑戏谑。
多行不义事难收场，
不可救药病入膏肓。

这首诗的内容，是劝说周厉王和那些权臣千万别把忧患当作儿戏，应趁它还没有到来的时候尽力防止它。若是忧患越积越多，就像病重一样无法治愈了。

果然不出凡伯所料，公元前842年发生暴动，平民和奴隶们拿起武器，冲进王宫，周厉王仓皇逃走。西周从此衰落下去，出现了分崩离析的局面。

不求甚解

出处

东晋·陶渊明《五柳先生传》：好读书，不求甚解；每有会意，便欣然忘食。

译文

读书只领会精神，不在一字一句的解释上多花工夫。现在则指学习不认真，不会深刻理解，或指不深入了解情况。

故事

陶渊明又名潜，是我国最早的田园诗人。他所开创的田园诗体，为古典诗歌开辟了一个新的境界。

陶渊明的家乡浔阳一带水旱灾害连年不断。陶渊明靠着微薄的田产，维持着一家老小的生活，过着非常艰难的日子。

尽管如此，陶渊明不羡慕荣华富贵，喜爱清静闲散的田园生活。他一面耕田，一面读书写诗，不仅不觉得苦，反而觉得十分自在。

陶渊明曾作自传文《五柳先生传》，文章写道：先生不知道是何许人，也不清楚他的姓名。他的住宅旁边有五棵柳树，因而就以“五柳”作为自己的号了。先生喜爱闲静，不多说话，也不羡慕荣华利禄。他很喜欢读书，但对所读的书不执着于字句的解释；每当对书中内容有所领会的时候，便高兴得忘了吃饭。他生性爱喝酒，可是因为家里贫穷，不能常得到酒喝。亲戚朋友知道他这个情况，有时便备了酒邀他去喝。而他呢，去喝酒就喝个尽兴，期望一定喝醉……

不名一钱

出处

西汉·司马迁《史记·佞幸列传》：长公主赐邓通，吏辄随没入之，一簪不得著身。于长公主乃令假衣食，竟不得名一钱，寄死人家。

译义

表示一个钱也没有，比喻极度贫穷。名：占。

故事

汉文帝当政的时候，有个名叫邓通的善于划船，被选到宫里当御船的水手。一天夜里，文帝做了一个梦，梦中他想升天，却怎么也上不去。就在这时候，有个头戴黄帽的人在背后推他，终于使他上了天。他回过头来看推他的人，发现那人的衣带在背后打了个结。

第二天，文帝来到建在宫西苍池中的渐台，见到有个御船水手头戴黄帽，衣带在背后打了个结，正是他梦中遇见的人。召来一询问，那人名叫邓通。文帝想，他既然能把自己推上天，必定是个奇才，便非常宠爱他。邓通也老实谨慎，不随便和外人交往。文帝多次赏赐他巨额钱财，还授予他上大夫的官职。

其实，邓通并没有什么才能。他自己处事谨慎，也不能推荐贤士，只是谄媚文帝而已。有一次，文帝命一个善于算命的人去给邓通相面，那人相面后对文帝说："邓通这个人将来要贫饿而死。"

汉文帝忧虑地说："能让邓通富起来的只有我，我怎么会叫他受穷呢？"

于是，文帝下令把蜀郡严道的铜山赐给邓通，允许他自己铸钱。从此邓通发了大财，他铸造的铜钱布满天下，人人都知道有"邓氏钱"。

有一天，文帝背上生了一个疮，脓血流个不停。邓通觉得孝顺皇帝的机会到了，便天天进宫去，用嘴巴替文帝吸脓血。不过，文帝心中还是不高兴，他问邓通："天下谁最爱我？"

邓通恭顺地回答："应该说没有谁比太子更爱陛下的了。"

后来，太子刘启来看望文帝病情，文帝要他吮脓血。太子见疮口脓血模糊，腥臭难闻，禁不住一阵恶心，但又不敢违抗，只得硬着头皮吮吸，可是脸色很难看。事后他听说，邓通常为文帝吸脓血，便感到惭愧，也因此而嫉恨邓通。

文帝死后，刘启即位，史称汉景帝。景帝免去邓通的官职，让他回家闲居。不久，有人告发邓通违法越境铸钱。景帝派人调查，结果确有此事，便把邓通家的钱财全部没收，令邓通顿时变成了穷光蛋，还欠下许多债。还是景帝的姐姐长公主记住文帝不让他饿死的遗言，赐给他一些钱财。但是，官吏马上把这些钱财用来抵债，连一根簪子都不让他留下。长公主知道后，就让手下人借给他一些衣食和钱。这样，邓通不能占有一个钱，只能寄食在别人家里直到死去。

不贪为宝

出处

《左传·襄公十五年》：我以不贪为宝，尔以玉为宝，若以与我，皆丧宝也。

译义

表示以不贪为可贵、崇高，也表示廉洁奉公。

故事

春秋时期，宋国有个人在山上开凿石料的时候，发现了一块宝玉。他非常高兴，便兜着它回家，并请一个玉工来加以鉴别。玉工仔细看了玉后，赞不绝口地说："这块玉好极了，没有一点毛病，是个宝贝啊！不过你得小心，别在人家面前露眼，让人家把它偷了去！"

其实，这人请玉工来家已经引起了邻居的注意。原来，平时极少有人上他家，这回突然来了个玉工，便有人不时进来张望。宋人心里不安，怕有个闪失空欢喜一场，便把宝玉秘密藏好。

尽管如此，他还是担心宝玉会被盗走。如果把它卖掉，又怕不知它的真正价值，给别人占了便宜。他考虑来考虑去，最后决定把它赠送给一个有身份的人，这样多少还能留下些人情。过了几天，他见没人发现，便带了宝玉悄悄地前往都城。

到了都城，他去见掌管工程的大臣

子罕,献上了宝玉。子罕不解地问:“你把如此贵重的宝物送给我,大概是要我帮你办什么事吧?不过,我是从来不接受别人赠送的礼物的。”

宋人慌忙摇头说:“我没什么事要您帮我办。据玉工鉴定,这块宝玉是稀有之物,所以我要献给您。”

子罕再次拒绝说:“我决不能收下这宝玉。因为如果收下了,你和我都丧失了自己的宝物。”

宋人听不懂子罕这话的意思,只是呆呆地望着他。只听子罕继续说道:“我以不贪为宝,而你以玉为宝。你把玉给了我,当然丧失了宝;但我收下了你的玉,也就丧失了不贪这一宝贵品德。这样,双方都丧失了宝物。”

宋人见子罕说了这通不收宝玉的道理,也无可奈何,只得以实相告:“小民留下宝玉不得安宁,所以特地到都城来献给您。”

子罕沉思了一会儿,叫宋人暂时留下。接着,命一位玉工为这块宝玉雕琢,把它送到市场上去卖掉,把钱交给宋人,然后派人护送他回家了。

C

残杯冷炙

出处

北齐·颜之推《颜氏家训·杂艺》:唯不可令有称誉,见役勋贵,处之下坐,以取残杯冷炙之辱。

译义

吃剩的酒食,也指权贵的施合。炙:烤。

故事

北齐的文学家颜之推,学识渊博,他有一部《颜氏家训》传世,内容是以儒家的传统思想作为立身治家之道。这部著作,对后世不少学者为人处世也有很大的影响。

《颜氏家训》中有一处告诫说:不能因为得到了些称赞,你就去受权贵驱使;处在低下的座位上,受取权贵施舍的屈辱。唐朝的大诗人杜甫,有一段时间就被迫在颜之推提到过的这种悲辛的处境里生活。

杜甫从小聪明好学,志高务实,但一直没有遇到施展才华的机会。直到三十五岁那年,早已盛负诗名的他才踏上通往京都长安的大道。应试时,杜甫觉得自己写文章得心应手。但他哪里知道,主持这次考试的大臣李林甫,根本不想选用贤才，而是对有才能有胆识的人，一概采取排斥的态度。

杜甫没有料到自己会落选，内心非常痛苦，对前途悲观失望。从此，他流落长安，以“宾客”的身份出入于达官贵人之家，过着寄人篱下的生活。他时常陪王公大臣宴饮，席间吟诗赋辞助兴。这样做，一方面是为了维持生计，另一方面也是希望得到权贵们的推荐，求得一官半职。

草船借箭

出处

明·罗贯中《三国演义》：少顷，旱寨内弓弩手亦到，约一万余人，尽皆向江中放箭，箭如雨发……孔明令收船急回。二十只船两边束草上，排满箭枝。

译义

运用智谋，凭借他人的人力或财力来达到自己的目的。

故事

三国时期，曹操率大军想要征服东吴，孙权、刘备联合抗曹。孙权手下有位大将叫周瑜（字公瑾），智勇双全，可是心胸狭窄，很妒忌诸葛亮（字孔明）的才干。因水中交战需要箭，周瑜要诸葛亮负责在十天内赶造十万支箭，哪知诸葛亮只要三天，还愿立下军令状，完不成任务甘受处罚。周瑜想，三天不可能造出十万支箭，正好利用这个机会来除掉诸葛亮。于是他一方面叫军匠们不要把造箭的材料准备齐全，另一方面叫大臣鲁肃去探听诸葛亮的虚实。

鲁肃领命来见诸葛亮，诸葛亮说：“这件事要请你帮我的忙。希望你能借给我二十只船，每只船上要有三十个士兵，船要用青布幔子遮起来，还要一千多个草把子,排在船两边。不过,这事千万不能让公瑾知道。"

鲁肃答应了,并按诸葛亮的要求把东西准备齐全。但两天过去了,不见一点动静,直到第三天四更时分,诸葛亮才秘密地将鲁肃请到船上,说是一起去取箭,这令鲁肃很纳闷。

诸葛亮吩咐士兵把船用绳索连起来,向北岸开去。那天江上大雾迷漫,面对面都看不清人。当船靠近曹军水寨时,诸葛亮命船一字儿摆开,叫士兵擂鼓呐喊。曹操以为对方来进攻,又因雾大怕中埋伏,就派六千名弓箭手朝江中放箭,雨点般的箭纷纷射在草把子上。过了一会,诸葛亮又命船掉过头来,让另一面受箭。

太阳出来了,雾要散了,诸葛亮令船赶紧往回开。这时船两边的草把子上密密麻麻地插满了箭,每只船上至少五六千支,总共超过了十万支。鲁肃把借箭的经过告诉周瑜时,周瑜感叹地说:"孔明神机妙算,我不如他。"

草木皆兵

出处

《晋书·苻坚载记》:坚与苻融登城而望王师,见部阵齐整,将士精锐;又北望八公山上草木,皆类人形,顾谓融曰:"此亦勍敌也,何谓少乎!"怃然有惧色。

译义

把草木都当成敌兵。形容极度疑惧,惊恐不安。

故事

公元383年,基本上统一了北方的前秦皇帝苻坚,率领数十万兵马,南下攻伐东晋。东晋王朝任命谢石为大将，谢玄为先锋，率领八万精兵迎战。

秦军前锋苻融攻占寿阳（今安徽寿县）后，苻坚亲自率领八千名骑兵抵达这座城池。他听信苻融的判断，认为晋兵不堪一击，只要他的后续大军一到，一定可大获全胜。于是，他派一个名叫朱序的人去劝降谢石。

朱序原是东晋官员，他见到谢石后，报告了秦军的布防情况，并建议晋军在前秦后续大军未到达之前袭击洛涧（今安徽淮南东洛河）。谢石听从他的建议，出兵偷袭秦营，结果大胜。晋兵乘胜向寿阳进军。

苻坚得知洛涧兵败，晋兵正向寿阳而来，大惊失色，马上和苻融登上寿阳城头，亲自观察淝水对岸晋军动静。当时正是隆冬时节，又是阴天，远远望去，淝水上空灰蒙蒙的一片。仔细看去，那里桅杆林立，战船密布，晋兵持刀执戟，阵容甚为齐整。他不禁暗暗称赞晋兵布防有序，训练有素。

接着，苻坚又向北望去，那里横着八公山，晋兵的大本营便驻扎在八公山下。随着一阵风呼啸而过，山上晃动的草木，就像无数士兵在运动。苻坚顿时面如土色，惊恐地回过头来对苻融说："晋兵是一支劲敌，怎么能说晋兵兵力不足呢？"

不久，苻坚又中了谢玄的计，下令让军队稍向后退，以便晋兵渡过淝水决战。结果，秦兵在后退时自相践踏，溃不成军，大败北归。这一战，便是历史上著名的淝水之战，也是历史上以少胜多、以弱胜强的著名战例。

沧海桑田

出处

晋·葛洪《神仙传·王远》：麻姑自说云："接侍以来，已见东海三为桑田。"

译义

比喻世界上的事变化极大。

故事

从前有两个仙人，一个叫王远，一个叫麻姑。一次，他们相约到蔡经家去饮酒。

到了约定的那天，王远在一批乘坐麒麟的吹鼓手和侍从的簇拥下，坐在五条龙拉的车上，前往蔡经家。但见他头戴远游冠，肩挂彩色绶带，腰佩一口宝剑，显得威风凛凛。

王远一行降落在蔡经家的庭院里后，簇拥他的那些人便全部隐没了。接着，王远和蔡家人互相致意，然后独自坐着等候麻姑的到来。

王远等了好久还不见麻姑到来，便朝空中招了招手，吩咐使者去请她。蔡家人谁也不知道麻姑是天上哪位仙女，便翘首以待。

过了一会儿，使者在空中向王远禀报说："麻姑命我先向您致意，她说已有五百多年没有见到先生了。此刻，她正奉命巡视蓬莱仙岛，回来之后就会亲自来拜见先生。"

王远微微点头，耐心地等着。没多久，麻姑从空中降落下来了。她的随从人员只及王远的一半。蔡家人这才见到，麻姑看上去似人间十八九岁的漂亮姑娘。她蓄着长到腰间的秀发，衣服不知是什么质料制的，上面绣着美丽的花纹，光彩耀目。

麻姑和王远互相行过礼后，王远就吩咐开宴。席上的用具全是用金和玉制成的，珍贵而又精巧；里面盛放的菜肴，大多是奇花异果，香气扑鼻：所有这些，都是蔡家人从未见到过的。

席间，麻姑对王远说："自上次接待以来，我已经亲眼见到东海三次变成桑田。刚才到蓬莱，又看到海水比前一时期少了一半，难道它又要变成陆地了吗？"

王远叹息道："是啊，圣人们都说，大海的水在下降。不久，那里又将扬起尘土了。"宴饮完毕，王远、麻姑各自召来车驾，升天而去。

才高八斗

出处

宋·无名氏《释常谈·八斗之才》:文章多谓之八斗之才。谢灵运尝曰:"天下才有一石,曹子建独占八斗,我得一斗,天下共分一斗。"

译文

比喻极有才华。

故事

南朝宋国的谢灵运,是我国古代著名的山水诗人。他的诗,大都描写会稽、永嘉、庐山等地的山水名胜,善于刻画自然景物,开创了文学史上的"山水诗"一派。

他写的诗艺术性很强,尤其注意形式美,很受文人雅士的喜爱。诗篇一传出来,人们就竞相抄录,流传很广。宋文帝很赏识他的文学才能,特地将他召回京都任职,并把他的诗作和书法称为"二宝",常常要他边侍宴边写诗作文。

一直自命不凡的谢灵运受到这种礼遇后,更加狂妄自大。有一次,他一边喝酒一边自夸道:"天下的文学之才共有一石(一种容量单位,一石等于十斗),其中曹子建(曹植)独占八斗,我得一斗,天下其他的人共分一斗。"

车水马龙

出处

南朝·宋·范晔《后汉书·皇后纪·明德马皇后》:前过濯龙门上,见外家问起居者,车如流水,马如游龙,仓头衣绿褠,领袖正白,顾视御者,不及远矣。

译义

从马太后诏书中的话简化而来,形容车马往来繁华热闹的场景。

故事

东汉名将马援的小女儿马氏,由于父母早亡,年纪很小时就操办家中的事情,把家务料理得井然有序,亲朋们都称赞她是个能干的人。

十三岁那年,马氏被选进宫内。她先是侍候光武帝的皇后,很受宠爱。光武帝去世后,太子刘庄即位,史称汉明帝,马氏被封为贵人。由于她一直没有子嗣,便收养了贾氏的一个儿子,取名为刘炟。公元60年,由于皇太后对她非常宠爱,她被立为明帝的皇后。

马氏当了皇后,生活还是非常俭朴。她常穿粗布衣服,裙子也不镶边。一些嫔妃谒见她时,还以为她穿着上好衣料制成的衣服,走到近前,才知道是极普通的衣料,从此对她更尊敬了。

马皇后知书识礼,时常认真地阅读《春秋》《楚辞》等著作。有一次,明帝故意把大臣的奏章给她看,并问她应如何处理,她看后当场提出中肯的意见。但她并不因此而干预朝政,也不曾因自家私事去求汉明帝。

汉明帝死后,刘炟即位,史称汉章帝。马皇后被尊为皇太后。不久,汉章帝根据一些大臣的建议，打算给皇太后的弟兄封爵。马太后遵照已去世的光武帝有关后妃家族不得封侯的规定，明确地反对这样做，因此这件事没有办成。

第二年夏天，发生了大旱灾。一些大臣又上奏说，今年之所以大旱，是因为去年不封外戚。于是他们再次要求分封马氏舅父。

但马太后还是不同意，并且为此专门发了诏书，诏书上说："凡是提出要给外戚封爵的人，都是想献媚于我，都是要从中取得好处。天大旱跟封爵有什么关系？要记住前朝的教训，宠贵外戚会招来倾覆的大祸。先帝不让外戚担任重要的职务，防备的就是这个。今后，怎能再让马氏走老路呢？"

诏书接着说："马家的舅父，个个都很富贵。我身为太后，还是食不求甘，穿着简朴，左右宫妃也尽量俭朴。我这样做的目的是为下边做个表率，让外戚见了好反省自己。可是，他们不反躬自责，反而笑话我太俭省。前几天我路过濯龙园的门前，见外戚们来拜候、请安的车子像流水那样连绵不断，马匹往来不绝，好像一条游龙，招摇得很。他们的用人穿得整整齐齐，绿色臂衣，雪白衣领衣袖；再回头看看我的侍从，比他们差远了。我当时竭力控制自己，没有责备他们。他们只知道自己享乐，根本不为国家忧愁，我怎么能同意给他们加官晋爵呢？"

车载斗量

出处

西晋·陈寿《三国书·吴书·吴主传》裴松之注引《吴书》：如臣之比，车载斗量，不可胜数。

译义

用车装，用斗量，形容数量很多，不足为奇。

故事

三国时，蜀主刘备称帝，出兵伐吴。吴主孙权派中大夫赵咨出使魏国，向魏文帝曹丕求援。

曹丕轻视东吴，接见赵咨时态度傲慢地问道："吴王是什么样的国君？吴国怕不怕我们魏国？"

赵咨听了这种带有侮辱性的问话，心中很气愤。他作为吴国的使者，当然不能有失国家的尊严，便很有分寸地回答道："吴王是位有雄才大略的人，重用鲁肃证明了他的聪慧，选拔吕蒙证明了他的明智，俘虏于禁而不杀证明了他的仁义，取荆州而兵不血刃证明了他的睿智，占据三州而虎视四方证明了他的雄才，向陛下称臣证明了他的谋略。至于说到怕不怕，尽管大国有征伐的武力，小国也自有抵御的良策，何况我们吴国有雄兵百万，据江汉天险，何必怕人家？"

赵咨一席从容的对答，使曹丕十分叹服，不得不改用比较恭敬的口气问："像先生这样有才能的人，东吴有多少？"

赵咨答道："聪明而有突出才能的，不下八九十人，像我这样的，那简直是用车装，用斗量，数也数不清！"

听到如此得体的外交辞令，魏国朝廷上下都对赵咨肃然起敬。曹丕也连声称赞赵咨说："使于四方，不辱君命，先生当之无愧。"

赵咨回到东吴后，孙权封他为骑都尉，更加赏识和重用他了。

豺狼当道

出处

南朝·宋·范晔《后汉书·张王种陈列传·张纲》：汉安元年，选遣八使徇行风俗，皆耆儒知名，多历显位。唯纲年少，官次最微。余人受命之部，而纲独埋其车轮于洛阳都亭，曰：豺狼当道，安问狐狸。

译义

比喻坏人当权。当道:横在道路中间。

故事

东汉顺帝汉安元年(公元142年),朝廷选派了特使,巡行各地,考察政治——如发现刺史太守有贪赃枉法行为,就上急奏弹劾,县令以下的官,可不待奏报,即时逮捕法办;至于清廉而政绩好的官员,则奏闻加以表扬。这些特使多是年高望众的,只有张纲年纪最轻,官位最低。别人都受命出发了,唯独张纲把自己的车轮卸下,扔在洛阳城外的驿站旁。人们很诧异地问他为什么,他感慨道:"豺狼当道,安问狐狸!"意思是说:大恶不除,何必去问那些小恶?他所指的就是那时当权的大奸臣梁冀——政治的败坏都是由梁冀引起的。

因此张纲上了一封奏章,严厉揭发梁冀的罪恶。但因为梁冀身为国舅,皇帝虽然明白张纲所弹劾的是事实,却不便发作,加之满朝都是梁冀的死党,怎能动摇他的分毫呢?

梁冀从此恨他入骨,屡欲借机把他害死。

这时广陵郡张婴聚众数万反抗官吏,杀刺史太守,前后长达十几年,朝廷始终没有办法。梁冀便进言尚书,选派张纲担任广陵太守,意欲借刀杀人。怎知张纲到任后,亲自去见张婴,晓以大义,体谅民疾,抚恤招安,张婴便率众自动放下武器——十几年不能解决的问题,就此瓦解冰消。可惜张纲到任只一年就病死了。

乘风破浪

出处

南朝·梁·沈约《宋书·宗悫传》:悫年少时,炳问其志,悫答曰:"愿乘长风破万里浪。"

译义

船借着风势,破浪前进。比喻不畏艰险,奋勇向前。

故事

南北朝时,有个年轻人名叫宗悫,字元干。从小就跟父亲和叔叔舞剑弄棒,练拳习武,年纪不大,武艺却十分高强。

宗悫十四岁时,哥哥结婚,家里宾客盈门,热闹非凡。有十几个盗贼也乘机冒充客人,混了进来。

正当前面客厅里人来人往、喝酒道贺之际,这伙盗贼却已潜入宗家的库房里抢劫起来。有个家仆去库房拿东西,发现了盗贼,大声惊叫着奔进客厅。

一时间,客厅里的人都被惊呆了,不知如何是好。只见宗悫镇定自若,拔出佩剑,直奔库房。

盗贼一见来了人,挥舞着刀枪威吓宗悫,不许他靠前。宗悫面无惧色,举剑直刺盗贼,家人也呐喊助威。盗贼见势不妙,丢下抢得的财物,赶紧脱身逃跑了。

宾客见盗贼被赶走了,纷纷称赞宗悫机敏勇敢、少年有为。有人问他将来长大后要干什么,他昂起头,大声地说:"愿乘长风破万里浪,干一番伟大的事业。"

果然,几年以后,当林邑王范阳迈侵扰边境,皇帝派交州刺史檀和之前往讨伐时,宗悫自告奋勇地请求参战,被皇帝任命为振武将军。

一次,檀和之进兵包围了区粟城里林邑王的守将范扶龙,命宗悫去阻击林邑王派来增援的兵力。宗悫设计,先把部队埋伏在援兵的必经之路,等援兵一进入埋伏圈,伏军立即出击,把援兵打了个落花流水。

就这样,宗悫替国家打了不少胜仗,立下许多战功,被封为洮阳侯,实现了他少年时"愿乘长风破万里浪"的志向。

乘兴而来

出处

《晋书·王徽之传》:徽之曰:“本乘兴而来,兴尽而返,何必见安道耶?”

译义

趁着兴趣浓厚的时候到来。比喻高高兴兴地到来。乘兴:趁一时的高兴。

故事

王徽之是东晋时的大书法家王羲之的第五子,生性高傲,不愿受人约束,行为豪放不拘。虽说在朝做官,却常常到处闲逛,不处理官衙内的日常事务。

后来,他干脆辞去官职,隐居在山阴(今绍兴),天天游山玩水,饮酒吟诗,倒也落得个自由自在。

有一年冬天,鹅毛大雪纷纷扬扬地接连下了几天。

一天夜晚,雪停了。天空中出现了一轮明月,皎洁的月光照在白雪上,好像到处盛开着晶莹耀眼的花朵,洁白可爱。

王徽之推开窗户,见到四周白雪皑皑,真是美极了,顿时兴致勃勃地叫家人搬出桌椅,取来酒菜,独自一人坐在庭院里慢斟细酌起来。他喝喝酒,观观景,吟吟诗,高兴得手舞足蹈。

忽然,他觉得此景此情,如能再伴有悠悠的琴声,那就更动人了。由此,他想起了那个会弹琴作画的朋友戴逵。“嘿,我何不马上去见他呢?”

于是,王徽之马上叫仆人备船挥桨,连夜前往,也不考虑自己在山阴而戴逵在剡溪,两地有相当的距离。

月光照泻在河面上,水波粼粼。船儿轻快地向前行,沿途的景色都披上了银装。王徽之观赏着如此秀丽的夜色,如同进入了仙境一般。

“快！快！把船儿再撑得快点!”王徽之催促着仆人,恨不能早点见到戴逵,共赏美景。

船儿整整行驶了一夜,拂晓时,终于到了剡溪。可王徽之却突然要仆人撑船回去。

仆人莫名其妙,诧异地问他为什么不上岸去见戴逵。

王徽之淡淡地一笑,说:“我本来是一时兴起才来的。如今兴致没有了,当然应该回去,何必一定要见着戴逵呢?”

程门立雪

出处

元·脱脱、阿鲁图《宋史·杨时传》:一日见颐,颐偶瞑坐,时与游酢侍立不去。颐既觉,则门外雪深一尺矣。

译义

比喻尊敬老师,诚恳求学。

故事

程颢、程颐兄弟俩都是宋代极有学问的人。

进士杨时为了丰富自己的学问,毅然放弃了高官厚禄,跑到河南颍昌拜程颢为师,虚心求教。后来程颢离世,他自己也已40多岁,但他仍然立志求学,刻苦钻研,又跑到洛阳去拜程颢的弟弟程颐为师。

于是,他便和他的朋友游酢一块儿到程家去拜见程颐,但是正遇上程老先生闭目养神,坐着假寐。这时候,外面开始下雪。这两人求师心切,便恭恭敬敬侍立一旁,不言不动。

如此等了大半天，程颐才慢慢睁开眼睛，见杨时、游酢站在一旁，吃了一惊，说道："你们二位还在这儿没走？"

这时候，门外的雪已经积了一尺多深了，而杨时和游酢并没有一丝疲倦和不耐烦的神情。

惩一戒百

出处

东汉·班固《汉书·尹翁归传》：其有所取也，以一警百，吏民皆服，恐惧改行自新。

译义

表示惩罚一人以警戒众人。戒：警戒。

故事

西汉时，大臣霍光受汉武帝遗诏辅政，任大司马大将军，权势极重。霍光的原籍在平阳，他家的底下人仰仗主子的势力，时常拿着凶器在市场上胡作非为，甚至强行抢掠财物。百姓敢怒而不敢言，地方官也不闻不问，任其作恶。

后来，一个名叫尹翁归的人被任命为管理市场的官吏。尹翁归年轻时当过牢狱小吏，熟知刑法，他又爱好武艺，剑术相当高明，在平阳很知名。尹翁归到任后，严格按法律办事。霍家的底下人早就知道他的厉害，从此再也不敢到市场上来作恶了。

有一年，河东太守田延年巡视来到平阳，召见当地官吏，尹翁归也在召见之列。田延年对大家说，有文才的站到东边，懂武艺的站在西边。众人都按太守的要求分别站立，唯有尹翁归站在中间。田延年问他为什么不选择一边站立，尹翁归跪下禀道："我文武兼备，听候太守任用。"

田延年一听这话，就觉得尹翁归此人不简单。经过一番谈话，田延年确认他确实文武兼备，而且很有才干，便将他调到自己手下任职。尹翁归不负田延年所望，秉公办案，执法严正，愈发得到田延年的器重。

由于政绩卓著，不久尹翁归被提升为东海太守。到任后，他发现当地很不太平，便在所辖的每个县都建立起簿籍档案，收录了各方面重要的材料。他一有空就认真阅读这些档案材料，因此很快熟悉了郡内情况。

当时郡里有个名叫许仲孙的豪强，经常鱼肉百姓、杀害无辜，远近的人都对他恨之入骨。但因他势力大，关系多，几任太守都不敢得罪他。因此，他一直逍遥法外，为所欲为。

尹翁归到任后，迅速查清了许仲孙的罪行。他采取惩罚一人以警戒众人的方法，将这个坏蛋逮捕，并在热闹的市场上将他斩首。

严惩了许仲孙后，官吏和百姓对尹翁归都很敬服。其他大小豪强胆战心惊，不敢继续作恶。尹翁归终于把东海治理得安定起来。

惩前毖后

出处

《诗经·周颂·小毖》：予其惩而毖后患。

译义

要从以前的错误中吸取教训，谨慎从事，不致再犯类似错误。

惩：警戒；毖：谨慎。

故事

周王朝的开国君主周武王登基时间不长就去世了，他的儿子周成王继位。由于成王年纪太小，由武王的弟弟周公姬旦协助处理国家大事。

对此，武王的另外两个弟弟管叔鲜、蔡叔度很不满。他们到处造谣，诬蔑周公辅佐成王是想伺机废除成王，夺取王位。

周公是个待人忠心诚实、豁达大度的人，听了这些谣言后，为了不招惹是非，便离开京都，住到外地去避嫌。

成王年小不懂事，还真的以为周公要抢权，便也不加挽留，让他去了外地。

管叔鲜和蔡叔度见周公离开了成王，便暗中勾结殷纣王的儿子武庚，一起发动叛乱，企图篡夺王位。

周成王得到密告，急忙召集大臣商议，可谁也拿不出办法来。成王急得在宫中团团转，不知如何才好。

一个大臣见了，说："这事只有周公才有办法处理！"

成王听了，眼前一亮，立刻派人去把周公请回来。

周公到来后，成王便下令令周公带兵东征，讨伐叛贼。

经过三年的艰苦征战，叛乱终于被周公平息了。此后，周公又忠心耿耿地替成王掌管了几年的国家大事，一直到成王长大成人，然后把政权交还给他，让他自理朝政。

正式接管朝政这一天，成王前往宗庙典祭祖先。在祭祀仪式上，成王对着他的文武大臣讲了话。

他回顾了以往的历史教训，并说："我一定要从以前所受的惩戒中汲取教训，小心谨慎地办事，以免再遭祸害。"

成竹在胸

出处

宋·苏轼《文与可画筼筜谷偃竹记》：故画竹，必先得成竹于胸中，执笔熟视，乃见其欲画者，急起从之，振笔直遂，以追其所见，如兔起鹘落，少纵即逝矣。

译 义

原指画竹子要在心里有一幅竹子的形象。后比喻在做事之前已经拿定主意。

故事

我国宋朝有一个读书人，姓文名同，字与可。他很擅长写生，喜欢用水墨画的形式画花草石鱼、翔鹰飞燕、旭日晚霞之类的事物。他生平很爱竹，在自己的寓所前，对着窗子栽植了许多青竹，并耐心地培育这些心爱的东西；从早春到隆冬，从晴天到雨天，从早霜到晚雾，他凭窗仔细观察，品评竹叶和竹枝在每一个季节、每一种气候里的变化和不同的姿态。时间过得久了，他对竹的各种变化和姿态便十分熟悉，甚至能闭目成形，把竹叶和它的枝干细致地默绘出来，而且每幅作品都很动人而富有生气。

有一天，他的一位知己晁补之来找他，看到了这种情况，便赋了一首诗，诗中写道："与可画竹时，胸中有成竹。"意思说文与可下笔画竹之前，心中早已孕育了竹的形象。故诗画家苏东坡在其所作《画竹记》中，也有"画竹必先得成竹在胸中"之句。

长沮桀溺

出处

《论语·微子》：长沮、桀溺耦而耕，孔子过之，使子路问津焉。……曰："滔滔者天下皆是也，而谁以易之？且而与其从辟人之士也，岂若从辟世之士哉？"

译 义

后人用"长沮桀溺"的典故指避世隐居的高人，或形容退隐田间，逃避世事。

又用“问津”指探问情况。

故事

春秋时期，孔子周游列国，宣传他的政治主张。一天，在路上看见有两个人在田中耕作。孔子叫子路去问他们渡口在什么地方。原来，这两个耕田人是两位隐士，一个叫长沮，一个叫桀溺。长沮问子路：“那个坐在车上手握缰绳的人是谁呀？”子路说是孔丘。长沮一听是远近闻名的孔子，便说：“他是最熟悉道路的人，何必来问我们呢？”子路又去问桀溺。桀溺又问他：“你是鲁国孔丘的徒弟吗？”子路说是的。二位隐士对孔子周游列国的举动很不满意，就借此说道：“如今天下纷乱，如洪水滔滔，谁又能将它改变呢？你与其跟从那个逃避恶人的人，还不如追随我们这些逃避整个尘世的隐士呢。”然后继续埋头耕作，不再理睬孔子与他的弟子。孔子听了两位隐士的话，感慨万端。他叹了一口气，说道：“让我隐居山林，与飞鸟走兽同群，我做不到；让我追随那些隐士离开社会和人群，是不行的。如果天下有道，政治清明，我又哪里用得着四处奔走谋求改变呢？”

乘龙快婿

出处

汉·刘向《列仙传》卷上：箫史者，秦穆公时人也，善吹箫，能致孔雀、白鹤于庭。穆公有女字弄玉，好之。公遂以女妻焉。日教弄玉作凤鸣。居数年，吹似凤声，凤凰来止其屋。公为作凤台，夫妇止其上，不下数年，一旦皆随凤凰飞去。故秦人为作凤女祠于雍宫中，时有箫声而已。

译义

才貌双全的女婿。乘龙：乘坐于龙上得道成仙；快婿：称意的女婿。

故事

相传春秋时期，秦穆公有个小女儿，非常喜欢西戎国贡献的一块碧玉，穆公便给女儿起名为“弄玉”。弄玉公主长大后，姿容无双，聪颖绝伦，但性情孤僻，尤其厌恶宫里烦琐的礼仪，经常一个人待在深宫里吹箫。穆公见她这么喜欢箫，便命名匠把那块美玉雕成碧玉箫送给她。公主自从得了碧玉箫，练习吹箫的时间更长了，技艺也更加精湛了。

有一天夜里，公主在月下倚着栏杆吹起箫来。这时似是有一阵袅袅的仙乐，在和着公主的玉箫。公主仔细一听，是从东方远远传来的洞箫声，一连几夜，都是如此。公主趁闲谈的机会，把有人在远处为她伴奏的事情告诉了父亲。穆公便派大臣根据公主所说的方向去寻访吹箫的人。大臣一直寻到华山，才听见樵夫们说：“有个青年隐士，名叫箫史，在华山中峰明星崖隐居。这位青年人喜欢吹箫，箫声可以传出几百里。”大臣来到明星崖，找到了箫史，把他带回秦宫。

箫史来到秦宫，正好是中秋节。穆公见他举止潇洒，风度翩翩，心里十分高兴，便请他吹箫。箫史取出玉箫，吹了起来。一曲还不曾吹完，殿上的金龙、彩凤都好像在翩翩起舞。大家不约而同地齐声赞道：“真是仙乐！真是仙乐！”

箫史和弄玉结成夫妻后，箫史就教弄玉吹箫学凤的鸣叫声。学了十几年，弄玉吹出的箫声就和真的凤凰叫声一样，甚至把天上的凤凰也引下来了，停在他们的屋子上。秦穆公专门为他们建造了一座凤凰台，箫史、弄玉就住在那里，不饮不食，不下数年。

一天晚上，吹奏完箫之后，箫史对公主说：“我很怀念华山幽静的生活。”公主也说：“这宫廷生涯，我压根儿就厌烦，我愿意与你去同享山野的清静。”从此，二人便隐居在华山的中峰之上。后来，弄玉乘凤而去，箫史也乘龙而去。当时的人们便把箫史称为乘龙快婿。

出尔反尔

出处

《孟子·梁惠王下》:曾子曰:"戒之戒之!出乎尔者,反乎尔者也。"

译义

原指你怎样对别人,别人也怎样对你。现用来形容一个人言行前后矛盾,反复无常。尔:你;反:同"返"。

故事

战国时,有一年邹国与鲁国发生了战争。邹国吃败仗,死伤了不少将士。邹穆公很不高兴,问孟子道:"在这次战争中,我手下的官吏被杀死了三十三个,可是老百姓却没有一个为他们去拼命的。他们眼看长官被杀,而不去营救,可恨得很。要是杀了这些人吧,他们人太多,杀也杀不完;要是不杀吧,却又十分可恨。您说该怎么办才好呢?"

孟子回答说:"记得有一年闹灾荒,年老体弱的百姓饿死在山沟荒野之中,壮年人外出逃荒的有千人之多,而大王的粮仓还是满满的,国库也很充足。管钱粮的官员却并不把这严重的灾情报告给您,他们高高在上,不关心百姓的疾苦,而且残害百姓。"孟子在回顾了这辛酸的往事后,接着又说:"您记得孔子的弟子曾子说过的话吗?他说:'要警惕呀!你怎样对待别人,别人也如何对待你。'如今百姓有了一个报复的机会,就要用同样的手段来对待那些长官了。"

孟子最后告诉邹穆公说:"所以,大王不要去责怪他们、惩罚他们。如果实行仁政,您的百姓就会爱护他们的长官,并且愿意为他们献出生命。"

出奇制胜

出处

西汉·司马迁《史记·田单列传》:兵以正合,以奇胜。善之者,出奇无穷。

译义

在战斗中运用奇妙的战术和策略,使敌人无法预料,从而战胜敌人。比喻用对方意料不到的方法取胜。奇:奇兵;制胜:取胜。

故事

战国时,燕国的大将乐毅联合了秦、赵、魏、韩等国的军队一起伐齐,齐国大败,只剩下莒(今山东莒县)和即墨(在今山东平度东南)两座城池。齐滑王只好逃到莒城。

田单是齐王族的远亲,平时没人赏识他的才能,他也和家里人逃到即墨。不久即墨大夫也阵亡了,有人就推举田单做守城的统帅。

田单懂兵法,有智谋,很受军民拥护,所以即墨城被乐毅围困了三年,还未被攻破。田单知道,要打败乐毅的强大军队,光靠武力是不行的。于是他设计派人去燕国散布乐毅的谣言,说乐毅有野心。这样一来,燕惠王对乐毅产生了怀疑,最后派骑劫换下了乐毅。

骑劫既无才能,对人又凶狠,燕军将士对他非常不满,渐渐地军心涣散,士气低落。

田单一见时机已到,便一面派人到处散布齐国得到天神相助的流言,借天神之名哄骗燕军做出激发齐国军民士气的行为;一面把自己的精锐部队隐藏起来,让老弱和妇女去守城;同时还派人带了许多金子去向骑劫请降,请求燕军进攻时能让他们活命。这样，燕军就放松了警戒，而齐军人人誓与燕军决一死战。

接着，田单收集了一千多头牛。每头牛都披上画着奇彩异纹的布衣，牛角绑上一把尖刀，尾巴上扎着浸过油的芦苇。

夜深人静，齐军把牛从早已挖好的城洞中赶出去，点燃牛尾上的芦苇，迫使牛朝燕军阵地猛冲。

燕军受到这突如其来的“怪兽”的攻击，吓得又跳又叫，到处乱窜。结果有的被踩死，有的被牛角上的尖刀刺死，有的被活活烧死。即使侥幸逃出火牛阵的，也被跟在后面的五千精兵杀死。

燕军大败，骑劫被活捉后处死。田单乘胜率兵追击，很快就收复了齐国所有的失地，恢复了齐国原来的疆土。

出人头地

出处

元·脱脱、阿鲁图《宋史·苏轼传》：〔苏轼〕后以书见修，修语梅圣俞曰：“吾当避此人出一头地。”

译文

指高人一等，超出一般人。形容德才超众或成就突出。

故事

苏轼，字子瞻。他十岁时，父亲苏洵出门游学，由母亲程氏教他读书。苏轼二十岁时，学得博古通今，便赴京去参加科举考试。

当时，主考官是翰林学士欧阳修。欧阳修对当前文坛崇尚诡谲奇涩的文风很是反感，对文风如此的考生一律不加录取。当他看到一篇《刑赏忠厚之至论》时，十分高兴，便准备取为第一。但由于考卷上考生的名字是封住的，欧阳修以为这文章是他的学生曾巩写的，为了避嫌，便只取为第二名进士。

《刑赏忠厚之至论》其实是苏轼写的。他在考试中显现了他卓越的才学，颇得考官赏识。苏轼对主考官欧阳修也很是佩服，之后又递了几篇自己的文章请欧阳修指点。

欧阳修得知《刑赏忠厚之至论》不是他的弟子曾巩写的，而是初出茅庐的苏轼所写，心里觉得有点对不住苏轼，竟让他屈居第二。再看到苏轼之后递来的文章，篇篇才华横溢，更是赞叹不已。于是写信给当时声望颇高的梅尧臣说："苏轼的文章实在是好，我应当让路，使他高出我一头。"当时听说此事的人都不以为然，认为欧阳修夸大了苏轼的才华，但他们看了苏轼的文章后便都信服了。

苏轼得到欧阳修等文坛名流的指点，文章越来越好，后来果然出人头地，和欧阳修等人被后人并称为"唐宋八大家"。

出言不逊

出处

西晋·陈寿《三国志·魏书·张郃传》：太祖果破琼等，绍军溃。图惭，又更谮郃曰："郃快军败，出言不逊。"郃惧，乃归太祖。

译义

形容说话傲慢无礼。出言：说话；逊：谦让。

故事

三国时期，有个名叫张郃的人，原是袁绍手下的一员战将。

有一次，袁绍与曹操在官渡（今河南省中牟东北）大战。袁绍派大将淳于琼督运粮草，囤积在乌巢。曹操于是赶往乌巢袭击淳于琼。

张郃劝谏袁绍说："曹操兵士虽然比我军少，但都是精兵，万一淳于琼守不住乌巢,就糟了,我以为应该派重兵支援乌巢。”

而此时袁绍帐下的谋士郭图说:“张郃说的不是好计策。我看应该先袭击曹操的大本营,这样,曹操一定会回去救援,乌巢之围便不救自解了。”

张郃听了,不同意郭图的意见,说:“曹操兵营易守难攻,不可能很快攻下。如果淳于琼被擒,我们断了粮草,就输定了。”

袁绍觉得自己的兵力远胜于曹操,于是采取郭图的方案,只派遣小部队救援淳于琼,而用重兵攻打曹操的大本营。但曹操严密防守,袁绍无法将曹操的大本营攻破。

曹操袭击乌巢成功,用大火烧了袁绍屯在乌巢的粮草,这一来,袁绍的军心动摇,不战自败。

郭图知道这次失败是自己的计策不当造成的,便采取恶人先告状的办法,向袁绍诬告说:“张郃对吃了败仗竟然幸灾乐祸,说话也很傲慢无礼。”

张郃知道后,生怕袁绍迁怒于他,于是投奔曹操。他对曹操说:“郭图对袁绍说我幸灾乐祸,出言不逊,我只能来投奔您了。”

曹操说:“你来投奔我,就像韩信投奔刘邦一样正确。”

后来,张郃成为曹操手下一名得力的战将,立下了不少战功。

楚囚南冠

出处

《左传·成公九年》:晋侯观于军府,见钟仪。问之曰:“南冠而絷者,谁也?”有司对曰:“郑人所献楚囚也。”

译义

“南冠”常用来比喻囚犯,后借指处境窘迫无计可施者。

故事

钟仪本是楚国的一个伶人,后来做了晋国的俘虏。他虽然被囚禁在异国他乡,但是仍然时刻思念着故国。因此,他依旧戴着楚国的帽子,穿着楚国式样的衣服。有一天,晋侯来到储藏军需的地方视察,看到了钟仪,见他戴着楚国的帽子,十分奇怪,就问那里的官员:“那个戴着楚国帽子的人是谁?”官员回答说:“他是郑国献来的楚国的囚犯。”晋侯命令钟仪摘下帽子,又问他的官职是什么。钟仪回答说:“我本来是乐官。”晋侯问他:“你能演奏音乐吗?”钟仪说:“这是祖先传下来的,哪里敢忘呢?”晋侯命人给他琴,钟仪演奏的仍然是楚国的音乐。

范文子看到钟仪虽然是个俘虏,但他依然戴楚国的帽子,奏楚国的音乐,可见他是个不忘故国、很有气节的君子。因此,他建议晋侯放了钟仪,以结晋楚两国之好。

莼鲈之思

出处

南朝·宋·刘义庆《世说新语·识鉴》:张季鹰(张翰)辟齐王东曹掾,在洛,见秋风起,因思吴中菰菜羹、鲈鱼脍,曰:“人生贵得适意尔,何能羁宦数千里以要名爵!”遂命驾便归。

译义

比喻思乡之情,或但求自适之意。

故事

张翰是苏州人，在洛阳做官。当时是齐王司马冏执政，齐王任命他为大司马东曹掾。

有一年秋天，张翰在家中和朋友小聚，正在热闹之时，刮来一阵秋风。于是，张翰突然想起了老家苏州的菰菜、莼菜羹和鲈鱼脍，想到这里，他就跟朋友们说："人这一辈子，最快乐的，莫过于做自己喜欢做的事，哪能为了官爵名利，而在远隔家乡千里之地做官呢？这些年来，我一直不明白这一点，现在我终于想明白了。"

张翰说走就走，第二天他就上书给齐王，说明了这个理由，辞去官职，回到了家乡。

唇亡齿寒

出处

《左传·僖公五年》：晋侯复假道于虞以伐虢。宫之奇谏曰："虢，虞之表也。虢亡，虞必从之。晋不可启，寇不可玩，一之谓甚，其可再乎？谚所谓'辅车相依，唇亡齿寒'者，其虞、虢之谓也。"

译文

嘴唇没了，牙齿就会感到寒冷。比喻关系密切，利害相关，一方受到打击，另一方必然不得安宁。

故事

春秋时，晋国的邻近有虢、虞两个小国。

晋国想举兵攻打虢国，但要打虢国，晋国大军必须经过虞国。

于是晋献公用美玉和名马作礼物，送给虞国国君虞公，请求借道让晋军攻打虢国。

虞国大夫宫之奇劝谏虞公不要答应，但虞公贪图美玉和名马，还是答应给晋献公借道。

宫之奇劝谏虞公说："虢国与虞国相互依靠呀！虢国和虞国两国就好像嘴唇和牙齿一样，嘴唇没有了，牙齿岂能自保？一旦晋国灭掉虢国，虞国一定会跟着被灭掉。这'唇亡齿寒'的道理，您怎么就不明白？请您千万不要借道让晋军征伐虢国。"

但虞公不听谏劝。宫之奇见无法说服虞公，只得带着全家老小，逃到了曹国。

这样，晋献公在虞公的"帮助"下，轻而易举地灭掉了虢国。

晋军得胜归来后，借口整顿兵马，驻扎在虞国，然后突然发动袭击，一下子又灭掉了虞国。

目光短浅的虞公只看见眼前的利益，看不出虢国的存亡与虞国有密切的联系，最终沦为晋国的俘虏。

魑魅魍魉

出处

《左传·宣公三年》：故民入川泽山林，不逢不若。螭（魑）魅罔（魍）两（魉），莫能逢之，用能协于上下以承天体。

译义

形容各种各样的坏人。

故事

春秋五霸之一的楚庄王率军征讨小国陆浑,路过洛阳城旁的洛水时,为了炫耀武力,竟公然在周王室的境内陈兵示威。

周定王怕出什么事,忙派大夫王孙满去慰劳楚庄王。

楚庄王根本没把天子派来的使臣放在眼里,无礼地问王孙满道:“你们王宫里珍藏的鼎的大小轻重如何?”

鼎,是周王朝最高权力的象征。

王孙满心里明白,楚庄王特意问鼎,显然是藐视周王朝,并有取而代之的野心。于是他机智而又含蓄地说:“鼎的大小轻重取决于德,而不在鼎本身。从前夏朝实行德政的时候,远方的人们把各种东西画成图像,九州的长官进贡青铜,铸造九鼎并且把图像铸在鼎上。这样万物都具备在鼎上了,也可以让百姓认识神物和恶物。所以百姓进入山林川泽,就不会碰上不利于自己的东西,魑魅魍魉这些鬼怪也不会遇到,因此能使上下和谐,受到上天的保佑。成王将鼎固定在王城,占卜的结果是传世三十代,享国七百年,这是上天的命令。现在周朝的德行虽然衰减,但天命并没有改变,所以,鼎的轻重是不能询问的。”

重蹈覆辙

出处

南朝·宋·范晔《后汉书·窦武传》:今不虑前事之失,复循覆车之轨,臣恐二世之难,必将复及;赵高之变,不朝则夕。

译文

比喻不吸取失败的教训，重犯错误。蹈：踏；覆：翻；辙：车轮压过的痕迹。

故事

东汉初，外戚专权，皇帝的地位大大降低。皇帝为了打击外戚的势力，只能依靠身边的宦官。公元159年，汉桓帝与宦官单超等人合谋，将长期专揽朝政的外戚大将军梁冀一伙诛灭。但是，这些宦官和外戚一样，很快发展成政治集团，权力越来越大。他们广树党羽，把持朝政，残酷搜刮人民。这样，东汉便由外戚专权变为宦官专权，从而激起人民的强烈反抗，也引起世家豪族以及一些文人的不满。

在这种形势下，司隶校尉李膺等与太学生首领郭泰等结交，反对宦官专权。公元166年，宦官诬告李膺等结党诽谤朝廷，将他们逮捕下狱。同时，受到株连的有数百人，他们被称为“党人”。

汉桓帝皇后的父亲窦武，对宦官专权非常不满。他给汉桓帝上了一道奏章，痛斥宦官祸国殃民，为李膺等申冤。窦武在奏章中写道：“今天再不吸取过去宦官专权祸国的教训，再走翻车的老路，恐怕秦二世覆灭的灾难会重新出现，像赵高发动的那种事变，早晚会出现。”这样，汉桓帝才释放了李膺等人，但将他们终身禁锢，不许做官。

寸草春晖

出处

唐·孟郊《游子吟》：慈母手中线，游子身上衣。临行密密缝，意恐迟迟归。谁言寸草心，报得三春晖。

译义

比喻父母的恩情深重，难以报答。寸草：小草，象征子女；春晖：春天的阳光，象征母亲的慈爱。

故事

唐代的诗人孟郊，写过一首题为《游子吟》的诗。这首诗以富有感情的语言，表达了一位慈母对即将离开自己的儿子的深深的爱，读来令人感动。全诗只有短短六句，大意是这样的：

即将漂泊异乡的儿子啊，
你身上穿的衣裳是母亲手中的针线做的呀！
临行前母亲一针针密密地缝缀，
怕的是你在外日子久衣裳会破损。
谁说做儿子的这颗像小草一样稚弱的心，
能报答得了母亲像春天阳光一样的慈爱呢？

摧枯拉朽

出处

《晋书·甘卓传》：溯流之众，势不可救，将军之举武昌，若摧枯拉朽，何所顾虑乎！

译义

比喻敌人已势穷，像枯朽的树木，很容易摧毁。摧：摧毁；枯：干萎的草干；朽：朽烂的树木。

故事

公元318年，琅琊王司马睿在王导、王敦这对堂兄弟的支持和拥护下，建立东晋政权。王敦也因此而升任大将军、荆州牧。后来，由于晋元帝司马睿抑制王氏势力，王敦打算起兵反对朝廷。

王敦在武昌起兵出发前，劝说安南将军、梁州刺史甘卓一起举兵东下，甘卓答应了。但到出发那天，王敦已登上战船，甘卓却没有到，只是派了一名参军来到武昌，劝说王敦不要反叛朝廷。王敦听了非常吃惊，说："甘将军没有明白我上次和他谈的意思，我只是去清除皇上周围的坏人，没有他意。如果事情成功，我一定重重封赏甘将军，请你转告甘将军。"

参军回禀甘卓后，甘卓仍然拿不定主意。此时也有谋士向甘卓献计，认为不妨答应王敦一起举兵，待他东下后再讨伐他。但甘卓怕将来说不清楚，还是不同意。

当时，湘州刺史司马承坚决反对王敦反叛朝廷。他得知王敦举兵东下，便派主簿邓骞前往襄阳，希望甘卓忠于朝廷，讨伐王敦。但甘卓的参军李梁劝甘卓伺机而动，不要匆忙行事。如果王敦取胜，他必将重用甘卓；如果王敦不胜，朝廷必将重用甘卓，让他起兵平定叛乱：这样，无论哪一方取胜甘卓都不会吃亏，因此不能轻易举兵出战。

邓骞反驳李梁说，甘卓如果这样做就是脚踩两只船，必然会招来祸患。其实，王敦的兵马不过万余，守卫武昌的不足五千，而甘卓的军队数倍于王敦的军队，如果进军武昌，一定能取得胜利。最后他对甘卓说："甘将军如果发兵攻打武昌，就好像摧毁干枯的草和朽烂的树木那样容易，不必有什么顾虑。"

尽管如此，甘卓仍然犹豫不决。王敦挥军东下，见甘卓不来响应，又派参军乐道融去襄阳，再次劝说甘卓起兵。但乐道融是反对王敦叛乱的，所以他劝甘卓起兵讨伐王敦。甘卓这才下了决心，写檄文声讨王敦罪状，同时调兵遣将讨伐王敦。

王敦得知甘卓率军前来讨伐，非常害怕，又派甘卓的侄儿请求甘卓回师襄阳；而都尉秦康劝说甘卓忠于朝廷，一举消灭王敦。但是甘卓优柔寡断，不听秦康劝告，竟然回师襄阳，解兵屯田。后来，襄阳太守周虑等人与王敦勾结，将甘卓暗害。甘卓本来可以轻而易举地战胜王敦，结果因为动摇不定，反而被王敦暗算。

从善如流

出处

《左传·成公八年》：君子曰："从善如流，宜哉！"

译义

表示乐意接受别人正确的意见。从善：听从好的、正确的意见；如流：像流水一样快速。

故事

公元前585年，强大的楚国进攻郑国。郑军不敌，向晋国求救。晋景公派栾书率军前去救援。栾书率军队进入郑国境内后，很快与楚军相遇。楚军见晋军来势凶猛，就退兵回国了。

栾书不想就此收兵，便去攻打与楚国结盟的蔡国。蔡国是个小国，赶紧派使者向楚国求救。

楚国本对与晋国交战有所顾虑，但现在蔡国来求救，只好答应。于是，楚国派公子申和公子成各领军队前去救援。

退去的楚军忽然又来了，该怎样对付它？大将赵同和赵括向主帅栾书请战，栾书同意了他们的请求。正当两位大将准备领兵去战来援蔡的楚军时，栾书的部下智庄子、范文子、韩献子阻止说："楚军退了又来，一定很难对付。我们去打，如果取胜，只不过是打败楚国两个县的军队，不能以此为荣；而如果失败，那就耻辱极了，还不如收兵回国的好。"

栾书听了，觉得他们三人说得有理，准备收兵回国。军中有不少人本想与楚军打一仗，对栾书的决定不以为然："圣人与多数人有同样的想法，办事就能成功。您何不照多数人的想法办事呢？您是主帅，辅佐您的有十一个人，只有三个人不主张打,可见想打的人占多数。您为什么不按多数人的想法行事呢?”

栾书回答说:“正确的意见才能代表大多数。智庄子他们三位是晋国的贤人,他们所提的意见正确,能代表大多数人,我采纳他们的意见不是很好吗?”

于是,栾书下令退兵回国。

过了两年,栾书率兵攻伐了蔡国,意欲继续攻打楚国。但是这一回,智庄子、范文子、韩献子等人分析了当时的具体情况后,建议栾书暂停打楚国,而去侵袭沈国。栾书觉得他们的建议很好,便去侵袭沈国,结果取得了胜利。

由于栾书能正确地听取部下的意见,当时人们就称赞他说:“栾书听从好的、正确的意见,像流水向下那样,迅速而又自然。”

D

打草惊蛇

出处

宋·郑文宝《南唐近事》:王鲁为当涂宰,颇以资产为务,会部民连状诉主簿贪贿于县尹。鲁乃判曰:"汝虽打草,吾已蛇惊。"

译义

原意为惩办某人或某一些人,却使有同样情况的人受到震动,有所警惕。现用来比喻行动做事不缜密,致使对方觉察到了其秘密意图而有所防备。

故事

王鲁,南唐时当涂县令。王鲁本来就行为不检,营私舞弊之事时有发生。当上当涂县令后,更是利用手中的权势,贪赃枉法,假公济私,搜刮了不少钱财。而衙门中大大小小、上上下下的官吏,见县令如此，也都心照不宣，互相勾结，串通一气，收受贿赂，对百姓敲诈勒索，无恶不作。百姓见了，个个摇头叹气，怨声载道。

后来，人们联名写了一份状子，告王鲁的主簿（相当于现在的秘书职务）贪污受贿。王鲁接过状子，打开一看，却不免心中打起了寒战。因为状子上写的那些主簿的罪行，都是证据确凿的事实，和他所干的坏事大同小异，甚至有些就是在他包庇纵容下干出来的，不少罪行都和他有牵连。王鲁有些害怕，但又感到十分幸运，因为状子落在他的手中，要是落在别人手上，他不仅罪行暴露，而且县令这个官位也保不住。他越想越为自己庆幸，随手就在案卷上批了八个字："汝虽打草，吾已惊蛇。"

这八个字的意思是，你们虽然打的是草，可是我这条藏在草中的蛇，却已受惊而有所警惕了。

大笔如椽

出处

《晋书·王珣传》：珣梦人以大笔如椽与之，既觉，语人曰："此当有大手笔事。"俄而帝崩，哀册谥议皆珣所草。

译文

用来赞誉写作才能极高。并以此来称颂著名的作家和作品。

故事

东晋的文士王珣，从小才思敏捷，胆识惊人，散文和诗赋都写得很好，二十岁时便被大司马桓温聘为主簿。

有一次，桓温为了试王珣的胆量，在大司马府聚会议事的时候，故意骑着一匹马，从后堂直冲大厅。彼时幕僚们都吓得惊慌失措，四处躲避，唯有王珣镇定自若，端坐不动。桓温感叹道："面对奔马而能稳坐的，将来一定是个黑头公！"

桓温为了试王珣的才学，趁幕僚们在议事，派人偷偷取走了王珣准备发言的文稿。但王珣发言时，依旧口若悬河，滔滔不绝。桓温拿出他的文稿对照，发现虽然他说的内容与文稿上的相同，但文字没有一句相同，不由对他十分钦佩。

一天晚上，王珣做了一个梦，梦中有人将一支像椽子那样的大笔送给他。醒来后，他对家里人说："我梦见有人送我如同椽子那样的大笔，看来有大手笔的事情要我做了。"

王珣的预言很快成为事实。就在这天上午，晋孝武帝突然驾崩。由于王珣文笔出众，朝廷要发出的哀策、讣告和孝武帝的谥议等，全交给他起草。这种殊荣是历史上少见的。

大公无私

出处

《吕氏春秋·去私》：孔子闻之曰："善哉，祁黄羊之论也，外举不避仇，内举不避子，祁黄羊可谓公矣。"

译义

比喻一心为公，毫无私心。

故事

晋平公在位时，曾问大夫祁黄羊："南阳县缺少个县令，谁担任这个职务合适？"祁黄羊回答说："解狐可以。"

平公听了很惊讶，说："解狐不正是你的仇人吗？你怎么推荐仇人呢？"

祁黄羊答道："您是问我谁担任县令这一职务合适，而没有问我谁是我的仇人。"

于是平公派解狐前去任职。果然不出祈黄羊所料,解狐任职后,为民众做了许多实事、好事,受到南阳民众的热烈拥护。

又有一回,朝廷需要增加一位军中尉,于是平公又请祁黄羊推荐。

祁黄羊说:"祁午合适。"

平公不禁问道:"祁午是你的儿子,难道你就不怕别人说闲话吗?"

祁黄羊坦然作答:"您是要我推荐担任军中尉的合适人选,而没有问我儿子是谁。"

平公接受了这个建议,派祁午担任军中尉的职务。结果,祁午不负所望,干得也非常出色。

孔子听了这两件事,感慨道:"太好了!祁黄羊推荐人才,对外不排斥仇人,对内又不回避亲生儿子,真是大公无私啊!"

大逆不道

出处

东汉·班固《汉书·高帝本纪》:汉王数羽曰:"……夫为人臣而杀其主,杀其已降,为政不平,主约不信,天下所不容,大逆无道,罪十也。"

译义

封建专制者对起来造反的人所加的罪名,意为罪大恶极。逆:叛逆;不道:不合封建道理。"大逆不道"也称"大逆无道"。

故事

秦朝灭亡以后,刘邦和项羽两大集团展开了楚汉之争。有一天项羽在阵前向刘邦喊话，要与他决一雌雄。刘邦回答说："开始我与你都受命于楚怀王，约定先入关中者为王。但是我先入关中后你却负约，让我到巴蜀去当汉王，这是你第一条罪状。你在去救援赵军途中，杀死上将军宋义，自称上将军，这是你第二条罪状。你违抗怀王命令，擅自劫持各诸侯的兵马入关，这是你的第三条罪状。"

接着，刘邦又揭露项羽烧毁秦宫、掘开秦皇坟墓、搜刮财物、杀死投降的秦王子婴、活埋二十万秦国降卒、杀害义帝等罪状。在讲到第十条罪状时，刘邦说："你作为臣子而杀死君王，又杀害已经投降的人，为政不平。对订立的约定不讲信义，为天下所不容，大逆不道。你犯下如此十条大罪，我兴仁义之兵来讨你这个逆贼，你还有什么面目向我挑战！"

项羽听了刘邦的话，气得浑身发抖，命令弓箭手向刘邦放箭。结果，一箭射中刘邦前胸，汉军只好退兵。

大义灭亲

出处

《左传·隐公四年》：石碏，纯臣也，恶州吁而厚与焉。大义灭亲，其是之谓乎！

译义

为了维护正义，捍卫国家人民的利益，对犯罪的亲属不徇私情，使其受到应有的惩罚。

故事

春秋时，卫桓公有个异母兄弟，名叫州吁。他们的父亲卫庄公在位时，溺爱州吁，养成他骄横无礼的习气。大夫石碏多次劝说，但庄公不理。不久，庄公去

世，由桓公继位。州吁时时准备谋杀桓公，夺取君位。他结识了石碏的儿子石厚，石厚本不是好人，专门给他出坏主意。

州吁终于找到一个机会，把卫桓公杀了，自立为国君，封石厚为上大夫。两人非常得意，可是卫国的老百姓都不服他们，诸侯也瞧不起他们，说他们一伙是弑君篡位、虐待百姓的乱党，一时政局不稳，朝野怨声载道。石厚对州吁说："我父亲一向受到群众敬爱，我们请教请教他吧！"州吁就叫石厚去找石碏。石碏说："这种大事，如果得到周天子支持，那无论国内国外，谁也不敢反对了。你们要见周天子，先去找陈桓公，他很得周天子的信任。如能得到他帮忙，总会有办法的。"

两人便带着礼物到陈国去，想通过陈桓公去见周天子。可是他们不知道，在他们离开后，石碏立即写了一封信并派人连夜送给陈桓公。信中说："我们卫国是个小国，我的年纪老了，不中用了。州吁、石厚这两个人，是杀害我国国君的罪人，无论如何请帮我除掉他们。"这样，州吁和石厚一到陈国就被逮捕了。卫国派了执行官去陈国，把州吁处死。

当时，卫国的大臣们认为：石厚是石碏的儿子，应该从宽处理，杀了主犯也就算了。可是石碏坚决不同意，他说："州吁干的许多坏事，都是石厚主谋。"便派家臣去陈国，把石厚杀死。

《左传》的作者在记录了这段史实以后，称赞石碏这种大公无私的精神为"大义灭亲"，"大义灭亲"就作为一个成语流传了下来。

箪食壶浆

出处

《孟子·梁惠王下》：箪食壶浆以迎王师，岂有他哉？

译义

老百姓用各种食品犒劳军队。形容军队受到群众热烈拥护和欢迎的情况。箪:盛饭的圆形竹器;壶:盛水的一种器具;浆:米汁。

故事

战国时期,七国纷争,各国之间经常发生战争。公元前313年,燕王哙把燕国的国政交给相国子之,将军市被、太子平等不服,想杀掉子之。

子之率军反攻,杀了市被和太子平。但燕国大乱,给百姓带来深重的灾难。于是,齐国军队趁着这有利时机,取得了燕国百姓的支持,只用了短短五十天的时间,就一举击败了燕国军队,攻占了燕国的大部分领土。

齐宣王很得意,想借这机会完全占领燕国,于是,他对孟子说:"有人劝我占领燕国,而有人不同意我占领燕国。我想,燕国并不比我们弱小,我们在这么快的时候内就取得了胜利,光靠人的力量是不行的,这恐怕是天意吧!看来,天意是要我们吞并燕国,如果我们不这样做,上天恐怕要降下灾祸惩罚我们。我想,我们还是彻底占领燕国吧!你认为怎么样?"

孟子听了,回答说:"占领不占领燕国,要看燕国老百姓是否欢迎我们。如果他们欢迎我们,那么可以占领。古人也有这样做的,武王灭商就是这样。如果燕国百姓不欢迎我们,这就不能占领。古人也有这样做的,文王不灭商就是这道理。现在,燕国老百姓用箪盛着吃的,用壶装着喝的,来欢迎齐国的军队,这还能有别的原因吗?无非是想结束原先那种水深火热的日子。如果您占领了燕国,使水更深,火更热,老百姓就会逃避这更为痛苦的生活,离您远远的,那么即使您占领了燕国,也是不会长久的。"

在这个故事里,还引申出"水深火热"这则成语,比喻人民生活非常痛苦,无法生活下去。

当局者迷

出处

《新唐书·元澹传》:当局称迷,傍观必审,何所为疑而不申列?

译义

比喻身当其事的人反而糊涂。

故事

唐朝的大臣魏光上书唐玄宗,要求把唐初名相魏徵整理修订过的《类礼》(《礼记》)列为经书,也就是作为儒家的经典著作。玄宗当即表示同意,并命元澹等人仔细校阅,再加上注解。

不料,右丞相张说对此提出不同看法。他说,现在的《礼记》是西汉戴圣编纂的本子,且东汉的郑玄也已加了注解,使用至今已成为经书,没有必要改用魏徵整理修订的本子。玄宗觉得他说得也有道理,便改变了主意。但是元澹并不认同这一看法,并写了一篇题为《释疑》的文章表明自己的观点。

《释疑》是采用主客对话的形式写成的。先是客人问:"《礼记》这部经典著作,戴圣编纂、郑玄加注的本子与魏徵修订的本子相比,究竟哪个好?"

主人回答说:"戴圣编纂的本子从西汉起到现在经过了许多人的修订、注解,互相矛盾之处很多,魏徵正是考虑到这些因素而重新整理,谁会想到那些墨守成规的人会反对!"

客人听后点点头,说:"是啊,就像下棋一样,下的人反倒糊涂,旁观者却看得很清楚。"

呆若木鸡

出处

《庄子·达生》:望之似木鸡矣,其德全矣。

译义

呆得像木头雕成的鸡一样。后形容呆笨或因惊讶、恐惧而发愣的样子。

故事

周宣王姬静是个好大喜功的君主,曾经多次出兵去攻打北方的少数民族。公元前789年,他又率领军队在千亩同姜戎发生激战,结果吃了败仗,损失惨重。为了扩充兵力,他下令在太原地区调查百姓的户数,准备再征战,大臣仲山甫极力劝谏,他根本听不进去。

宣王有一种特殊的爱好,就是喜欢看斗鸡。他让太监们养了不少精壮矫健的公鸡,退朝以后经常到后宫的平台上看斗鸡取乐。时间一久,他发现无论哪一只勇猛善斗的鸡都不能常胜不败,因而心里总感到不满足。

后来,宣王听说齐国有个叫纪渻子的驯鸡能手,就派人把他请到镐京(西周都城),要他尽快训练出一只常胜不败的斗鸡来。于是,纪渻子从鸡群中挑了一只金爪彩羽的高冠鸡。在关进屋子驯鸡以前,他请宣王不要随便让人去干扰他。

十天以后,性急的宣王等不及了,叫人去问纪渻子:"鸡可以斗了吗?"纪渻子说:"不行,它还非常骄傲恃气。"

又过了十天,宣王再叫人去问,纪渻子说:"不行,它听到声音或看到什么影像,还会敏捷地做出反应。"

又过了十天,宣王实在等得不耐烦了,就把纪渻子召来亲自问他,纪渻子仍然说："不行，这鸡还会怒视而盛气。"

宣王感到有点疑惑不解，说："怒视而盛气，不正是勇猛善斗的表现吗？"

纪渻子笑了笑说："陛下过去养的那些勇猛善斗的鸡，有哪一只是常胜不败的呢？"

又过了十天，纪渻子主动跑来对宣王说："差不多了，现在这只鸡听到其他鸡的叫声，已经毫无反应，精神处于高度凝寂的状态，看上去就像木鸡一样。别的鸡见了，没有一只敢跟它交锋，只好回头跑掉。"

道不拾遗

出处

《战国策·秦策一》：期年之后，道不拾遗，民不妄取，兵革大强，诸侯畏惧。

译义

道路上有遗落的东西，却无人拾捡。形容人民生活富裕，社会风气良好。遗：丢失的东西。

故事

商鞅，原名卫鞅，卫国人，战国时期政治家。他在秦孝公时期任秦国的宰相，因功劳显赫而封赐於商十五邑，故称商鞅。

商鞅年轻时代就喜欢刑名之学（古代研究以法治国、赏罚分明的学问）。他之所以会到秦国去任宰相，完全是出于逃生。那时，他侍奉的公叔痤在魏国当宰相。有一次，公叔痤病重，魏王来探望。魏王问公叔痤："如果你的病难以治愈，朝廷中有谁能代替？"公叔痤说："中庶子公孙鞅可以代替我。"但魏王不是个喜欢以法治国的人，所以，对公叔痤的荐举自然不高兴。公叔痤望着魏王不悦的脸色，心里明白了许多，为了表示自己对魏王的忠心，就对魏王说："既然大王您不用他，就把他杀了吧！千万不要让他跑到别国去，让别国用他。"商鞅听到这个消息，就逃到了秦国。

在秦国，秦孝王任用了他。他不断地劝说秦孝王进行治理国家的改革。秦孝王听从了他的建议，任他为宰相。他制定了一系列新法，废除了维护贵族特权的旧法，这就是历史上有名的"商鞅变法"。

他坚决主张法律面前人人平等，不管是什么人，只要对国家有功，就应该予以奖励。他鼓励耕织，生产量高的可免去徭役。他认为，贵族世袭的制度应该废除，应当按军功的大小给予不同的爵位等级，执法应该严明，不讲私情，以法为准。商鞅的变法遭到了贵族势力的反对，但在秦孝公的支持下，变法很快就推行开了。

由于商鞅积极地推行变法，老百姓的生产积极性提高了，军队纪律严明，兵士都乐意打仗。民风也变得淳朴起来，社会秩序安定，夜不闭户，道不拾遗，秦国一天天强大了起来。

道听途说

出处

《论语·阳货》：子曰："道听而涂说，德之弃也。"

译义

在路上听到，在路上传播。现泛指没有根据的传闻。涂：同"途"，路。

故事

孔子曾经说过："从道路上听来了一些没有根据的话，又在道路上不负责任地传播，这从道德作风来说是要不得的。"

战国时期，艾子从楚国回到齐国。刚进都城，便遇到爱说空话的毛空。毛空极其神秘地告诉艾子，说有户人家的一只鸭子，一次生了一百个蛋。

艾子不信，说："不会有这样的事吧！"

毛空说："那可能是两个鸭子。"

艾子摇摇头："这也不可能。"

毛空又改口说："那么大概是三个鸭子生的。"艾子还是不信。

"那也可能是四个、八个、十个。"毛空就是不愿意减少已说出的鸭蛋的数目，艾子当然无法相信。

过了一会儿，毛空又对艾子说："上个月，天上掉下来一块肉，有三十丈长、十丈宽。"

艾子又不信，毛空急忙改口说："那么是二十丈长。"艾子还是不信。

毛空说："那就算十丈吧！"

艾子实在忍不住了，再也不愿意听毛空瞎吹了，便反问道："世界上哪有十丈长、十丈宽的肉？还会从天上掉下来？是你亲眼所见吗？刚才你说的鸭子是哪一家的？现在你说的大肉又掉在什么地方？"

毛空被问得答不出话来，只好支支吾吾地说："那都是在路上听人家说的。"

艾子听后，笑了。他转身对站在身后的学生们说："你们可不要像他那样'道听途说'啊！"

上面这则故事出于明代屠本畯编著的笑话集《艾子外语》，是对孔子所说的"道听而涂说，德之弃也"的注释。

蹈水之道

出处

《庄子·达生》：孔子从而问焉，曰："吾以子为鬼，察子则人也。请问，蹈水有道乎？"曰："亡，吾无道。吾始乎故，长乎性，成乎命。与齐俱入，与汩偕出，从水之道而不为私焉。此吾所以蹈之也。"

译文

后人用“蹈水之道”说明做任何事情只有按照客观规律行动，从而才能完全驾驭它。

故事

孔子在吕梁观赏瀑布的景色，那水流从三十仞高之处直泻而下，浪花飞溅直到四十里之远，鼋鼍鱼鳖都不能在这里浮游。忽见一个男子游在江中，以为他是有什么痛苦而自寻短见，孔子便让学生沿河往下游去救他。却见这人游到数百步外便从水中出来，披散着头发，在堤岸下悠游自在地边走边唱起来。

孔子赶忙跟上去问他，说：“我以为你是鬼，细看却还是人。请问，你游水有秘诀吗？”

那人回答说：“没有，我并没有什么秘诀。我凭着人的本能开始了我的生活，又依靠人的适应性而成长，顺乎自然而成功。同旋涡一起潜入水底，随涌流一同浮出水面，顺从水性而不另出己见。这就是我能驾驭汹涌的急流的缘故。”

孔子问：“什么叫作凭本能开始生活，靠适应性而成长，顺乎自然而成功呢？”

那人回答说：“我生在陆地而安于陆地，这就是本能；长在水中而安于水，这就是适应性；不知道我为什么会这样而结果是这样，这就是顺乎自然。”

得陇望蜀

出处

南朝·宋·范晔《后汉书·岑彭传》：两城若下，便可将兵南击蜀虏。人苦不知足，既平陇，复望蜀。

译义

比喻得寸进尺，贪心不足。

故事

刘秀打败了王莽，便自立为皇帝。当时，大将军岑彭因曾领兵跟随刘秀打天下，立下了汗马功劳，很得刘秀的赏识。

刘秀控制了东部地区之后，又转向西进军。岑彭随刘秀不久便攻下了天水，又与偏将军吴汉把隗嚣围在西城。公孙述听说隗嚣被岑彭和吴汉围困，马上派大将李育前去援救。当时，公孙述的军队驻守在上邽，刘秀因为有事需回洛阳，就派盖延和耿弇留下来包围上邽。临行前刘秀给岑彭写了一封信，信上说："你等到西城和上邽两处攻下来以后，就可以率领军队去攻打蜀地。"

刘秀向西进军，目的在于平定陇、蜀二地，以完成统一全国的大业。不久，隗嚣和公孙述都被消灭了，刘秀统一全国的目的也实现了。可见在特定的情况下，人是应该得陇望蜀，为自己的目标而奋斗的。

德高望重

出处

宋·司马光《辞入对小殿札子》：臣窃惟富弼三世辅臣，德高望重。

译义

道德高，声望重。多用来称颂年长而有名望的人。

故事

富弼，字彦国，北宋洛阳人。他出身贫寒，从小读书勤奋，知识渊博，加上举止豁达，气概不凡，范仲淹见过他后，赞叹说："这是辅佐帝王的贤才啊！"

富弼二十六岁踏上仕途。四十多年里，他对北宋王朝竭诚尽忠，在处理外交、边防、监察刑狱、赈济灾民等事务中，取得了显著的成就，不断被加官晋爵，先后担任过仁宗、英宗、神宗三朝重臣，成为天子倚重、百官景仰的名臣。

仁宗庆历二年（1042 年），北方的契丹国屯兵边境，要求宋朝割让关南的大片领土。朝廷决定任命富弼为使者前往敌营谈判。在交涉中，他不顾个人的安危，慷慨陈词，列举两国数十年来结盟交好的历史，劝说契丹君主放弃割地的要求，成功地维护了本国的利益。他先后两次奉命出使，第一次赴任，正逢女儿得病去世；第二次上路，又闻报小儿子出生，他都没有回家看上一眼。归国以后，朝廷为了褒扬他的功绩，先后授予他枢密直学士、翰林学士和枢密副使等要职，他都谦逊地再三辞谢，不肯就任。

庆历八年（1048 年），黄河在商胡决口，洪水泛滥成灾，河北六七十万灾民仓皇南下，涌向京东地区。当时，富弼正遭到政敌的谗言诽谤，谪官在青州。他在青州境内腾出公私房屋十多万间来分散安排灾民，并出榜向当地百姓募集粮食，再加上官仓中的全部存粮，把粮食运送到各区散发。到第二年，河北麦子大熟，绝大多数灾民都扶老携幼返回家乡，富弼为国家招募到兵员一万多人。此次赈灾，民间颂声载道。天子特派使者前来慰劳，并授任他为礼部侍郎，富弼却辞谢说："这是臣应尽的职责。"

富弼为人恭谨慈和，即使当了宰相，也从不以势傲人。无论下属官员或平民百姓前来谒见，他都以平等之礼相待。神宗熙宁五年（1072 年），富弼年老退休，长期隐居洛阳。一天，他乘小轿外出，经过天津桥时被百姓认出，百姓纷纷聚拢围观，使一个热闹的集市顷刻之间变得空无一人。司马光曾称颂他说："三世辅臣，德高望重。"这个评价是符合事实的。

登坛拜将

出处

西汉·司马迁《史记·淮阴侯列传》：何曰："王素慢无礼，今拜大将如呼小儿耳，此乃信所以去也。王必欲拜之，择良日，斋戒，设坛场，具礼，乃可耳。"王许之。诸将皆喜，人人各自以为得大将。至拜大将，乃韩信也，一军皆惊。

译义

比喻任命将帅以及其他主持工作的首脑人物。

故事

韩信是秦末淮阴人（今江苏省清江西南），父母早丧，家贫如洗，但他胸怀大志，满腹韬略。

秦朝末年，各路义军纷起抗秦，韩信辗转投奔到刘邦的旗下，希望能够有机会施展自己的才华。丞相萧何无意中发现韩信是个难得的人才，便向刘邦举荐他，但刘邦似乎并没有重用的意思，韩信失望之余，便在一个月夜悄悄逃走了。

萧何得知韩信出走，急忙跳上一匹快马，连夜追出一百多里，总算追回了韩信，并再次向汉王举荐。这次终于引起了刘邦重视，他准备拜韩信为将。萧何说："以韩信的才能，普通将领的位置不见得能留下他。"刘邦说："那么，我任命他为大将。"萧何很高兴，说："太好了！不过要拜韩信为大将，必须筑高台。大王您必须选择吉日良辰，沐浴更衣，戒荤戒酒，然后召集文武大臣，举行隆重仪式，亲自登台授印。这样才能表现出您的诚意。"刘邦点头称是。

刘邦手下的将领听说汉王将登台拜大将，都心中窃喜，以为肯定是自己。没料到最终登上将台的却是无名小卒韩信，大家都大吃一惊。然而，后来的事实证明，韩信果然是一位不可多得的将才，他以赫赫战功为汉朝的建立扫平了障碍。后人便承袭刘邦当时的做法，以"登坛拜将"来表示对将领的重视与尊敬。

东床快婿

出处

《晋书·王羲之传》：时太尉郗鉴使门生求女婿于导，导令就东厢遍观子弟。门生归，谓鉴曰："王氏诸少并佳，然闻信至，咸自矜持。惟一人在东床坦腹食，独若不闻。"鉴曰："正此佳婿邪！"访之，乃羲之也，遂以女妻之。

译义

指为人豁达、才能出众的女婿。后人以东床快婿泛指女婿，这一词含赞美的意思。

故事

王羲之，字逸少，山阴人。王羲之自小就聪明，不但文章好，书法也很好，十三岁时，便已有名气。在拜谒周凯以后，他的名气更大了，因为当时周凯的声誉很高，士人们只要得到他称誉一句，身价就会很高。当时太尉郗鉴有一个女儿，不但美丽而且很有才学,但一时找不到足以匹配的世家子弟。后来,郗太尉想起了王家,就派一个门生先到王府去观察,看看是否有合适的人选。那位门生到了王府,向王丞相说明来意,王丞相便让人领他到东厢去观察。

王氏子弟,个个生得眉清目秀,都是一表人才,他们听说郗家遣人前来觅婿,不禁都紧张起来。大家装模作样,态度都不很自然;只有一个青年,袒露着肚子仰卧在东边的床上,意态自如,旁若无人。

那位门生把这情形告诉了郗太尉,郗太尉说:"那位毫无矫揉造作,意态自如、坦腹东床的青年,正是我心目中的佳婿。"于是他就把女儿许配给那位青年——那位佳婿就是王羲之。

滴水穿石

出处

宋·罗大经《鹤林玉露》:乖崖援笔判云:"一日一钱,千日一千,绳锯木断,水滴石穿。"

译文

水滴不断地滴,可以滴穿石头。比喻坚持不懈,集细微的力量也能成就难能的功劳。

故事

宋朝时,有个叫张乖崖的人,在崇阳县担任县令。

当时,崇阳社会风气很差,盗窃成风,甚至县衙的钱库也经常发生钱、物失窃的事件。张乖崖决心要抓住一个机会,好好杀一杀这股歪风。

有一天,他终于找到了一个机会。这天,他在衙门周围巡行,忽然看到一个管理县衙钱库的小吏,慌慌张张地从钱库中走出来。张乖崖急忙把库吏喊住,问:“喂！你这么慌慌张张干什么?”

“没什么。”那库吏回答道。

张乖崖联想到钱库经常失窃,猜测库吏可能监守自盗,便让随从对库吏进行搜查。果然,在库吏的头巾里搜到一枚铜钱。

张乖崖把库吏押回大堂审讯,问他一共从钱库偷了多少钱。库吏不承认另外偷过钱,张乖崖便下令拷打。

库吏不服,怒冲冲地乱叫:“偷了一枚铜钱有什么了不起,你竟然这样拷打我？你也只能打我罢了,难道你还能杀我?”

张乖崖看到偷钱的库吏竟如此猖狂,也不由十分震怒,毫不犹豫地拿起朱笔,宣判说:“一日一钱,千日一千,绳锯木断,水滴石穿。”

意思是说:一日偷盗一枚铜钱,一千日就偷了一千枚铜钱;用绳子不停地锯木头,木头就会被锯断;水滴不停地滴,能把石头滴穿。

判决完毕,张乖崖吩咐衙役把库吏押向刑场,斩首示众。

这个判决起到了很强的震慑作用。从此以后,崇阳县的偷盗之风被刹住,社会风气也大大地好转了。

倒行逆施

出处

西汉·司马迁《史记·伍子胥列传》:吾日莫(暮)途远,吾故倒行而逆施之。

译文

所作所为违反常规,违背事理。现在一般用来表示坚持错误方向,干违背历史潮流的错事、坏事。逆:相反,违背;施:做事。

故事

春秋末期,楚国伍子胥的父亲和哥哥都被楚平王无辜杀害。伍子胥历尽艰险,才逃到吴国,帮助阖闾刺杀了吴王僚,夺取了王位。接着,他又帮助吴王整军经武,使吴国的国势日益强盛。在此基础上,他协助吴王征伐楚国,不久攻下楚都,楚昭王逃往随国(今湖南随县南)。

伍子胥帮助吴王攻楚的目的,是为了替自己的父兄报仇。现在郢都已被攻下,可以付诸行动了。

他首先向吴王建议,拆毁楚国的宗庙。大将孙武反对这样做,但吴王贪图楚国的地盘,一心想把楚国灭了,因此接受了伍子胥的建议。

接着,伍子胥请求吴王让他去挖楚平王的坟,以解他心头之恨,吴王说:"你帮了我不少的忙,这种小事你就瞧着办吧!"

但是,伍子胥未能马上找到楚平王的坟,后来在一个石工的指引下才知道了坟的确切地点。可是挖开坟,打开棺材一看,里面只有楚平王的衣冠,伍子胥大失所望。那石工又指点说,这上面的坟是假的,下面的才是真的坟。伍子胥再往下一挖,果然发现了楚平王的尸体。

伍子胥一见楚平王的尸体,就满腔怒火,抄起鞭子,一气打了三百下,最后再把尸体头颅砍下来,才解了心头之恨。

伍子胥的好友申包胥知道这件事后,派人送了一封信给伍子胥,指责他这样做太残忍了。伍子胥叫来人回话给申包胥说:"忠和孝不能两全,我好比一个走远路的人,天快黑了,可是路途还很遥远,我已被弄得没有办法了,所以才故意干出这种倒行逆施的举动。"

这个"倒行逆施"的人物,最后的命运也很悲惨。他因反对吴王夫差宽容越王勾践,并且要求夫差停止攻伐齐国,遭到夫差冷遇,渐渐被疏远,最后被逼得自杀。

独当一面

出处

西汉·司马迁《史记·留侯世家》:良进曰:"……汉王之将,独韩信可属大事,当一面。"

译义

独自担当或负责一个方面的工作。当:承担,担当。

故事

汉楚相争时,汉王刘邦趁项羽率领大军攻打齐王田荣的时候,采用谋士陈平的计策,率军东进,直捣项羽的根据地彭城(今江苏徐州),并很快攻下了彭城。

项羽获悉后,暴跳如雷,立刻率精兵回救彭城。结果,刘邦的汉军被楚兵打得大败,伤亡惨重。

刘邦逃到下邑(今安徽砀山西)才松了口气。他在休息的时候,气呼呼地对张良说:

"这次战败,我军损失惨重,现在士气十分低落,我想只要有人能帮我出这口恶气,打败项羽,我愿意把函谷关以东的土地全拿出来封赏给他们,以此来鼓舞士气,你看怎么样?"

张良听了,回答说:

"九江王黥布,作战非常勇猛,他虽然是楚国的将领,但他一向与项羽有矛盾;拥有一万多人马的大将彭越,不久前刚扯起反楚的大旗。这两支力量,大王可派人去和他们联络,和他们联合起来。至于大王手下的将领,只有韩信能够担负起独当一面的重任。大王如果将土地封赏给他们三个人,使他们全力帮你进攻项羽,那么项羽一定可以打败的!”

刘邦采纳了张良的建议,派人去和黥布、彭越联系,和他们合力攻击项羽。同时,又重用韩信,派他到黄河以北开辟战场,不久又封他为齐王。韩信果然不负刘邦的期望,在和项羽的战斗中接连取得了好几次胜利。

刘邦依靠韩信、黥布、彭越的帮助,加上萧何为他建立了巩固的后方、张良不断为他出谋划策,终于取得了汉楚战争的胜利,建立了汉朝。

对牛弹琴

出处

东汉·牟融《理惑论》:公明仪为牛弹清角之操,伏食如故,非牛不闻,不合其耳矣。

译义

比喻对愚蠢的人讲深刻的道理。现在也用来讥笑说话的人不看对象,无的放矢。

故事

东汉末年,有个叫牟融的学者,他对佛经有很深的研究。但是当他给儒家学者宣讲佛义时,却总是用儒家的《论语》《尚书》等经典来阐述道理,而不直接用佛经来回答。儒家学者对他的这种做法表示异议,牟融心平气和地回答:

“我知道你们都熟悉儒家经典,而对佛经是陌生的,如果我引用佛经来给你们做解释,不就等于白讲了吗?”

接着,牟融向他们讲了“对牛弹琴”的故事,进一步表明自己的观点:

古代有一位大音乐家公明仪,他对音乐有很高的造诣,弹得一手好琴,优美的琴声常使人如临其境。

有一天，风和日丽，他漫步郊野，只见在一片葱绿的草地上有一头牛正在低头吃草。这清静怡人的氛围激起了音乐家为牛弹奏一曲的兴致。

他首先弹奏了一曲高深的‘清角之操’，尽管他弹得非常认真，琴声也优美极了，可是那牛却依然如故，只顾低头吃草，根本不理会这悠扬的琴声。公明仪先是很生气，但当他静静观察思考后，明白了那牛并不是听不见琴声，而实在是不懂得曲调高雅的‘清角之操’。

于是，公明仪重又弹了一曲通俗的乐曲，那牛听到好像蚊子、牛蝇、小牛叫声的琴声后，停止了吃草，竖起耳朵，好像在很专心地听着。

牟融讲完故事，接着说：“我用儒家经典来解释佛义，也正是这个道理。”

儒家学者听了，完全信服了。

断章取义

出处

《左传·襄公二十八年》：曰：“宗不余辟，余独焉辟之？赋诗断章，余取所求焉，恶识宗？”

译义

表示引用他人文章或讲话时，只截取其中一段或一句的意思，而不顾全篇文章或讲话的基本内容。章：文章中的章节，段落。

故事

春秋时后期，齐国的大夫崔杼和庆封合伙杀死了齐庄公，立庄公的异母弟杵臼为国君，史称齐景公。崔杼与庆封因功分任右相和左相。

庄公有两个忠诚的卫士，一个叫卢蒲癸，一个叫王何，他们在庄公遇害后逃到国外去。卢蒲癸在出逃前恳切地嘱托弟弟卢蒲嫳：“你一定要取得崔杼和庆封的信任,在适当时候助我回国,为庄公报仇。”

卢蒲嫳不忘哥哥的嘱托,后来当了庆封的家臣。他很快发现,庆封虽然是左相,但朝政大权全被右相崔杼揽住,庆封只是名义上的相国而已。于是他帮庆封施出一条计谋,利用崔杼几个儿子争夺继承权的矛盾,杀了崔杼一家,崔杼也自杀身亡。此后,齐国的朝政大权全落入了庆封手里。后来,庆封又迷恋上了卢蒲嫳的妻子,不再关心朝政大事,便让儿子庆舍来掌管政权。

卢蒲嫳在除去崔杼的过程中立了大功,自然成了大红人。他根据哥哥卢蒲癸的嘱托,设法让哥哥回到齐国,当了庆舍的侍卫。卢蒲癸本来是卫士,勇力过人,庆舍很欣赏他,不久把自己的女儿庆姜嫁给了他。在受到庆舍宠信后,卢蒲癸又设法让同时逃到国外去的卫士王何回到齐国,与自己一起当庆舍的侍卫。此后,两人私下联络了一些不满庆氏父子的人,准备灭庆氏,为庄公报仇。

卢蒲癸的妻子庆姜发现丈夫的行为很神秘,便问他究竟在干什么,能否与自己一起商量商量。卢蒲癸心想,自己在干灭庆氏的事,怎么可能与庆姜商量。但经不起她一再询问,便对她说,如果告诉了她,可能不但自己难逃一死,还会坏了大事。于是庆姜说:“你的事也就是我的事。你告诉了我,我能出力就与你一起策划,不能出力也决不泄露出去。”

在这种情况下,卢蒲癸把准备灭庆氏的事告诉了庆姜。庆姜表示要大义灭亲,帮助丈夫完成这一义举,并严守秘密。预定举事的日子,选在庆封外出打猎的那天,庆姜又说服父亲庆舍随同齐景公去太庙举行祭礼。就在祭祀的时候,卢蒲癸突然将长戈刺进了庆舍的胸膛。庆舍死后,卢蒲癸率兵灭了庆氏余党。庆封在出猎途中得知这个消息后,带着随从的士兵回城,因城坚无法攻克,又逃奔鲁国,后被杀。

事后,有人问卢蒲癸道:“庆氏和你们卢氏都是姜姓的后裔,你怎么会和同宗的庆氏联姻,娶庆姜为妻的呢?”

卢蒲癸回答说:“庆舍不因为我与他是同宗而回避,把女儿嫁给我,我又为什么要顾忌呢?就像有人常常截取《诗经》中某篇诗的某一章节来表达自己的意思。我只取我所要求的,管它什么同宗不同宗!”

东窗事发

出处

明·田汝成《西湖游览志馀》:桧之欲杀岳飞也,于东窗下与妻王氏谋之……桧曰:"可烦传语夫人,东窗事发矣。"

译文

比喻阴谋败露,将受到惩治。

故事

南宋宰相秦桧竭力主张投降,他感到岳飞是实现对金议和的最大障碍,便指使别人诬告岳飞谋反,将岳飞逮捕入狱。但是,岳飞宁死不屈,不肯招认,秦桧无法将他定罪。秦桧及其妻王氏在卧室东窗之下密谋对策,王氏阴险地说:"相公,擒虎容易纵虎难。如果现在不想办法把岳飞治死,将来后患无穷!"秦桧觉得王氏的话很对,便想方设法把岳飞除掉。他授意谏议大夫万俟卨等人伪造证据,将岳飞及其子岳云、部将张宪诬陷成罪,并以莫须有的罪名,把岳飞父子等人杀死在狱中。

然而,秦桧过了不久便死了。又没过多少日子,他的儿子秦熹也死了。王氏心神不宁,便请来一个道士作法。据说那道士在阴间见到了秦熹,看见他头颈上套着沉重的铁枷,便问道:"你父亲在什么地方?""在酆都地狱。"道士赶到酆都,果然看到秦桧和万俟卨都带着铁枷,正受着各种痛苦的刑罚。临走时,道士问秦桧要带什么话给王氏,秦桧哭丧着脸说:"烦请带话给我夫人王氏,就说东窗事发了。"道士回到阳间后,把秦桧的话告诉王氏,王氏吓呆了,不久她也死去了。

东山再起

出处

《晋书·谢安传》载：安少有重名，“初辟司徒府，除佐著作郎，并以疾辞。”隐居会稽东山，年逾四十复出为桓温司马，累迁中书令、司徒等要职，晋室赖以转危为安。

译义

指有声望的人退职以后再度任职。也比喻失势后重新恢复地位，或失败后恢复力量再干。

故事

东晋时，陈郡阳夏（今河南太康）的名士谢安，年轻时担任著作郎，从事编国史的工作。但他不愿因当官而受到束缚，便借口抱病，辞去官职，隐居在会稽的东山。

扬州刺史庾冰听说谢安很有才学，几次请他出来做官，都被他拒绝了。后来庾冰硬逼，他才勉强应召，但一个多月后就再次告退。不久，吏部尚书范汪等，向朝廷推荐谢安的才学，又被他写信拒绝。朝廷几次召他做官，他也一次一次地借口推辞。

谢安四十多岁时，家族里不少当官的人死去或被朝廷贬为平民，谢安对自己家族的日趋衰微感到不安。正好这时大司马桓温邀他当自己官府的幕僚，谢安便答应了。当时，中丞高崧对谢安开玩笑说："先生几次违背朝廷旨意，高卧东山。许多人劝您再次出来做官，您总是拒绝。您如何向老百姓交代？老百姓又将怎样看待您？"

谢安听了，露出惭愧的神色。他到桓温的官府后，桓温高兴极了，两人整整谈了一天。

谢安出山后，因很有政治和军事才能，不断晋升。到晋孝武帝时，他被任命为宰相。

后来，当北方的前秦国王苻坚领兵南侵时，谢安被任命为征讨大都督，他派谢玄、谢石领兵抗击，大破秦军于淝水，创造了历史上以少胜多的著名战例。

东施效颦

出处

《庄子·天运》：西施病心而颦其里，其里之丑人见而美之，归亦捧心而颦其里。

译文

美人西施因心口疼而皱眉头，同村丑女东施也仿效西施皱眉的病态，反而出丑。比喻胡乱模仿，结果适得其反，把事情弄得更糟。颦：皱眉。

故事

越国苎萝（今浙江诸暨南）有位姓施的美人，因为家住若耶溪西岸，所以村里人叫她西施。

若耶溪东岸也有位姓施的姑娘，村里人管她叫东施。东施因为长得丑，所以非常爱仿效漂亮姑娘的服饰、姿态和动作——西施自然更是她仿效的对象。西施穿什么款式的衣服，梳什么样的头发，走起路来有什么习惯动作，她都要加以仿效。

有一天，西施心口疼，走路的时候双手捂住胸口，并且皱着眉头。村里人见她这个模样，都怜爱地说："瞧这姑娘的模样，准是疼得难受，真是可怜！"西施的病态正好被东施瞧见了。她一边看，一边默默记住西施难受时的姿态和动作。回到东岸后，她马上仿效西施的模样，双手捂住胸口，同时皱着眉头。

东施的这副模样，使村里人大吃一惊，以为是来了什么妖怪。有钱人紧闭大门，不想看见她，穷人家带着妻儿远远躲开。

东施只知道人家皱着眉头很美，却不知道为什么皱着眉头会美。其实，西施本来就长得美，即使捧心皱眉，人们看她也觉得美；而东施本来就长得丑，再捧心皱眉，就显得更丑，难怪人们都被她吓跑了。

对床夜雨

出处

北宋·苏辙《逍遥堂会宿》诗序：辙幼从子瞻（辙兄苏轼）读书，未尝一日相舍。既仕，将游宦四方。读韦苏州（韦应物）诗至"安知风雨夜，复此对床眠"，恻然感之，乃相约早退，为闲居之乐。

《逍遥堂会宿》：逍遥堂后千寻木，长送中宵风雨声。误喜对床寻旧约，不知漂泊在彭城。秋来东阁凉如水，客去山公醉似泥。困卧北窗呼不醒，风吹松竹雨凄凄。

译义

形容亲友、兄弟的聚会及其欢乐之情，或指闲居。

故事

苏轼兄弟二十几岁的时候，有一次留宿在汴京怀远驿内。那夜他们一起读唐朝诗人韦应物的诗《示全真元常》，诗中有一句为“安知风雪夜，复此对床眠”。兄弟俩都很有感触，相约将来一定要及早退出官场，归家闲居。

后来，苏辙赶赴南京（今河南商丘）出任判官，途中经过徐州稍作停留，看望在那里做知州的兄长苏轼。夜里，他们一同宿在府署内的逍遥堂，苏辙又回忆起了两人当年的约定，于是作《逍遥堂会宿》诗：“逍遥堂后千寻木，长送中宵风雨声。误喜对床寻旧约，不知漂泊在彭城。秋来东阁凉如水，客去山公醉似泥。困卧北窗呼不醒，风吹松竹雨凄凄。”

此时苏轼和苏辙兄弟二人的境遇都不是很好，尽管屡遭挫折，但他们依然没有忘记当初的美好愿望——有一天退出官场后，兄弟两人能有充足的时间在雨夜里对床夜话。这种安宁闲适的居家生活也是一种理想的生活境界。

F

罚不当罪

出处

《荀子·正论》：夫德不称位，能不称官，赏不当功，罚不当罪，不祥莫大焉。

译文

表示处罚过宽或过严，与所犯的罪行不相称。

故事

战国后期，赵国出了一位著名的思想家，名叫荀况，人们把他的著作称为《荀子》。

《荀子》这部著作共有三十二篇，其中一篇叫《正论》，是专门议论政治的。文中提出一个看法：国君要在百姓面前做出好的榜样。残暴的国君被推翻，如夏桀被商汤打倒，商纣被周武王消灭等，这些都是好事而不是坏事。

荀况主张刑罚要严明，应根据罪行的大小，给予犯罪的人相应的处罚。如果杀人的不偿命，伤人的不判刑，那就会纵容犯罪，扰乱社会。有人说："古代没有肉刑，只是象征性地用刑。比如，不使用黥刑而用墨画脸来替代；不使用劓刑，而用戴上草做的帽子来替代，这种办法在昏乱的情势下是行不通的。如果继续这样做,犯罪的人得不到应有的惩罚,犯罪行为将越来越多。”

在阐述了上面这些情况后,荀况提出了自己的主张:一个人地位要和品德相称,官职要和才能相称,赏赐要和功劳相称。如果不是这样,弄得地位和品德不相称,官职和才能不相称,赏赐和功劳不相称,处罚和罪行不相称,那就会带来极大的不幸和严重的后果。

防微杜渐

出处

南朝·宋·范晔《后汉书·丁鸿传》:若敕政责躬,杜渐防萌,则凶妖消灭,害除福凑矣。

译义

隐患或错误刚露头的时候,就要加以制止。

故事

东汉和帝即位后,窦太后专权。她的哥哥窦宪官居大将军,窦家兄弟被任为文武大官,掌握着国家的军政大权。看到这种现象,许多大臣心里很着急,都为汉室江山捏了把汗——大臣丁鸿就是其中的一个。

丁鸿很有学问,对经书极有研究。对窦太后的专权,他十分气愤,决心为国除掉这一祸根。几年后,天上发生日食,丁鸿就借这个当时被认为不祥的征兆,上书皇帝,指出窦家权势对于国家的危害,建议尽快改变这种现象。汉和帝早已有这种预感和打算,于是迅速撤了窦宪的官,窦宪和他的兄弟不久后都被迫令自杀。

丁鸿在给汉和帝的上书中说,皇帝如果亲手整顿政治,应在错误开始萌芽时候就注意制止,这样才可以消除隐患,使得国家能够长治久安。

废寝忘食

出处

《论语·述而》:叶公问孔子于子路,子路不对。子曰:“女奚不曰,其为人也,发愤忘食,乐以忘忧,不知老之将至云尔?”

译义

对某一件事专心一致,以致睡觉吃饭都顾不上了。形容工作和学习专心努力。

故事

孔子,名丘,字仲尼,春秋末期的思想家、政治家和教育家,是儒家的创始人。

孔子年老时,开始周游列国。有一次,孔子来到了楚国的叶邑(今河南叶县附近)。

叶公沈诸梁热情接待了孔子。叶公只听说过孔子是个有名的思想家、政治家,教出了许多优秀的学生,对孔子本人并不十分了解,于是向孔子的学生子路打听孔子的为人。

子路虽然跟随孔子多年,但一时却不知怎么回答,就没有作声。

后来,孔子知道了这事,就对子路说:“你为什么不回答他:孔子的为人呀,努力学习而不厌倦,甚至忘记了吃饭和睡觉;津津乐道于授业传道,而从不担忧受贫受苦;自强不息,甚至忘记了自己的年纪。”

孔子的话,显示出他远大的理想和对知识的渴求。

饭后敲钟

出处

五代·王定保《唐摭言·起自寒苦》：王播，少孤贫，尝客扬州惠昭寺木兰院，随僧斋餐。诸僧厌怠，播至已饭矣。

译义

寺钟鸣时斋饭已毕，指因贫穷而遭冷遇。后来比喻人才不得志，落魄民间。

故事

扬州惠昭寺，又名慧照寺，唐乾元年间改名木兰院。唐开成三年（公元 838 年），在寺内建石塔收藏古佛舍利，又改名石塔寺，至今保存完好，是一个有名的景点。这里之所以出名，是因为唐朝时发生的一个故事。

唐朝有一位节度使，名叫王播。据说，王播年纪小的时候，家里很穷，经常揭不开锅。他家住在木兰院附近，王播便不时去寺庙里随众僧人一起吃饭。和尚见他可怜，也就给他一份饭。但是时间长了，和尚终于烦了，于是，他们商量了一下，故意把吃饭的时间提前。庙里规定，饭前要打吃饭钟，现在和尚们改为先吃饭，过后再打钟。这天，钟声敲过，王播赶到一看，众僧已经吃过饭了，他感到非常难堪，在寺壁上题了两句诗："上堂已了各西东，惭愧阇黎饭后钟。"写罢顿足而去。

二十多年后，王播出任淮南节度使，重访木兰院，却见上次题的诗句已用碧纱罩起防尘。王播十分感慨，又续两句道："二十年来尘扑面，而今始得碧纱笼。"旁边的僧人听了，面有惭色。

后代流传的饭后钟故事，主人公除王播以外，还有唐朝的段文昌、宋朝的吕蒙正，可见世态炎凉自古皆然，这种事曾经不止一次地发生过。

分崩离析

出处

《论语·季氏》：今由与求也，相夫子。远人不服而不能来也，邦分崩离析而不能守也。

译义

形容国家或集团四分五裂，支离破碎，不堪收拾。崩：倒塌；析：分开。

故事

春秋时，鲁国的大夫季康子住在费邑（今山东费县），他虽然名位是卿大夫，但权势极大，甚至超出当时国君鲁哀公。

季康子为了进一步扩大和巩固自己的统治权力，想攻伐附近的一个叫颛臾的小国，把它并吞过来。

孔子的学生冉有和子路当时都是季康子的谋臣，他俩觉得很难谏劝季康子，于是向孔子求教。孔子却怀疑这是冉有的主意。冉有说："这是季孙氏的主意，我和子路都想制止他。"

孔子说："你俩既然辅佐季孙氏，就应该尽力劝阻他。"

冉有又说："不过，如今颛臾的国力越来越强大。现在不攻取，以后可能会成为祸患。"

孔子说："这话不对！治理一个国家，不必去担忧土地、人口的多少，而应该多去想想怎样使百姓安居乐业。百姓一安定，国家就会富强。这时再施行仁义礼乐的政教来广泛招致远方的百姓，让他们能安居乐业。而你们俩辅佐季孙氏，使得远方的百姓离心而不来归附，人民有异心而不和，国家分裂而不能集中。在自己的国家处于分崩离析的情况下，还想去用武力攻伐颛臾，我恐怕季孙氏的麻烦不在颛臾,而在萧墙之内。”

萧墙是国君宫门前的照壁。孔子的意思是季康子的麻烦在内部而不在外面。在这个故事中又引申出另一个成语“祸起萧墙”,形容内部发生祸乱。

分道扬镳

出处

唐·李大师、李延寿《北史·魏诸宗室·河间公齐传》:〔元志〕与御史中尉争路,俱入见,而陈得失……高祖曰:“洛阳,我之丰沛,自应分路扬镳。自今以后,可分路而行。”

译文

分路前进,比喻各奔前程,各干各的事。扬镳:提起马嚼子驱马前进。

故事

在南北朝的时候,北魏有一个名叫元齐的人,他很有才能,屡建功勋。皇帝非常敬重他,封他为河间郡公。

元齐有一个儿子叫元志。元志聪慧过人,饱读诗书,是一个有才华但又很骄傲的年轻人。孝文帝很赏识他,任命他为洛阳令。

在洛阳,元志仗着自己的才能,对朝廷中某些学问不高的达官贵族,往往表示轻视。

有一次,元志乘车外出,正巧御史中尉李彪的马车从对面飞快地驶来。照理来说,元志官职比李彪小,应该给李彪让路,但他一向看不起李彪,偏不让路。李彪见元志这样目中无人,当众责问他:“我是御史中尉,官职比你大多了,你为什么不给我让路?”

元志并不买李彪的账，说："我是洛阳的地方官，你在我眼中，不过是一个洛阳的住户，哪里有地方官给住户让路的道理呢？"

他们两个互不相让，争执不下，于是他们来到孝文帝面前要求评理。李彪说，他是御史中尉，洛阳的一个地方官怎敢同他对抗，居然不肯让道。元志说，他是国都所在地的长官，住在洛阳的人都编在他主管的户籍里，他怎可同普通的地方官一样向一个御史中尉让道。

孝文帝听了他们的争论，觉得他们各有各的道理，不能训斥他们中的任何一个，便笑着说：

"洛阳是我的京城，自然应该分道扬镳。我认为你们可以分开走，各走各的，不就行了吗？"

分庭抗礼

出处

《庄子·渔父》：万乘之主，千乘之君，见夫子未尝不分庭伉礼，夫子犹有倨敖之容。

译义

表示宾客与主人分处庭中两旁，相对行礼，以示平等对待。后来比喻地位平等，互相对立。庭：庭院；抗：原作"伉"，对等，相当。

故事

一天，孔子和弟子们在树林里休息。弟子们读书，孔子独自弹琴。一曲未了，一条船停在附近的河岸边，一位须眉全白的老渔夫走上河岸，坐在树林的另一头，侧耳恭听孔子的弹奏。

孔子弹完了一支曲子后，渔夫招手叫孔子的弟子子贡、子路到他跟前，并且问道:“这位弹琴的老人是谁呀?”

子路高声说道:“他就是我们的夫子,鲁国的君子孔子呀!”

子贡补充说:“我们的夫子以忠信、仁义闻名于各国。”

渔夫微微一笑,说:“恐怕是危忘真性,偏行仁爱呀。”

渔夫说完,转身朝河岸走去。子贡急忙把渔夫说的话报告孔子。孔子听后马上放下琴,猛然站起身,惊喜地说:“这位是圣人呀,快去追他!”

孔子快步赶到河边,渔夫正要划船离岸,孔子尊敬地向他拜了两拜,说:“我从小读书求学,到现在已经六十九岁了,还没有得到过高深的教导,怎么敢不虚心地请求您帮助呢?”

渔夫也不客气,走下船对孔子说:“所谓真,就是精诚所至,不精不诚,就不能动人。所以,强哭者虽悲而不哀,强怒者虽严而不威,强亲者虽笑而不和。真正的悲没有声音而感到哀,真正的怒没有发出来而显得威,真正的亲不笑而感到和蔼。真在内者,神动于外,所以真是非常可贵的。从此用于人间的情理,侍奉亲人则慈孝,侍奉君主则忠贞,饮酒则欢乐,处丧则悲哀。”

孔子深受启发,不住地点头。最后,孔子卑谦地对渔夫说:“遇见先生真是幸运。我愿意做您的学生,得到您的教导。请告诉我您住在哪里好吗?”

渔夫没有告诉他住在哪里,而是跳上小船,独自划船走了。这时,颜渊已把车子拉过来,子路把上车拉的带子递给孔子,但孔子全不在意,两眼直勾勾地望着渔夫远去,一直到看不见船的影儿,听不见划水的声音,才惆怅地上车。

子路对孔子出乎寻常的表现不理解,在车旁问道:“我为您驾车已经很久了,还没见过像渔夫这样傲慢的人。就是天子和诸侯见到您,也要平等行礼,您还带有点自尊的神色呢!但今天,那个渔夫撑着船篙漫不经心地站着,而您却弯腰弓背,先拜后说话,是不是太过分了呢?我们几个弟子都对您这举动觉得奇怪:对渔夫为什么要这样恭敬呢?”

孔子听了子路的话很不高兴,叹了口气说:“唉,子路,你真是难以教化,你那鄙拙之心至今未改!你靠近一点,我告诉你。遇到长者不敬是失礼,遇到贤人不尊是不仁,不仁不爱是造祸的根本。今天这位渔夫是懂得道理的贤人,我怎么能不敬他呢?”

风声鹤唳

出处

《晋书·谢玄传》:坚众奔溃……余众弃甲宵遁,闻风声鹤唳,皆以为王师已至,草行露宿,重以饥冻,死者十七八。

译义

把风的响声、鹤的叫声,都当作敌人的呼喊声,疑心是追兵来了。形容惊慌失措,神经极度紧张。唳:鸟叫。

故事

公元383年,前秦皇帝苻坚率数十万大军南下攻打东晋。东晋王朝派谢石为大将,谢玄为先锋,带领八万精兵迎战。

苻坚认为自己兵多将广,有足够的把握战胜晋军。他把兵力集结在寿阳(今安徽寿县)东的淝水边,等后续大军到齐,再向晋军发动进攻。

为了以少胜多,谢玄施出计谋,派使者到秦营,向秦军的前锋建议道:"贵军在淝水边安营扎寨,显然是为了持久作战,而不是速战速决。如果贵军稍向后退,让我军渡过淝水决战,不是更好吗?"

秦军内部讨论时,众将领都认为,应坚守淝水,不能让晋军过河。待秦军后续大军抵达,即可彻底击溃晋军。因此不能接受晋军的建议。

但是,苻坚求胜心切,不同意众将领的意见,说:"我军只要稍稍后退,等晋军过河到一半时,让精锐的骑兵冲杀上去,我军肯定能大获全胜!"

于是,秦军决定后退。苻坚没有料到,秦军是临时拼凑起来的,指挥不统一,一接到后退的命令,就以为前方打了败仗,慌忙向后溃逃。

谢玄见敌军溃退,指挥部下快速渡河杀敌。秦军在溃退途中,丢弃了兵器和盔甲，一片混乱，自相践踏而死的不计其数。那些侥幸逃脱晋军追击的士兵，一路上听到呼呼的风声和鹤的鸣叫声，都以为晋军又追来了，于是不顾白天黑夜，拼命地奔逃。就这样，晋军取得了淝水之战的重大胜利。

冯唐易老

出处

西汉·司马迁《史记·张释之冯唐列传》：唐以孝著，为中郎署长，事文帝。文帝辇过，问唐曰："父老何自为郎？家安在？"唐具以实对……七年，景帝立，以唐为楚相，免。武帝立，求贤良，举冯唐。唐时年九十余，不能复为官。

译义

感慨生不逢时或表示年寿老迈。

故事

冯唐，西汉人，以孝悌闻名。汉代以孝治天下，汉文帝时，冯唐以此被举为中郎署长。当时，北方匈奴入侵，文帝下令各地征召能平匈奴的将军。一天，他经过郎署，遇上冯唐，两人就征将之事相谈甚欢。受到赏识的冯唐趁机向文帝申诉了云中太守魏尚被削职的冤案，并恳求将魏尚官复原职，命他率兵攻打匈奴。得到赦免并重新上任的魏尚果然不负众望，击退了匈奴，冯唐也因此而升为车都尉。

汉景帝即位后，冯唐因为性格耿直，直言上谏，又不知忌讳，不久被罢。汉武帝即位后，匈奴再次侵犯边境。汉武帝又命广征贤良，这时冯唐才被人推举出来，可是他已经九十多岁，须发皆白，心有余而力不足，再也不能出来任职了。

冯唐虽是三朝老臣，德才兼备，却始终未受重用。等到皇帝想起他来，他已经年老力衰，不能效命了。后人常用这个典故来慨叹一个人命运不济、生不逢时。唐代王勃在《滕王阁序》中叹道："冯唐易老，李广难封。"

冯谖弹铗

出处

《战国策·齐策四》载：齐人冯谖家贫，托食于孟尝君，因自言无能，孟尝君便笑予收留。左右以君贱之也，食以草具。居有顷，倚柱弹其剑，歌曰："长铗归来乎，食无鱼！"左右以告，孟尝君曰："食之，比门下之客。"居有顷，复弹其铗，歌曰："长铗归来乎，出无车！"左右皆笑之，以告，孟尝君曰："为之驾，比门下之车客。"于是，乘其车，揭其剑，过其友，曰："孟尝君客我。"后有顷，复弹其剑铗，歌曰："长铗归来乎，无以为家！"左右皆恶之，以为贪而不知足。孟尝君问："冯公有亲乎？"对曰："有老母。"孟尝君使人给其食用，无使乏，于是冯谖不复歌。

译义

比喻有才华的人暂处困境，有求于人。

故事

冯谖，齐国人，家贫，慕孟尝君之名前来投靠。孟尝君问他："先生有哪些才能？”冯谖说：“我没什么擅长的。”孟尝君笑着收留了他。

手下人见主公不重视冯谖，所以只供给他粗茶淡饭。冯谖见别人有鱼肉，便想了个办法。过了不多久，他就靠着柱子弹剑而歌：“长剑啊，我们回家吧，吃饭没有鱼啊！”手下人把这件事告诉孟尝君，孟尝君不在意地说：“给他鱼，像待一般门客一样待他。”

过了几天，冯谖又弹剑唱歌了：“长剑啊，我们回家吧，出门没有车啊！”手下人当笑话讲给孟尝君听，孟尝君慷慨地说：“给他车子，像待上等门客一样待他。”得到车子后，冯谖立刻乘车去看朋友，说：“孟尝君非常器重我。”

可没过多久，他又弹剑唱道：“长剑啊，我们回家吧，没有钱养家啊！”这一回，别人都觉得他太贪得无厌了。孟尝君打听到他家中尚有老母，就叫人按时供给其母吃穿用度。从此，冯谖就不再唱歌了。

后来，冯谖为孟尝君谋划营就三窟，成为孟尝君手下最得力的谋士。

负郭无田

出处

西汉·司马迁《史记·苏秦列传》：使我有雒阳负郭田二顷，吾岂能佩六国相印乎？

译义

比喻家中没有产业。

故事

战国时，东周雒阳有个人叫苏秦，字季子。他本来穷困潦倒，连自己的兄弟妻嫂也瞧不起他，对他很冷淡。

后来，苏秦周游列国，到处宣传他的“合纵”之说，即让六国缔约，合力抗秦。

六国的君主接受了他的政治主张，封他为相，为纵约长，主持联合抗秦的事务。

当苏秦任六国之相，北上向赵王复命时，行经故乡雒阳。一路上车马众多，声势显赫，各路诸侯都以王侯之礼派遣使者相送。连周显王听说后也感到恐慌，赶紧派人清扫街道，并派人到郊外慰劳。

苏秦衣锦荣归，一家人见他如此威风，都对他刮目相看。以前对他冷淡倨傲的兄弟妻嫂等人，如今变得毕恭毕敬，连抬头正视他都不敢，只是小心翼翼地跪在地上服侍他。

对比从前在家里的待遇，苏秦感叹地说："同是一个人，富贵了亲戚就敬畏他，贫贱时亲戚就鄙视他。更何况一般的人呢！"想到正是因为贫困，才促使他努力奋斗，终于成功，于是，他又庆幸道："假如当初我有靠近雒阳城郭的两顷良田，便会安心过着丰衣足食的日子。那么，我又怎么会有今天，佩上六国相印呢？"

覆水难收

出处

清·翟灏《通俗编》注引《鹖冠子》：太公既封齐侯，道遇前妻，再拜求和，公取盆水覆地，令收之，惟得少泥。公曰："谁言离更合，覆水定难收。"

译文

比喻事情成定局，无可挽回。

故事

姜尚，字子牙，俗称姜太公。他是西周时一个很有才能的人，但多年不得志，没有受到重用。他的妻子马氏见他没什么出息，就同他断绝了夫妻关系，离家出走了。

后来，周文王姬昌在渭水边访得姜子牙，请他出来辅佐自己。在姜子牙的治理下，周国国力更加强盛。周文王去世，周武王即位，姜子牙率兵伐纣，运用谋略帮助周武王灭商建周，被周武王封为侯。

有一天，姜子牙走在路上，碰到他的前妻马氏。马氏早已后悔过去的行为，见有此机会，便上前苦苦哀求，要与姜子牙重归于好。姜子牙没有说话，只是命人取来一盆水，泼在地上，让马氏把水收回盆里。马氏忙了半天，只收回一点稀泥浆。于是，姜子牙对她说："你以前嫌我穷离开了我，现在再难重归于好。这就好像泼在地上的水，难以收回。"

马氏羞愧不已，此后再也没有露过面。

覆巢无完卵

出处

南朝·宋·刘义庆《世说新语·言语》：岂见覆巢之下，复有完卵乎？

译义

比喻整体遭殃，个体不能幸免。

故事

孔融，字文举，东汉末年山东人。汉献帝时，孔融曾做过北海相。据说，当年曹操发动数十万大军，南征刘备和孙权时，孔融曾表示反对，劝曹操停止出兵。曹操没有理睬，孔融在背后发过几句牢骚。御史大夫郗虑平时和孔融不睦，知道了这事后，报告给曹操，并且添油加醋，恶意挑拨，说孔融一向瞧不起曹操等等。曹操一听大怒，当即下令把孔融全家大小全部逮捕处死。

孔融被捕的时候，全家人都十分惊恐，不知所措。只有孔融的两个孩子还坐在那里下棋，无动于衷。家人以为孩子小，还不知道大祸临头，便赶紧劝他们逃走。不料，这两个孩子竟不慌不忙地说："哪有鸟窝被捣毁了不摔破蛋的事！"最后他们从容地跟着父亲，一同被抓走赴死去了。

负荆请罪

出处

西汉·司马迁《史记·廉颇蔺相如列传》：廉颇闻之，肉袒负荆，因宾客至蔺相如门谢罪，曰："鄙贱之人，不知将军宽之至此也！"卒相与欢，为刎颈之交。

译义

背着荆杖，表示服罪，向当事人请罪。形容主动向人认错、道歉，自请严厉责罚。

故事

战国时期，赵惠文王因蔺相如办外交有功，拜蔺相如为上卿，官位在廉颇大将之上。廉颇因此心中不快，觉得自己功劳卓著，很不服气，扬言要当面侮辱蔺相如。蔺相如知道后，不愿意和廉颇争位次先后，便处处留意，避让廉颇，上朝时亦假称有病，以便回避。

有一次，蔺相如乘车外出，远远望见廉颇的车子迎面而来，急忙叫手下人把车赶到小巷里避开。蔺相如手下的人便以为蔺相如害怕廉颇，非常气愤。蔺相如对他们解释说："秦国这样强大，我都不怕，廉将军又有什么可怕呢？所以我想，强横的秦国今天之所以不敢对我们赵国轻易用兵，只是因为赵国有我和廉将军两人。如果我和廉将军两人不能和睦相处，互相攻击，像老虎一样相斗，结果必定有一虎受伤，秦国就会趁机侵略赵国。我之所以对廉将军避让，是因为我把国家的安危放在前头，不计较私人的怨恨。"

蔺相如这番话，使他手下的人极为感动。此后，蔺相如手下的人也学习蔺相如的样子，对廉颇手下的人处处谦让。

此事传到了廉颇的耳中，廉颇为蔺相如如此宽大的胸怀而深深感动，更觉得自己十分惭愧。于是他脱掉上衣，在背上绑上荆杖，请人领他到蔺相如家请罪，并沉痛地说："我是个粗陋浅薄之人，真想不到将军对我如此宽容。"

蔺相如见廉颇态度真诚，便亲自解下他背上的荆杖，请他坐下，两人坦诚畅叙，从此誓同生死，成为至交。

G

改弦易辙

出处

宋·王楙《野客丛书·张杜皆有后》：使其(杜周)子孙改弦易辙，务从宽厚，亦足以盖其父之愆。

译义

比喻改变了原有的方向、计划、做法或态度。

故事

西汉时，有两个主张使用酷刑的大臣，一个叫张汤，一个叫杜周。他们各有一个儿子，虽然也当大臣，却能宽厚待人，名声很好，与他们父亲的表现形成鲜明的对照。

张汤年少时就爱读刑罚方面的书，后来经人推荐，担任侍御史。在承办汉皇室的一个案件中，他横追竖逼，最后株连处死三百多人。汉武帝认为他精明能干，命他和另一位大臣一起制定法律条令。

后来，张汤在审理淮南王等谋反案时，又牵连了许多人。汉武帝本想开脱被牵连的两名大臣，但张汤说不杀日后不好办案，最终还是把他们处死。

张汤还建议汉武帝铸造白金和五铢钱，并且支持盐铁官营的政策。这虽然有利于增加国库收入，但由于他所制定的算缗令和告缗令非常严酷，许多人深受其害，对他怀恨在心。

不过，张汤自己也没有好下场。他因与下属谋杀了他的一个仇人，后来事情败露，被汉武帝责令自杀。

张汤严酷使用刑罚，但他的儿子张安世却为人忠厚，主张谨慎用刑，因此不仅得到汉武帝重用，而且得到汉昭帝、汉宣帝的重用，历任高官，子孙直到东汉都在朝廷中担任要职。

杜周本是张汤下属，他在奉命惩办逃亡边卒的时候，枉杀了许多人。后来他升任廷尉，仿效张汤的办案方法，株连处死了不少人。杜周办案还有一个特点，那就是见风使舵——皇帝要惩办的就罗织罪名，横加陷害；皇帝不想惩办的就为他喊冤叫屈，赶快释放。杜周在任廷尉期间，每年办案一千多件，一件大案往往逮捕的人犯达数百名之多。与张汤不同的是，他总算保住了自己的脑袋。

杜周的儿子杜延年，和张汤的儿子张安世一样，为人非常宽厚，与父亲完全不同，子孙传到唐朝名声仍然很好。

宋代的学者王楙在一部著作中指出：就拿杜周来说吧，他与张汤一样，以酷恶著名，但能保住脑袋，这也算是幸运了。他们的子孙由于像乐器一样换弦，车子一样改道，宽厚待人，才掩盖了他们父亲的罪愆。

高山流水

出处

《列子·汤问》：伯牙善鼓琴，锺子期善听。伯牙鼓琴，志在高山，锺子期曰："善哉，峨峨兮若泰山！"志在流水，锺子期曰："善哉，洋洋兮若江河！"

译义

比喻知音难得或乐曲非常高妙。

故事

春秋时，楚国的伯牙从小就喜爱音乐，年轻时，跟随很有声望的琴师成连学弹琴。当时的琴是一种拨弦乐器，琴面上张着七根弦，所以又称七弦琴。

一次，伯牙习作一首反映海上狂风暴雨的曲子，他一连苦思冥想了好几天，也找不到动听的旋律，觉得非常苦恼，便向老师成连请教。成连考虑一下后说，自己的老师方子春擅长作曲，可以带伯牙去见他，求他亲自指点。

方子春住在鲁国登州城外的蓬莱岛上，成连师徒到了那里，正巧方子春外出。于是成连把伯牙安顿住下，自己寻找方子春去了。在等待师父和师祖期间，伯牙每天练练琴，爬爬山，观望观望海景，觉得心旷神怡，欢畅异常。

一天，他从海滩散步回家，突然天空乌云翻滚，狂风怒号。一会儿电光闪闪，雷声隆隆，下起倾盆大雨。海面上，巨浪一个接着一个扑向岸边岩石，发出一片震撼人心的轰鸣声；高山上层层密密的松树随风弯倒，互相碰撞，发出一阵阵令人胆寒的呼啸声。这风声、雷声、雨声、浪声和松涛声混在一起，交织成一首雄伟而美妙的乐曲。

眼前这动人的情景激发起了伯牙的创作热情，他奔到住处，取出七弦琴，创作了一首反映海上狂风暴雨的乐曲。就在伯牙非常得意的时候，他的老师成连在他身旁出现了。他马上明白过来，老师故意是把自己留在这里，好让他在大自然中创作动人的乐曲。此后，伯牙潜心作曲，创作出了许多优美的乐曲，其中他最满意的是《高山流水》。但是，人们虽然爱听这首曲子，却不能理解它的含义。为此，他盼望遇到一个能懂得自己这首曲子的人。

后来，伯牙遇到了一个能听懂自己的乐曲的人，名叫锺子期。一次，伯牙向锺子期弹起了这首曲子——他全神贯注，脑子里全是高山的形象。锺子期闭上眼睛，屏息凝神，细听琴音——时而轻轻击拍，时而微微点头，脸上露出各种表情。当伯牙弹完一个段落后，锺子期赞叹说："真妙啊，气势磅礴，就像挺拔雄伟的泰山！"伯牙没有答话，继续弹下去——这时，他脑子里全是流水的形象。和刚才弹的不同，这时的琴音一会儿高一会儿低，琴声停后余音袅袅不绝。锺子期动情地说："真妙啊，这是看见了烟波浩渺、宽广无边的江河流水啊！"伯牙激动地说："你真是我的知音啊！"

分手时两人相约，一年后的今天再到这里来相会。但到了那一天，锺子期并没有来。几经打听，伯牙才知道，锺子期在不久前去世了。伯牙带了琴到他的坟地，伏在地上号啕大哭。伯牙心想：锺子期是自己的知音，在这个世界上，只有他才懂得自己的音乐；现在他已故去，再弹琴作曲有什么意义呢？在极度悲痛之中，伯牙将琴高高举起，朝地上狠狠摔去。

高屋建瓴

出处

西汉·司马迁《史记·高祖本纪》:譬犹居高屋之上建瓴水也。

译义

比喻居高临下,势不可挡。

故事

刘邦当上皇帝的第二年,有人向他报告楚王韩信正在密谋造反。于是,他急忙召集近臣商议对策。

陈平替刘邦出了个主意:假说到云梦泽去巡视,并在陈地会见诸侯。陈地是楚国的西界,韩信得到消息,一定会去陈地迎接的。当韩信来拜见的时候,就可以捉住他了。

刘邦按照陈平的计策,果然没费什么劲就把韩信捉住了。刘邦非常高兴,当天颁了大赦令。田肯趁着道贺的机会,对刘邦说:"很高兴您捉住了韩信,又在关中建都。关中地形险固,胜于他国,与中原远隔千里,诸侯有持戟的武士百万,而关中占地形便利等于拥有二倍于诸侯的兵力。由于地势的优越,如果派兵去攻打诸侯,真好比是站在高屋顶上倾倒瓶里的水,由上向下,不可阻挡。"

高枕而卧

出处

《战国策·魏策一》:为大王计,莫如事秦,事秦国则楚、韩必不敢动;无楚、韩之患,则大王高枕而卧,国必无忧矣。

译义

垫高了枕头睡觉,无忧无虑。比喻平安无事,不用担忧;或放松警惕,麻痹大意。

故事

战国时期,张仪为了使齐、楚、燕、赵、韩、魏六国事秦,便去游说魏王。张仪到了魏国,魏王接见了他。他对魏王说:"贵国地方不过千里,士卒不过三十万;既无山川之险,又无丰富的产物。况且魏国地处楚国之北,赵国之南,韩国之东,齐国之西。因此,魏国亲近其中任何一国,其他三国都可能联合起来向魏国进攻;魏国反对其中任何一国,则其他三国也可能联合起来反对魏国。可见魏国的处境十分困难,十分危险。"魏王皱了皱眉头说:"那么先生有什么办法改变我国的处境呢?"张仪故作为难地说:"不好办哪!"他沉思良久才说:"我为大王考虑,不如归顺秦国,那么楚、韩必不敢轻举妄动;没有了楚、韩的侵扰,大王可以高枕无忧,国家也未必有隐患了。"魏王听说事秦,心中十分不悦,但又不好形之于色,只好婉谢道:"先生的意见很好,可惜寡人有些愚蠢,还不敢立刻做出决断,待寡人和臣子们商量之后,再向先生请教。"张仪听后,便辞魏王而去。

割席断交

出处

南朝·宋·刘义庆《世说新语·德行》：管宁、华歆共园中锄菜，见地有片金，管挥锄与瓦石不异，华捉而掷去之。又尝同席读书，有乘轩冕过门者，宁读如故，歆废书出看。宁割席分坐曰："子非吾友也。"

译义

意指朋友之间因志向不同而断绝关系。

故事

东汉末年有两个年轻人，一个叫管宁，另一个叫华歆。两人十分要好，每天一起读书、劳动，但其实二人的志向并不相同。管宁专心读书，想做一个学问渊博、气节高尚的人。华歆却热衷官场，希望将来飞黄腾达。

有一天，他们二人一起在菜园里锄地，看见地上有一片金。管宁继续锄地，就像没看到一样。而华歆过去捡了起来，拿在手里看了看，才又掷回地上。

又有一次，两人坐在屋里读书，忽然外面传来一阵喧哗声，鼓乐齐鸣。原来是有个做官的人乘着华丽的马车从门前经过。管宁好像没有听到一样，仍然专心读书。华歆却扔下书本，跑出去看热闹，回来以后称羡不已。

于是，管宁拿出一把刀子，把两人同坐的炕席从中间割开，对华歆说："你和我从此断绝朋友关系。"

此后，管宁继续用功读书，成了有名的学者，且始终隐居，一生未曾涉足官场。华歆则热心仕途，当了魏国的司马。

感激涕零

出处

唐·刘禹锡《平蔡行》:路旁老人忆旧事,相与感激皆涕零。

译义

形容极为感动的样子。

故事

唐朝中期,唐玄宗李隆基当了二十多年的皇帝,便暮气沉沉,懒得亲自处理政事,一心想纵欲享乐。他用李林甫为宰相,时间长达十数年。李林甫有一套奸佞的本领,一切顺从唐玄宗旨意,让他放心纵欲。李林甫死后,唐玄宗又用他宠爱无比的杨贵妃的堂兄杨国忠为宰相。杨国忠大肆搜刮民财,广收贿赂,加速了祸乱的爆发。

公元755年,节度使安禄山以诛杀杨国忠为名起兵叛乱,击败唐军,攻下洛阳。安禄山被杀后,部将史思明再度攻下洛阳。前后历时七年多,叛乱才平定。这就是唐朝历史上著名的"安史之乱"。

公元814年,淮西节度使吴少阴死去,他的儿子吴元济因未能如愿继承其父职位,便自领军务,纵兵焚烧,抢掠舞阳、叶等县。

为了解除叛军对洛阳的威胁,朝廷多次派兵去讨伐吴元济,但是未能取胜。吴元济因此更加嚣张,不可一世。

公元816年,宰相裴度督师讨伐吴元济。李愬自告奋勇,表示愿意担当平定淮西叛乱的重任。于是,朝廷让他担任前线指挥。

李愬是位很有谋略的大将。他接受任命后,没有急于出兵,而是花很大力气整顿军队,鼓舞将士士气。他非常关心士卒,士卒中有生病受伤的,他总是亲自去看望、慰问；对于来降的军士，他也尊重他们的去留选择，不愿留下的就发给粮食布帛让其回家。结果，来降的人都自愿留下，并且主动积极地向他提供敌营情况。

过了半年，李愬率军出发。由于他善于观察形势，选择战机，调动将士的积极性，在与叛军接触后，接连打了几个胜仗。在一次战斗中，讨伐军俘获了吴元济的一名得力将领。李愬不仅不杀他，而且亲自给他松绑，并让他继续带兵，为朝廷出力。对于已俘获的其他将领和官吏，他也是以诚相待，好好安抚，使他们转过来为朝廷效力。

次年冬天，李愬亲自率领一支骑兵队伍，冒着风雪，夜行一百余里，奔袭吴元济盘踞的巢穴蔡州。

李愬的骑兵突然抵达蔡州城下，守敌慌忙向吴元济做了报告。但还在睡梦中的吴元济，不相信官军会这么快抵达，未作明确抵抗指示，翻了个身又睡熟了。

黎明时分，雪停了下来。李愬指挥的官军破城而人，直冲吴元济的宅第。吴元济直到亲耳听到讨伐军的喊杀声，才从睡梦中惊醒过来。他在侍卫的帮助下，爬上墙头准备逃跑，但一露面就被抓住，只得束手就擒。

老百姓听说蔡州被官军收复，吴元济被活捉，都纷纷走上街头。老人们一面互相回忆许多年来所吃的藩镇割据的苦，一面对收复蔡州的官军感激得掉下泪来。

肝脑涂地

出处

西汉·司马迁《史记·刘敬叔孙通列传》：使天下之民肝脑涂地，父子暴骨中野，不可胜数。

译文

死得凄惨。后来表示竭尽忠诚，任何牺牲均在所不惜。

故事

汉高祖五年，一个叫娄敬的人求见刘邦。一见面，他就直截了当地说："您想在洛阳建立国都，是不是想要与周朝比一比盛况呢？"刘邦点了点头说："正是这样啊！""陛下错了，"娄敬坦率地说，"您怎么可以和周朝相比呢？周朝是以德行治理天下的，可是您起兵丰沛，大的战争有七十余场，小的战争也有四十余场，天下的百姓肝脑都涂在地上，男人的尸骨都暴露在野外，那数目多得数也数不清。哭声还没断，受伤的人伤还没养好，而您却要与周朝相比，在洛阳建立国都，我看这不合适。还是把国都建立在秦地长安为好，那里环山傍水，易守难攻，可以容得下百万之众，可以称作'天府'之地。"

刘邦听了娄敬的话，觉得很有道理，便采纳了他的建议。

孤注一掷

出处

元·脱脱、阿鲁图《宋史·寇凖传》：钦若曰："陛下闻博乎？博者输钱欲尽，乃罄所有出之，谓之孤注。陛下，寇凖之孤注也，斯亦危矣。"

译文

赌徒拿出所有的钱做赌注，决一输赢。比喻在危急时投入全部力量，做最后一次冒险。孤注：把所有的钱都作为赌注；掷：指赌钱时掷骰子。

故事

北宋真宗时，有一位精明能干的宰相，名叫寇準。有一次，北方的辽国突然发兵侵犯中原，剽悍的骑兵一路势如破竹，很快就打到了河北澶州（今河南省濮阳县西）。

宋真宗得到边境的报告，马上召集全体文武大臣商议对策。宰相寇準说："陛下，敌兵声势十分浩大，只有陛下亲自前往澶州督战，才能振奋将士的士气，打败敌兵！"

宋真宗听了寇準的话，觉得很有道理，便采纳了他的建议，亲自统率三军前往澶州。宋军由宋真宗亲自督战，士气十分高昂，果然一举就把辽兵打得落花流水。辽国兵败以后，不得不向宋朝称臣求和。

宋真宗班师回京以后，对寇準更为信任和重用了。不料，奸臣王钦若对寇準十分妒忌，他想方设法寻找机会中伤寇準。

有一次，王钦若陪宋真宗赌钱，故意接连输了好几次，然后把所有的钱都下了注。宋真宗觉得很奇怪，问他为什么这样，他便对宋真宗说："陛下，上次我们在澶州和辽兵作战，您不是也曾孤注一掷吗？那时寇宰相坚持要您御驾亲征，便是拿您的性命当作赌注一样地孤注一掷呀！要是当时我方军事失利，那您不就有生命危险吗？"

宋真宗听了这个拿自己的生命当作赌注的比喻，不觉大怒起来，立刻就把寇準贬了职，从宰相降为陕州知府。

管中窥豹

出处

《晋书·王献之传》：献之字子敬……年数岁，尝观门生樗蒱，曰："南风不竞。"门生曰："此郎亦管中窥豹，时见一斑。"

译义

从管中看豹，比喻看到的只是局部而不是全部，指所见不全面或略有所得。有时与“可见一斑”连用，比喻从看到的一部分中可以推测全部。

故事

东晋著名书法家王羲之的小儿子王献之，也是个著名的书法家，当时与父亲并称“二王”。

王献之年幼时就很聪明伶俐。有一次，他和两个哥哥徽之、操之一起去见宰相谢安。当时，徽之、操之都说了不少家常琐碎的事，而献之只问候一下就不作声了。他们走了以后，有人问谢安三个孩子中哪个较好，谢安说：“最小的一个较好。”

有人问谢安为什么，谢安说大凡杰出者少言寡语，所以说献之好。

又有一次，献之和徽之在房中谈话，突然发生火灾，徽之吓得连鞋也没穿就急忙往外跑，献之却一点也不惊慌，很镇静地慢慢走出去。

另有一天晚上，一个小偷潜入他的卧室，把所有能偷的东西都偷了。小偷正要走，献之低沉地喝道：“小偷，青毡是我家的旧东西，留下吧！”小偷吓了一跳，什么东西也没偷就跑了。

有一天，他父亲的几个学生在一起玩一种博戏——樗蒲，年仅几岁的献之在一旁瞧着，看出了胜负，便对其中一方说：“你这方赢不了啦！”

那些学生们见他年纪这么小，竟也看出了胜负的道理，便取笑他说：“这小孩从‘管中窥豹’，只看到了豹子身上的一处斑纹！”意思是嘲笑小孩子看事物片面。

后来，人们就用“管中窥豹”这一成语，比喻人目光短浅，观察事物只看见一部分，看不见整体，非常不全面，仿佛从竹管中看豹子，只看见豹身上的一处斑纹，看不见全部斑纹一样。

管鲍之交

出处

《列子·力命》:管仲尝叹曰:“吾少穷困时,尝与鲍叔贾,分财多自与,鲍叔不以我为贪,知我贫也……生我者父母,知我者鲍叔也。”

译义

比喻知心好友相互信任,不计得失,情谊深厚。

故事

春秋初期,有一对罕见的要好朋友,一个叫管仲,一个叫鲍叔牙。这两人后来都成为著名的政治家。

管仲和鲍叔牙年轻时合伙做过买卖。鲍叔牙富有,本钱出得多;管仲贫穷,出的本钱少。但赚了钱后,管仲给自己多分钱。鲍叔牙手下的人不服气,说管仲贪财。鲍叔牙却不这样认为,他说:“管仲家里等着钱用,是我乐意多分给他的。朋友之间应该互相帮助,怎么能说他贪钱?”

管仲领兵打仗,三战三败,有人说因为他心虚胆怯,贪生怕死,所以接连败下阵来。但鲍叔牙为管仲分辩说:“谁说管仲贪生怕死?他为的是母亲老了,又多病,不能不让自己活着去侍养她。”

最能体现两人友谊之深的是鲍叔牙把相国的高位让给管仲。

后来,管仲感动地说:“在我被公子纠囚禁受辱的时候,鲍叔牙并不以为我无耻。生我者是我的父母,真正熟知我的是鲍叔牙啊!”

刮目相待

出处

西晋·陈寿《三国志·吴书·吕蒙传》裴松之注引《江表传》:蒙曰:"士别三日,即更刮目相待。"

译义

擦亮眼睛看待。指用新眼光看人,也比喻另眼相待。刮:擦拭。

故事

吕蒙,字子明,三国时吴国名将。他幼年时家境贫困,没有读过什么书。后来他在军队里领兵打仗,也很少读书。因文化水平不高,他难免受到一些大官员的轻视。

吴王孙权曾劝吕蒙要好好读书,可是吕蒙说:"军队里事情太多了,每天忙都忙不过来,哪有什么时间读书。"

"我难道要你精研经书去当博士吗?只是应当浏览群书,了解历史罢了!你说事情多,比起我来如何?你为什么偏偏不能抓紧时间自学呢?"孙权说。

接着,孙权谈了自己读书的收益,又举了汉光武帝即使在掌管兵马之余不忘学习,曹操也自称老而好学等事例来启发吕蒙。

吕蒙听了孙权这一番话,很受感动,从此认真读书,孜孜不倦。后来,鲁肃奉命去陆口镇守,路过吕蒙营寨。鲁肃是不大瞧得起吕蒙的,但经别人劝说,鲁肃为了表示礼貌,便去拜访吕蒙。吕蒙热情招待鲁肃,并问鲁肃去陆口和蜀将关羽为邻,打算怎样既联合他,又警惕他。鲁肃满不在乎,随口应答:"没有考虑过,到时候看着办。"吕蒙严肃地批评了鲁肃不应该如此轻敌。他还筹划了五条计策,当时就给鲁肃过目。鲁肃顿时改变了态度,拍着他的背,亲切地说:"我一直认为你能武不能文，现在看来，你学识如此渊博，你已经不是当年的吴下阿蒙了！”

吕蒙笑道：“士别三日，就应当刮目相待呀！”

从此，鲁肃和吕蒙成了好朋友，后来鲁肃临终时还推荐吕蒙继任为大都督呢！

瓜田李下

出处

唐·李大师、李延寿《北史·袁聿修传》：瓜田李下，古人所慎。愿得此心，不贻厚责。

译文

比喻容易引起嫌疑的场合。

故事

“瓜田李下”讲的是北齐袁聿修拒收友人邢邵所奉白绸的故事。

袁聿修出身于名门望族，性格沉静，很有见识。他自小就平和温顺，在士族高门子弟中，最有规矩法度。他以名门之子的身份历任重要官职，九岁就做了州主簿，十八岁又做了州中正兼尚书度支郎中，后来又升为博陵太守，很有声望。当时名士多赏识他，称许他的风采与见识。

袁聿修的声望卓著，同他清心寡欲、清白自守有关。据说，他在任尚书的十多年里，连人家的一升酒都未喝过，人称“清郎”。武成帝大宁初，他以太常少卿出使巡察，并受命考核地方官员的得失。经过兖州时，正好兖州刺史是他的老友邢邵，二人便相聚畅叙别情。分手时，邢邵拿出一匹白绸想送他作为纪念。袁聿修退还白绸不受，写信给邢邵说：“今日经过你处，与平日出行不同，瓜田李下,必须避嫌,古人对此是十分慎重的。人言可畏,应像防御水患一样,不忽视细枝末节。愿兄体会此心,不至于重责。"邢邵也欣然领会,回信说:"先前的赠送,过于轻率,老夫匆忙之间,没有想到这个问题。敬承来信之意,我并无不快。弟昔日为清郎,今日复作清卿了。"

鬼斧神工

出处

《庄子·达生》:梓庆削木为鐻,鐻成,见者惊犹鬼神。

译文

形容建筑雕塑等艺术技巧精巧,不像是人力所能达到的。

故事

春秋时期,鲁国有个技艺特别高超的木匠,名叫庆,人称梓庆。他能制作各种精巧的木器,人们看了都非常佩服。有一次,他用木头削雕成一个锯子。它外形美观,花纹精细,见到它的人都特别惊奇,不相信这是人工做出来的,而好像出于鬼神之手。

见到这个锯子后,鲁国的君主也连声喊绝,特地问梓庆说:"你是用什么法术制作它的?"

梓庆笑笑说:"我是一个凡人,哪里有什么法术。"

鲁国的君主听他这样说,有点不大相信,又问道:"那你是怎么样制作它的?"

梓庆说:"在制作时,我聚精会神,心中没有杂念,并不想借此获得什么赏赐爵禄,而是忘掉名利,集中心思考虑怎么才能制作好它。先是把自己四肢的形态都忘了,然后再到山林去仔细观察,找到合适的木材。与此同时,心目中对锯子有一个具体的形象，然后再动手。加工制作时，把所有的心血都凝聚在这上面，心里只想着锯子，避免主观成见。经过这样的专心致志和精雕细刻，就可以制成好锯子了。”

贵易交，富易妻

出处

南朝·宋·范晔《后汉书·宋弘传》：帝令主坐屏风后，因谓弘曰：“谚言‘贵易交，富易妻’，人情乎？”弘曰：“臣闻贫贱之知不可忘，糟糠之妻不下堂。”帝顾谓主曰：“事不谐矣。”

译义

后人用“贵易交，富易妻”形容世态的炎凉与人情的淡薄。

故事

汉光武帝有一天和大臣宋弘坐着闲谈。光武帝说：“自从建国以来，跟随我起义的将领都富贵了。我看见他们不少人，都嫌结发妻子不漂亮而休妻，另娶年轻貌美的新妇；他们过去交往的朋友，都是平民百姓，现在自己地位高了，这些老朋友也不往来了，另外换了一批地位高的人做朋友。我听得谚语说‘贵易交，富易妻’，这大概是人之常情吧？因此也就不责备他们。”宋弘听了，站起来说：“皇上，我听到的谚语不同，那是‘贫贱之知不可忘，糟糠之妻不下堂’，这才是百姓赞美的高尚行为。您说的谚语，是平民对抛弃困难时期的妻子、朋友的行为的谴责啊！哪是什么人情之常呢！”光武帝听了宋弘的话，深感认同，于是下令不准随便弃妻另娶。

钩心斗角

出处

唐·杜牧《阿房宫赋》：各抱地势，钩心斗角。

译义

原指宫室建筑结构的精巧工致。现比喻各用心机，明争暗斗。

故事

秦始皇统一六国以后，做了皇帝。为了供自己享乐，他开始建造一座规模宏大的宫殿，因为它的前殿所在的地方，地名叫作“阿房”，所以当时人称它为“阿房宫”。

阿房宫的规模极大，一直到秦朝灭亡还没有修完。秦朝灭亡以后，阿房宫就被项羽一把火烧毁了。

唐朝的诗人杜牧，到长安看到秦朝阿房宫的遗址后，便想象到当年阿房宫的宏伟富丽，因此作了一篇《阿房宫赋》，描写阿房宫的壮丽气势，其中有这样几句：“五步一楼，十步一阁，廊腰缦回，檐牙高啄，各抱地势，钩心斗角。”意思是：阿房宫五步一座楼，十步一个阁，长廊回环曲折，房檐好像鸟的嘴；层层楼阁凭着地势高低而环抱其间，回廊环绕像钩心，飞檐高耸像斗角。

功败垂成

出处

《晋书·谢安传论》:庙算有遗,良图不果,降龄何促,功败垂成,拊其遗文,经纶远矣。

译义

表示事情在将要成功的时候失败了。有惋惜的意思。垂:接近,快要。

故事

公元383年,前秦皇帝苻坚强行征兵调粮,组成数十万大军南下,企图灭晋。他骄傲自恃,声称只要命骑兵在江中投入马鞭,就可以断流。东晋宰相谢安,命谢玄等将领率领八万军队迎战。晋军进至淝水,要求前秦略向后移,以便渡河决战,苻坚竟然答应。因本就松散的前秦军队军心不稳,一退就不可收拾。谢玄乘机率兵渡水攻击,结果前秦军大败。

接着,谢玄等人又奉命北伐,很快收复了北方大片失地,谢玄本想进一步巩固已收复的失地,但是孝武帝的同母弟司马道子对他非常妒忌,借口出征时候太久,要他把军队撤回,坐镇淮阴。谢玄眼看即将取得的胜利又将付之东流,悲愤交加,在南下途中得了疾病。

于是他上书孝武帝，请求解除他的职务，回乡治病。但是，孝武帝不许，要他去京口疗养，还派名医为他治病。两年后，谢玄病逝，死时才四十六岁。

《晋书》的编撰者在为谢玄列传的时候说："老天给他的寿命为何如此短促，以致他统一北方的事业接近成功时又遭到失败。"

功亏一篑

出处

《尚书·旅獒》：呜呼，夙夜罔或不勤，不矜细行，终累大德，为山九仞，功亏一篑。

译义

堆九仞高的山因差一筐土而未能完成。比喻一件事，或一个计划眼看要成功了，只差最后一点而不能完成。功：功业；亏：缺少；篑：土筐。

故事

曾经辅佐姬发攻灭商纣、建立西周王朝的召公，对武王说："玩物这东西是谈不上贵贱的，关键在于德行。无德，物不值钱；有德，物才显得贵重。盛德要靠自己修养，圣主不可以沉浸在声色之中。把人当作玩物加以戏弄，会丧失德行；把稀罕物件当作玩物加以赏玩，会丧失志气。这就是'玩人丧德，玩物丧志'。犬马这类东西不是本地所生，不应该养它；珍禽异兽没有什么用途，也不应该养它；远来的珍宝不要那么稀罕它，不要人家的东西，人家才会归服你。"

"现在最要紧的是珍爱贤人，这是国家安稳的根本大计。君主应该随时积累德行，一刻也不能放松警惕，不能忽视细微的行为。大德都是小德积累而来的。比如堆一座九仞高的土山，只缺少一筐土没有加上去，山就没有堆成。您是一个圣君，如果从这些方面加以注意，就可以世世代代稳坐天下。"

公冶非罪

出处

《论语·公冶长》:子谓公冶长,“可妻也。虽在缧绁之中,非其罪也。”以其子妻之。

译义

形容无辜蒙冤或入狱。

故事

春秋时期,有一个人叫公冶长,他是孔子很赏识的学生,不仅十分聪明,还懂得鸟语。

有一次,公冶长从卫国返回鲁国,走到两国交界处,听见鸟儿们相互招呼,要前往清溪吃死人肉。走不多远,公冶长看见一个老婆婆在路上哭,问她哭什么,她说:“我儿子前不久出去了,至今没有回来,恐怕已经死了,不知他在什么地方。”公冶长说:“我方才听见鸟儿们说要到清溪吃肉,怕是您儿子吧?”

老婆婆前去一看,果然是她儿子死在清溪边。她将此事报告了村中官吏,村官想:“如果公冶长没有杀人,他又怎么会知道此事呢?”于是将公冶长逮捕入狱。在狱中,公冶长解释自己没有杀人,而是能听懂鸟语,才知道死了人。狱吏说:“那么我们就试试你,如真能听懂鸟语,就释放你;如果听不懂,就让你偿命。”

公冶长被关在狱中六十天。一天,有麻雀飞到狱墙上叽叽喳喳地叫,公冶长听了,脸上现出笑容。狱吏问他笑什么,他说:“麻雀叽叽喳喳地说,白莲水边有一辆装粮食的大车翻了,公牛折断了角,地上的粮食打扫不干净,麻雀互相招呼去啄食。”

狱吏不信,派人去看,果然同公冶长讲的一样。后来又发现他听得懂燕子的言语,于是方信他无罪,将他释放。

H

邯郸学步

出处

《庄子·秋水》:且子独不闻夫寿陵余子之学行于邯郸与?未得国能,又失其故行矣,直匍匐而归耳。

译文

到邯郸去学走路的步法。比喻模仿别人不得法,反而把自己原有的本领忘掉了。也比喻照搬别人的一套,出乖露丑。邯郸:战国时赵国都城;步:迈步走路。

故事

燕国寿陵有个少年,听说赵国都城邯郸的人走路的步法非常优美,便不顾路途遥远,特地到邯郸去学步法。

少年到了邯郸,见那里人走路的步法确实与寿陵的不一样,并且比寿陵的要优美得多。他觉得不虚此行,打算好好地学。

怎样学呢?开始他只是看人家怎样走,回到住处凭记忆学着走。后来觉得这样容易遗忘,便跟在人家后面模仿着走。但不知为什么,他总觉得学不像。

这是什么原因呢?他想来想去,是自己太习惯原来的步法。于是重起炉灶,完全放弃原来的步法,完全照邯郸人的步法走路。

不料,这一来更糟糕了。他走路时要考虑的因素太多:既要注意手脚如何移动,又要注意上身如何摆动,甚至还要计算移动的距离和摆动的幅度。结果,每走一步都弄得满头大汗、紧张万分。

少年越学越累,还是没有学会邯郸人的步法。最后,连原来自己怎样走路也忘记了,不得不爬回寿陵去。

汗流浃背

出处

东汉·班固《汉书·杨敞传》:敞惊惧,不知所言。汗出洽背,徒唯唯而已。

译义

形容满身大汗。也形容极度惶恐或惭愧过度。浃:湿透,出汗多,湿透脊背。

故事

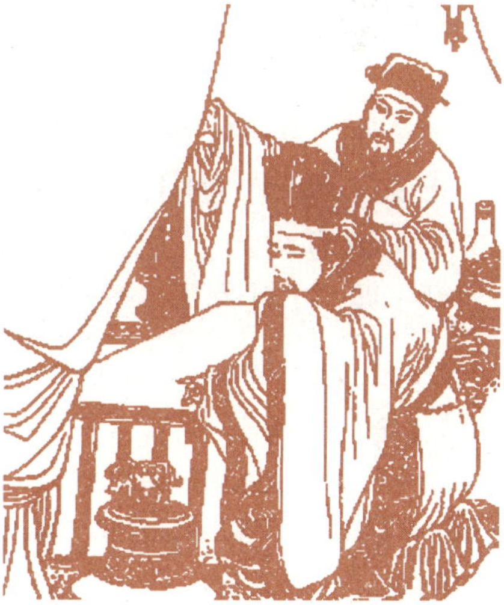

汉大将军霍光,是汉武帝的托孤重臣,辅佐八岁即位的汉昭帝执政,威势很重。霍光身边有个叫杨敞的人,行事谨小慎微,颇受霍光赏识,升至丞相职位,封为安平侯。其实,杨敞为人懦弱无能,胆小怕事,根本不是当丞相的材料。

公元前 74 年,年仅廿一岁的汉昭帝驾

崩于未央宫，霍光与众臣商议，选了汉武帝的孙子昌邑王刘贺作继承人。谁知刘贺继位后，经常宴饮歌舞，寻欢作乐。霍光听说后，忧心忡忡，与车骑将军张安世、大司农田延年秘密商议，打算废掉刘贺，另立贤君。计议商定后，霍光派田延年告知杨敞，以便共同行事。杨敞一听，顿时吓得汗流浃背，惊恐万分，只是含含糊糊，不置可否。

杨敞的妻子，是太史公司马迁的女儿，颇有胆识。她见到丈夫犹豫不决的样子，暗暗着急，趁田延年更衣走开时，上前劝丈夫说："国家大事，岂能犹豫不决。大将军已有成议，你也应当速战速决，否则必然大难临头。"

杨敞在房里来回踱步，却拿不定主意。正巧此时田延年回来，司马夫人回避不及，索性大大方方地与田延年相见，告知田延年，她丈夫愿意听从大将军的吩咐。田延年听了，很高兴地告辞走了。

田延年回报霍光，霍光十分满意，马上安排杨敞领众臣上表，奏请皇太后。

第二天，杨敞与群臣谒见皇太后，陈述昌邑王不堪继承王位的原因。太后立即下诏废去刘贺，另立汉武帝的曾孙刘询为君，史称汉宣帝。

河东狮吼

出处

宋·洪迈《容斋三笔·陈季常》：陈慥字季常……自称"龙丘先生"，又曰"方山子"。好宾客，喜畜声妓，然其妻柳氏绝凶妒，故东坡有诗云："龙丘居士亦可怜，谈空说有夜不眠。忽闻河东狮子吼，拄杖落手心茫然。"

译义

比喻妒悍的妻子发怒。一般以此嘲笑惧内的人。

故事

北宋文人陈季常是苏轼的好朋友，热情好客，为人随和，喜欢蓄纳声伎。他的妻子柳氏却非常凶悍，经常吃醋，陈季常对这位夫人很是惧怕。苏轼谪官黄州时，常与陈季常交游。陈季常喜欢谈论禅理，有时候正与客人谈论之时，柳氏大声诟骂，声音高亢，传出家外好远，令人尴尬。

喜欢开玩笑的苏轼，就拿此事打趣他："龙丘居士亦可怜，谈空说有夜不眠。忽闻河东狮子吼，拄杖落手心茫然。"柳姓是河东的郡望，在此代指柳氏。而狮子吼在佛家喻义威严，用来降伏妖魔，这里比喻柳氏骂声之洪亮。

陈季常惧内的事，黄庭坚的书信中也有提及。柳氏后来身体不好，经常吃药，黄庭坚写信给陈季常说：你现在光想求清静，不再纳妾，那柳夫人又为什么生病呢？由此可见柳氏的悍妒，几乎人尽皆知了。

害群之马

出处

《庄子·徐无鬼》：夫为天下者，亦奚以异乎牧马者哉？亦去其害马者而已矣。

译文

比喻危害集体的人。

故事

黄帝姓姬，名轩辕，是中华民族的共同祖先。

有一次，黄帝要到具茨山去，在襄城野外迷了路。他遇见一个放马的男孩，便问道："你知道具茨山在哪里吗？"

男孩回答说："知道。"

黄帝又问道："你知道大隗住在哪里吗？"

男孩又回答说知道，黄帝很高兴，说："小孩，你真不简单，不但知道具茨山，还知道大隗的住处。让我再问问你，可知道怎样治理天下吗？"男孩回答说："治理天下也没有什么了不起。前几年我游历天下，当时还生着病，有位长辈告诫我说：'你游览襄城野外，要注意日出而游，日入而息。'我现在身体好多了，打算游历更多的地方。所谓治理天下，也不过如此而已，还有什么可说的呢？"

黄帝见男孩十分聪明伶俐，便再次要他回答，究竟怎样治理天下。男孩无奈，便回答说："治理天下的人，难道与放马的人有什么不同吗？只不过是把危害马群的坏马驱逐出去而已！"黄帝对这男孩的回答非常满意，称他为"天师"，恭恭敬敬地向他拜了几拜，然后离去。

沆瀣一气

出处

宋·王谠《唐语林·补遗》：崔相沆知贡举，得崔瀣。时榜中同姓，瀣最为沆知。谭（谈）者称："座主门生，沆瀣一气。"

译义

比喻气味相投的人结合在一起。现带贬义，表示臭味相投的人勾结在一起。

故事

隋唐时，读书人要做官，都要经过科举考试。唐僖宗当政期间，在京城长安举行了一次考试，各地已经取得一定资格的读书人，来到长安应考。

在众多的考生中，有个叫崔瀣的很有才学，考下来自己感觉也不错，就等着发榜了。主持这次考试的官员名叫崔沆。他批阅到崔瀣的卷子，越看越觉得好，就把他录取了。发榜那天，崔瀣见自己榜上有名，非常高兴。

按照当时的习俗，考试及第的人，都算是主考官的门生；而主考官就是考试及第的人的座主，大家都尊称他为恩师。发榜后，门生要去拜访恩师，崔瀣自然也不例外。

崔沆作为座主，见到崔瀣这位与自己同姓的门生，显得格外高兴。也真是巧合，"沆""瀣"二字合起来是一个词，表示夜间的水气、雾露。于是，爱凑趣的人把这两个字合在一起编成两句话："座主门生，沆瀣一气。"意思是，他们师生两人像是夜间的水气、雾露一样连在一起。

但后来有人因崔瀣中举后很快得到很好的官职，而质疑两人早有私交，"沆瀣一气"就逐渐由玩笑话变成了含贬义的词语。

鹤立鸡群

出处

南朝·宋·刘义庆《世说新语·容止》：有人语王戎曰："嵇延祖卓卓如野鹤之在鸡群。"答曰："君未见其父耳。"

译义

像鹤立在鸡群中。比喻仪表出众，品质、才能高于一般人。

故事

嵇康，是三国时代魏国著名的文学家、音乐家。他才学出众，性格耿直，又长得高大魁梧，非常引人注目。后来他因不满操纵朝政的司马氏集团，被司马昭借一件事杀害,死时仅四十岁。

嵇康的儿子嵇绍,和他父亲一样很有才学,并且身材魁梧,仪表堂堂。他无论走到哪里,都显得卓然超群。

司马炎代魏称帝后,嵇绍被征召到京都洛阳做官。有人见了他后,对他父亲的好友王戎说:“昨天我见到了嵇绍,他长得高大极了,雄伟得很。在人群之中,就像一只仙鹤站在鸡群里那样突出。”

王戎听了,说:“你还没有见过他父亲嵇康呢,比他更突出!”

晋惠帝司马衷继位后,嵇绍担任侍中,侍从皇帝,经常出入宫廷。后来,西晋皇族内部发生了“八王之乱”。嵇绍在跟随晋惠帝出兵作战时,尽力护卫晋惠帝,不幸中箭身死,鲜血溅在晋惠帝的战袍上。晋惠帝很受感动,不让内侍洗去这件战袍上的血迹,表示他非常赞赏和怀念嵇绍的高贵品质。

涸辙之鲋

出处

《庄子·外物》:鲋鱼忿然作色曰:“吾失我常与,我无所处,吾得斗升之水然活耳,君乃言此,曾不如早索我于枯鱼之肆!”

译义

干涸了的车辙中的鲫鱼。比喻身陷绝境,急待相救的人。涸辙:干涸的车辙;鲋:鲫鱼。

故事

庄子,姓庄名周,字子休,战国时宋国蒙县(今河南商丘县东北)人,是我国古代的一位思想家。

庄子一生很穷困。有一次,他去找一位当监河侯的朋友借粮。这监河侯见他上门来，表面上很客气，心里却不愿帮助他，于是装出一副十分慷慨的样子，说："好吧，等我收了赋税，就借给你三百金。"

庄子见他这副装腔作势的样子，很是生气，说道："昨天我来的时候，正在路上走着。忽听到路旁有呼救的声音，声音很轻。我回头一看，只见大路上给来往车辆压出来的沟里有一条鲫鱼，那沟里干得没有水，鱼快要干死了。它说：'你能不能给我一升半斗的水，救救我的命！''可以，可以，我正要到南方去见吴、越等国的国王，南方的水很多，我可以把西江的水，都引来给你，你说好吗？'我回答说。那条鲫鱼说：'我不能再等了，我不过求斗升之水，让我维持生命，照你那么干，岂不是早早把我送进咸鱼店吗？'"

庄子说完，便头也不回地走了。

怙恶不悛

出处

《左传·隐公六年》：君子曰："善不可失，恶不可长，其陈桓公之谓乎。长恶不悛，从自及也。"

译义

形容坚持作恶，不思悔改。怙：依恃，坚持；悛：改过，悔改。

故事

公元前744年，十四岁的寤生继任郑国国君，史称郑庄公。过了数年，卫国联合宋、陈等国进攻郑国。为了离间卫国的盟国陈国，庄公派使者到陈国去要求和好，并希望结成联盟。

不料，陈桓公瞧不起郑庄公，不愿与郑国结盟。他的弟弟五父劝谏说："对邻国亲近、仁爱和友善，是立国的根本。您应该考虑到这些，答应郑国的要求。”

但是，陈桓公听不进五父的话，反驳说：“宋国和卫国都是大国，它们才是我们陈国难以对付的。郑国有什么作为，能把我们陈国怎样！”

郑庄公得知陈桓公拒绝与自己结盟，勃然大怒，决定给他点颜色看看。公元前 717 年，郑庄公率领大军攻伐陈国。陈桓公仓促率军应战，结果大败。

后来，史学家对上面这段历史发表评论说：“友善不可丢失，罪恶不能滋长，这是针对陈桓公说的，一直做罪恶的事而不改过，最后一定会自食其果。”

画龙点睛

出处

唐·张彦远《历代名画记》：武帝崇饰佛寺，多命僧繇画之……金陵安乐寺四白龙，不点眼睛。每云：“点睛即飞去。”

译义

给画在墙上的龙点上眼睛。比喻说话、写文章时，在关键处用神来之笔点明要旨，使内容更生动有力。

故事

南北朝时期，梁朝的张僧繇擅长画龙。他画龙，已经到了出神入化的程度。最为神奇的，就是他画龙点睛的传说了。

有一次，张僧繇在金陵（在今江苏南京市清凉山）安乐寺的墙上，画了四条白龙。奇怪的是，这四条白龙都没有点上眼睛。

许多人对此不解，问他道：“先生画龙，为什么不点上眼睛呢？是否点眼睛很难？”

张僧繇郑重地回答说：“点睛很容易，但一点上，龙就会破壁乘云飞去。”

大家都不相信他的回答，纷纷要他点睛，看看龙是否会飞跃而去。张僧繇一再解释，点睛后龙会飞走，但大家执意要他点睛。于是他提起笔来为龙点睛。

奇迹出来了：他刚点了其中两条龙的眼睛，就雷电大作，暴雨倾盆而下。突然“轰”的一声巨响，墙壁破裂。大家定睛看去，两条刚点上眼睛的白龙，已经乘着云雾，飞跃到空中去了，而那两条未曾点睛的白龙，还是留在墙壁上。大家这才信服。

画蛇添足

出处

《战国策·齐策二》：楚有祠者，赐其舍人卮酒。舍人相谓曰：“数人饮之不足，一人饮之有余，请画地为蛇，先成者饮酒。”一人蛇先成，引酒且饮之，乃左手持卮，右手画蛇曰：“吾能为之足。”未成，一人之蛇成，夺其卮曰：“蛇固无足，子安能为之足？”遂饮其酒。为蛇足者，终亡其酒。

译义

比喻多此一举，反而弄巧成拙。也比喻虚构事实，无中生有。

故事

战国时，楚国有一个贵族在祭祀了祖先以后，把祭祀用的一壶酒赏给为他办事的几个人喝。那几个人相互看了看酒，认为酒太少了不够喝，于是其中一个人提议说：“这一壶酒如果我们每个人都喝的话，大概一人只能喝一口。最好是只让给一个人喝，你们觉得怎么样？”

大家虽然都表示同意，可是对于应该由谁来喝这壶酒，却因为谁也不肯退让而无法作出决定。于是，最先提议的那个人又说："我看，我们几个人在地上比赛画蛇，谁先画好，谁就是这壶酒的主人，行不行？"

大家都认为这个主意不错，便一致赞成。于是，他们几个人就蹲在地上画起蛇来。其中有一个人很快就把蛇画好了，可是当他正要拿起酒壶喝的时候，看到其他几个人仍手忙脚乱地画着，便自作聪明地用左手端着酒壶，右手又在地上画起来，嘴里还洋洋得意地说："你们看，我还能给蛇添上脚呢！"

可是正当他在画脚的时候，另外有一个人已经画好了蛇。那个人立刻把那壶酒抢过来，毫不客气地说："蛇本来就没有脚，你怎么能够给它添上脚呢？"

然后，那个人举起酒壶，很高兴地喝起酒来。而原先那个替蛇添脚的人，只能懊悔不已地在一旁吞口水了。

画地为牢

出处

西汉·司马迁《报任少卿书》：故士有画地为牢，势不可入，削木为吏，议不可对，定计于鲜也。

译文

后人用"画地为牢"比喻只许在规定的范围内活动。

故事

西汉时，李陵战败投降匈奴，汉武帝十分生气。大臣中原来赞颂过李陵士气旺盛的人，见此情况都反过来责骂李陵。唯独司马迁对李陵持有不同看法，他爽直地向汉武帝陈述了自己的意见。他说："我和李陵素来没有什么交情，各走各的路，但我看他的为人，很讲交情，很讲义气，恭敬俭朴。他常常想奋不顾身以殉国家的急难，确有国士的风骨。现在李陵出了问题，大家都全盘否定他，我实在想不通。这次，李陵只带了不足五千的步兵，深入敌境，尽心杀敌，不顾个人生死。他与单于打仗十多天，杀敌之数超过了自己军队的人数，杀得匈奴连救人都来不及。匈奴单于在这种情况下，动员全国军事力量，共同攻击李陵。在敌强我弱的不利处境下，李陵辗转战斗，拼死鏖战，最后因箭射完了，粮食吃光了，归路被切断了，士兵很多伤亡了，才被迫停止战斗。他的投降实在处于迫不得已，但他不是真投降，而是想等待有利时机报答国家。”司马迁最后还说，李陵的功劳也可以抵补他战败的罪过。汉武帝听了司马迁的话，大发雷霆，立即把司马迁关进了监狱。廷尉杜周为了迎合讨好皇帝，对司马迁施行了当时最残酷、最耻辱的腐刑。

司马迁因身体和精神受到如此严重的摧残，内心极为痛苦，很想一死了之。但他冷静一想，如果真的死去，在达官贵人的眼中，不过像“九牛亡一毛，与蝼蚁何以异？”（意思是：像九头牛失掉一根毛一样，与蚂蚁有什么不同呢？）那样死了不但得不到同情，反而惹天下人耻笑。他认为“人固有一死，或重于泰山，或轻于鸿毛”（意思是：人本来都有一死，但有的人的死比泰山还重，有的人的死比鸿毛还轻），不应轻易了结自己的生命。至于人身受到侮辱，是完全在意料之中的事。他想到猛虎在深山里为王时，百兽见了都震惊害怕，一旦被关进槛圈坑阱之中，也只得向人摇尾乞食，“故士有画地为牢，势不可入”（意思是：所以，在地上画圈为牢，有气节之士必不肯进去），而今自己已被关进了监牢，别无他法。历史上的王侯将相，如文王、李斯、韩信、魏其都受过侮辱，更何况像自己这样的人。于是他决心活下去，忍受奇耻大辱，效法文王、屈原、左丘、孙子等人，在自己的残生从事著述，最终写成了《史记》这部伟大著作。

怀石投江

出处

西汉·司马迁《史记·屈原贾生列传》：〔令尹子兰〕卒使上官大夫短屈原于顷襄王，顷襄王怒而迁之。屈原至于江滨，被发行吟泽畔……于是怀石遂自投汨罗以死。

译义

指受到不公正待遇的忠义之人以死明志。

故事

屈原是战国时楚国的大夫，他为人正直又很有能力，不仅懂得治理国家的方法，还擅长外交辞令。楚怀王经常和他商议国事，让他发布号令，接待别国的使者，与其他诸侯国打交道。上官大夫非常嫉妒屈原，就在怀王面前进谗言，怀王于是疏远了屈原。

不久，楚王被秦国使臣张仪所骗，退出和齐国的联盟，惹怒了齐国。在几国诸侯的攻打下，楚国的实力大大减弱了。屈原让怀王杀了张仪，而怀王却听信宠妃的话，放走了他。秦国又谎称要与楚国联姻，怀王不顾屈原的劝阻，去了秦国，后来被扣留并死在了那里。

怀王的长子即位，为顷襄王，他让弟弟子兰做了令尹。子兰知道屈原责怪他劝怀王入秦，就在顷襄王面前诋毁屈原，屈原又一次被放逐到很远的地方。此后，楚国国势日衰，终于被秦国灭掉了。

屈原虽然身在异地，却仍心系国家朝政。得知楚国灭亡后，悲愤的屈原在怀中装满了沙石，投到汨罗江中以身殉国了。

黄粱一梦

出处

唐·沈既济《枕中记》载：卢生在邯郸客店遇道士吕翁，生自叹穷困，翁探囊中枕授之曰："枕此，当令子荣适如意。"时主人正蒸黄粱，生梦入枕中，享尽富贵荣华。及醒，黄粱尚未熟。

译义

比喻虚幻的梦境和不可实现的欲望。

故事

从前有一个姓卢的穷书生,一次,他在邯郸的一家旅馆里遇到了道士吕翁,对吕翁大叹苦经,说自己的一生是如何的穷困潦倒。吕翁便从袖子里取出一个枕头说:“你把它枕在头下,便可以一切如意了。”

吕翁说话的时候,旅店主人正在煮黄粱饭,而卢生因为旅途辛苦劳累,便糊里糊涂地倒在吕翁给他的枕头上睡着了。

不久,他便进入了梦乡,梦见自己来到一个不知名的地方,娶了当地一位年轻美貌、善良温顺的崔姓女子为妻。那个女子不但家境富有,贤淑能干,帮助他踏上了仕途,而且还替他生了几个子女。

后来,他的儿女都长大了,娶亲的娶亲,嫁人的嫁人,每个人都生活得非常舒适优裕,而卢生的仕途也一帆风顺,一直做到宰相的高位。

又过了若干年,儿女们给他添了孙子孙女,他便闲居在家里享福,做起老太爷来。由于他终年心情舒畅、笑颜常开,加上家里的生活条件非常好,丰衣足食,所以他一直活到八十多岁才安然死去。

当他从梦中醒来的时候,嘴角边还挂着满足的微笑。可等他睁开眼睛一看,原来自己仍住在旅店的小房间中,刚刚那些荣华富贵只是短暂的一场梦罢了。甚至店主人煮的黄粱饭,也还没有煮熟呢。

卢生不由惆怅、失望极了。吕翁拍拍他的肩膀,安慰他说:“老弟,其实人生的荣华富贵,说穿了也不过是一场短促的梦罢了,人世的得失不过是过眼烟云,你何必如此想不开呢!”

黄犬之叹

出处

西汉·司马迁《史记·李斯列传》：斯出狱，与其中子俱执，顾谓其中子曰："吾欲与若复牵黄犬俱出上蔡东门逐狡兔，岂可得乎！"遂父子相哭，而夷三族。

译文

表示因做官而招来横祸，事到临头后悔已迟。

故事

李斯，秦朝有名的丞相。秦始皇东巡死后，李斯和赵高一起，逼死太子扶苏，拥立胡亥做了秦二世皇帝，自己做了丞相。他先是阿谀奉承秦二世胡亥和赵高，后来又反对赵高专横独断。赵高就诬陷他和他的长子李由预谋造反，并派人把他捆起来，关在监狱里。

在狱中，李斯遭受了毒打，直打得他皮开肉绽，痛楚不已。他受不住严刑拷打，就被迫承认了企图造反的罪行。不过他心里想："现在我姑且承认，等皇上派人来审讯时，我再说明真相。"

赵高明白了李斯的想法，派了十多个心腹，假装成皇上派来的人，轮流去反复审讯李斯。李斯真以为是皇上派来的人，就说出了真实情况。殊不知，他得到的又是一顿毒打。后来秦二世果真派人来验证他的口供，但不知情的李斯为了免遭皮肉苦，不敢再改口供，阴差阳错地承认了自己的罪状。

秦二世二年七月，李斯被判处腰斩，在都城咸阳大街上示众。李斯蓬头垢面地从狱中出来，回头看了看身后的一大家子人，他们因受李斯的牵连，都要处以死刑。李斯不禁仰天长叹，泪流满面。他对二儿子说："儿啊，我和你再牵着黄狗，到上蔡东门外去捕猎野兔，恐怕永远不可能了！"说罢，父子二人痛哭起来。接着，李斯的三族亲人全被杀害。

鸿雁传书

出处

东汉·班固《汉书·苏武传》：昭帝即位数年，匈奴与汉和亲。汉求〔苏〕武等，匈奴诡言武死。后汉使复至匈奴，常惠请其守者与俱，得夜见汉使，具自陈道。教使者谓单于，言天子射上林中，得雁，足有系帛书，言武等在某泽中。使者大喜。如惠语以让单于。单于视左右而惊，谢汉使曰："武等实在。"

译义

指凭借鸿雁传递书信。人们用鸿雁比喻书信和传递书信的人。

故事

苏武，字子卿，原是西汉宫廷中的一位郎官。天汉元年（公元前100年），他奉汉武帝之命出使匈奴。因副使张胜私自参与匈奴内部的改变暴乱，事情败露，苏武受累被拘。起初，他曾以自杀来抗议匈奴对汉使的非法审讯；继而，又以犀利的言辞痛斥匈奴的逼降行径。即使匈奴将他囚于地窖，断绝水粮，也不能使他屈服。后来，他被流放到北海牧羊，以吃草根、树皮为生。

这样过了十多年，到汉昭帝即位，匈奴与汉和亲。汉朝使者问起苏武等人的下落，单于欺骗他们说："苏武早就不在人世了。"过了不久，汉使又来到匈奴，苏武原来的部下常惠得知消息后，夜间悄悄地去参见了汉朝使者，将他们到匈奴后的遭遇一五一十地告诉了汉使。使者听后大喜，对单于说：“有一天，汉天子在上林苑射猎，无意间射中了一只大雁，大雁脚上系着一封书信，信中说苏武等正在北海某草泽中。”单于感到异常吃惊，向汉使道歉说：“苏武等人的确还在。”后苏武等人于始元六年（公元前81年）随使者回到汉朝，前后近十九年。

后来，人们便常用“鸿雁传书”来指投递书信或书信往来。

红叶题诗

出处

唐·范摅《云溪友议》卷十：卢渥舍人应举之岁，偶临御沟，见一红叶，命仆搴来。叶上及有一绝句，置于巾箱。或呈于同志。

译义

指以红叶传递情思，也指良缘巧合。

故事

相传唐宣宗大中年间，有一个姓韩的宫女，因深宫中生活寂寞，情感无以寄托，百无聊赖之中，在一片红叶上题下一首诗：“流水何太急，深宫尽日闲。殷勤谢红叶，好去到人间。”随后就让红叶顺水飘走了。

她没有想到，这片叶子顺水漂流，竟被诗人卢渥捡到。当时卢渥正在长安准备参加科举，一次外出观赏秋景，无意中走到一条从宫中流出的小溪旁边，看着潺潺的流水上漂浮的秋叶，突然发现一片红叶上似乎有字迹，就命仆人从水中捞了出来。他觉得诗写得真实动人，颇富才情，就把这叶子珍藏起来，偶尔拿出来与同道中人一同欣赏。

多年后，卢渥娶了一位被遣出宫的宫女为妻，这位宫女恰巧就是当年题诗的韩氏。有一天，韩氏在为卢渥整理东西时，意外地发现了这片红叶，不禁回想起当年在深宫寂寞的情景。她激动不已，把这件事告诉了丈夫。两个人都深信这是姻缘天定，从此，夫妻恩爱更胜往日。

讳疾忌医

出处

宋·周敦颐《周子通书·过》：今人有过，不喜人规，如护疾而忌医，宁灭其身而无悟也。

译义

比喻怕人批评而掩饰自己的缺点和错误。

故事

扁鹊是战国时的名医。有一天，扁鹊去见蔡桓公，说："大王，您有病了，病只在皮肤里，赶快医治吧。"蔡桓公说："不用治，我没有病！"十天以后，扁鹊来见桓公，说："大王，您的病已经到了肌肉里，再不医治就会加重！"桓公听了很不高兴。过了十多天，扁鹊见到蔡桓公，又说："大王，您的病已经发展到肠胃，再不治就危险了！"桓公仍然不理，而且愈加生气。又过了十多天，扁鹊来见蔡桓公，看了几眼，转身就跑。桓公觉得奇怪，派人追问。扁鹊回答："一个人生了病，病在皮肤、肌肉、肠胃的时候，都有办法医治好，但是病到骨髓就没有办法了。现在，大王的病已经深入骨髓，我没有办法医治了。"

五天后，蔡桓公遍身疼痛，派人去请扁鹊。但扁鹊知道他的病已无法医治，早就跑到秦国躲起来了。蔡桓公最后病死。

祸起萧墙

出处

《论语·季氏》：孔子曰："求！君子疾夫舍曰欲之，而必为之辞。丘也闻有国有家者，不患寡而患不均，不患贫而患不安。盖均无贫，和无寡，安无倾。夫如是，故远人不服，则修文德以来之。既来之，则安之。今由与求也，相夫子，远人不服而不能来也，邦分崩离析而不能守也，而谋动干戈于邦内。吾恐季孙之忧，不在颛臾，而在萧墙之内也。"

译义

祸乱发生在家里，比喻内部发生祸乱。

故事

春秋时期是我国古代社会发生巨大变革的时期，奴隶制开始瓦解，各诸侯国之间为抢夺土地、扩大势力，经常发生战争。

当时，孔子的母国鲁国的政权由国内的贵族季孙氏掌握，其他几个有实力的贵族也蠢蠢欲动，季孙氏为了拓展自己的势力，决定出兵攻打鲁国的附属国颛臾。

有一天，孔子的两个学生冉有（名求，字子有）、季路来拜见孔子，把这个消息告诉孔子。当时，冉有和季路都是季孙氏的家臣。孔子责备冉求说："冉求，这恐怕是你的过错吧！颛臾是鲁国的附属国，怎么能攻打呢？"冉求辩解说："这是季孙氏的主意，我们两个仅仅是家臣，我们并不主张攻打颛臾。"孔子说："作为家臣，就应当竭尽全力制止危险的发生，否则就是推卸责任，是失职。"冉求说："颛臾的势力已经越来越大，现在不攻打，将来一定会后患无穷。"

孔子说："冉求！君子讨厌那种避而不说自己贪心，却一定另找借口的态度。我听说过：无论是有国的诸侯或者有封地的大夫，不必担心财富不多，只需担心财富不均；不必担心人民太少，只需担心境内不安定。若是财富平均，便没有贫穷；和平相处，便不会人少；境内安定，便不会倾危。做到这样，远方的人还不归服，便发扬文治教化吸引他们；远方的人来归附了，就得使他们安心。如今你们两人辅佐季孙，远方的人不归服，却不能用文治教化招致；国家支离破碎，却不能保全，反而想在国境以内使用武力。我恐怕季孙的忧患不在颛臾，而在国家内部。"

鸿鹄之志

出处

西汉·司马迁《史记·陈涉世家》：陈涉太息曰："嗟乎！燕雀安知鸿鹄之志哉！"

译文

比喻一个人有远大的志向和抱负。

故事

秦朝末年，老百姓深受压迫和剥削，处于水深火热之中。农民被迫交纳沉重的赋税，还要被征去建造宫殿坟墓，修筑长城，镇守边境地区。秦朝的法律很严酷，往往一人犯罪处死，亲属也得一起处死。

当时有个雇农姓陈名胜，字涉，出身贫贱，从小就有大志。他看到秦朝暴虐无道，穷人吃尽了苦头，决心改变这种现状。

一天，陈胜和一些雇农一起在地里干活。休息时，雇农们谈起目前过的苦日子,都非常愤恨,但又认为无可奈何。

陈胜听了,连声叹气。过了一会儿,他对大家说:“今后假使谁能够富贵,千万不要忘记今天的穷朋友!”

雇农们都笑着说:“你也是受人雇用的种田人,哪里来的富贵啊?”陈胜又叹了一口气,说:“唉!燕子和麻雀怎么能知道鸿鹄的志向呢?”

陈胜这话的意思是:目光短浅的人,怎么能知道有远大抱负的人的志向呢?

雇农们听了,都哈哈大笑起来。他们中当然谁也没有想到,后来陈胜在大泽乡发动起义,成了中国历史上第一次农民大起义的领袖。

J

家徒四壁

出处

东汉·班固《汉书·司马相如传》：文君夜亡奔相如，相如与驰归成都。家徒四壁立。

译义

家里只有四堵空墙，形容家中贫穷，一无所有。徒：只，空；壁：墙壁。

故事

西汉著名辞赋家司马相如，年轻时家境清贫。他和临邛（今四川邛崃）县令王吉相熟，王吉常邀他到临邛做客，招待他住在亭舍里，并每天特意去拜访他，目的是抬高朋友身价，引人注目。

临邛富户卓王孙，听说县令有这样的贵宾，认为理当结交司马相如，便设宴相邀。司马相如来到卓王孙府邸，满座宾客都被他的翩翩风度倾倒。席间，相如为宾主奏琴助兴，他琴艺精绝，博得众人交口称誉。

卓王孙的女儿卓文君，年轻丧夫，守寡住在娘家。她才貌双全，又爱好音乐，听说家里请来一位贵客在表演琴艺，便躲在客厅屏风后悄悄欣赏。一曲听完，不禁对这位多才多艺的客人心生爱慕。相如发觉屏风后有位绰约多姿的佳人站着听琴，心里也有意于这位异性知音，便使出浑身解数，奏起一曲《凤求凰》，用音乐来打动对方的心。

卓文君听到这曲《凤求凰》，立刻明白了相如的情意。当晚，她不顾父亲的竭力反对，冲破封建礼教的束缚，星夜离家出走，奔归司马相如，追求幸福婚姻。

之后，相如、文君双双归返成都老家。一到家中，文君发现相如家徒四壁，一贫如洗。但她毫不计较，甘心和相如苦度岁月，坚信以相如的才华不会埋没，他定有出头之日。

后来，司马相如果然以自己的才学，博得汉武帝的赏识，官封中郎将（统领皇家侍卫），又奉使西南，为开发西南边疆做出贡献。

见利忘义

出处

东汉·班固《汉书·樊郦滕灌傅靳周传》：当孝文时，天下以郦寄为卖友。夫卖友者，谓见利而忘义也。

译义

指见到有利可图而忘掉道义，比喻为了私利而不顾道义。

故事

汉高祖刘邦死后，太子刘盈即位，史称汉惠帝。惠帝懦弱无能，由他母亲吕后执政。吕后是个野心家，处心积虑地要篡夺刘氏政权，残酷害死了刘邦的许多亲属，连惠帝也觉得这些不是人干的事，吓得生病，不再过问政治。

周勃和陈平商量后，认为吕禄与曲周侯郦商、郦寄父子的关系密切，可以加以利用。于是他们把郦商软禁起来，胁迫郦寄去诱劝吕禄交出兵权。郦寄无奈，只得按周勃和陈平教他的话去欺骗吕禄说："高祖和吕后共同平定天下，刘氏所立的九个王和吕氏所立的三个王,都是大臣们商量决定的,刘氏的诸侯王却以为不妥当。如今太后去世,少帝年纪很轻,您不赶快回国守住自己的封地,却充当大将军率领军队,这会引起大臣和诸侯王的怀疑。还是交还大将军印,把军队交还给太尉吧!同时请梁王也归还相国大印,回到自己的封地去。这样,齐王一罢兵,您也可以高枕无忧,世代为王了。"

这席话说动了吕禄的心,他叫人去告诉吕产和吕家其他的人,但大家拿不定主意该怎么办。吕禄很相信郦寄,便离开军营,同他一起出外游玩,顺路去看望姑妈吕媭。不料,吕媭知道这件事后大怒道:"你身为将军,却擅自离开军营,丢掉军队。吕家今后没有立足之地了!"

说罢,她把所有珠玉宝器全部撒在堂下,以表示没有必要替别人保存这些财宝了。

为了取得兵权,周勃通过主管符节的纪通,拿了符节假传皇帝命令,控制了驻扎在城外的北军。接着,又让郦寄等人叫吕禄交出了大将军印信。

周勃进入北军营门后,传令全军说:"拥护吕家的露出右臂,拥护刘家的露出左臂。"

结果,全军兵卒都露出了左臂。北军就这样被周勃接管了。这时,吕产不知道吕禄已经交出北军,想进宫作乱,但侍卫不让他进门。吕禄的女婿刘章,乘机率兵向吕产发动攻击,最后将他杀死。

周勃见刘章除掉了吕产,认为大势已定,非常高兴。第二天就把吕禄斩首,用棍棒打死吕媭,又分头把吕家男男女女全部抓起来,不论老少全部处死。郦寄虽然是吕禄的好朋友,但他在诛灭吕氏的斗争中出了力,所以让他袭父爵为曲周侯。

见怪不怪

出处

唐·欧阳询《艺文类聚》引《见异录》:见怪不怪,其怪自败。

译义

后人用“见怪不怪”表示看到怪异的事物，镇静如常，不大惊小怪。

故事

传说，魏元忠没有做大官的时候，家境不甚富裕。有一天，丫头正在煮饭，忽然来了个老猿为她烧火。她很惊异，赶快去告诉魏元忠。元忠镇静如常地说：“老猿知道我没有什么仆人，所以来帮我的忙。”又一次，元忠大呼一个老仆，老仆没有答应，一只狗却答应了。元忠并不奇怪，反说：“这真是一只孝顺的好狗啊！”又一次，元忠独坐，有一群老鼠恭恭敬敬地站在他面前。元忠也不惊异，反说：“你们是饿了想吃东西吧？”有一天，深更半夜，忽然有几个妇女出现在元忠床前。元忠毫不惊诧，对她们说：“你们能不能把我抬到院里去？”妇女一齐动手，把元忠抬到院里去了。元忠又说：“你们能不能把我抬回堂屋去？”妇女们又把元忠抬到了堂屋。元忠又说：“你们能不能把我抬到街上去呢？”那几个妇女没有再抬，向元忠行了一个礼就走了。临走时妇女们说：“他是一个好人，我们不要戏弄他了！”为此，有人就说：“见怪不怪，其怪自败。”

坚壁清野

出处

西晋·陈寿《三国志·魏书·荀彧传》：今东方皆以收麦，必坚壁清野以待将军，将军攻之不拔，略之无获，不出十日，则十万之众未战而自困耳。

释义

一种困死、饿死敌人的作战方法。坚壁：坚守壁垒，加固防御工事；清野：将四野居民、物资全部转移、收藏，使敌人一无所获，立不住脚。

故事

东汉末年，曹操在镇压黄巾义军后占据兖州地区，继又挥师东进，准备夺取徐州。但兖州士族张邈勾结割据势力吕布，袭破兖州大部分地方，并占领要地濮阳。曹操急忙从徐州撤兵回来，向屯驻濮阳的吕布发动反攻。但吕布十分凶悍，双方相持日久，曹操一时无法取胜。

不久，徐州守将陶谦病死，把徐州让给了刘备。曹操欲争夺徐州，曹操的谋士荀彧，劝谏曹操切勿急于进兵徐州，以免吕布乘虚而入。他说："眼下正值麦收季节，据报徐州方面已组织人力加紧抢割城外麦子，运进城去，这表明他们对可能发生的战争有所准备。收尽麦子，对方必然还要加固防御工事，撤退四野居民，转移粮草、物资。这样一来，我方军队去到那里，势必无法立足。对方用'坚壁清野'的办法对付我们，到那时，攻不能克，掠无所得，不出十天，全军就要不战自溃。"

曹操听了荀彧的分析，决定不再分兵东进，专心与吕布对垒，果然大败吕布，平定兖州。

间不容发

出处

汉·枚乘《上书谏吴王》：系绝于天，不可复结；坠入深渊，难以复出。其出不出，间不容发。

译义

比喻情势危急到了极点。

故事

西汉的辞赋家枚乘，是吴王刘濞的谋士，他见刘濞积蓄力量准备反叛，便上书劝谏。

原来，刘濞是汉朝开国皇帝刘邦的侄子。刘邦称帝后，把他的亲属分封到各地当诸侯王，并赋予这些诸侯王很大的权力。时间长了，诸侯王与朝廷尖锐对立，成为朝廷的严重威胁。为此，文帝、景帝两代逐步削减王国封地。刘濞对此不服，暗中图谋反叛，这让枚乘十分担忧。

枚乘在上书中分析了反叛的严重后果。他举例说，如果在一根线上吊千钧（古代三十斤为一钧）重物，这重物悬在空中，下面是无底的深渊，那最笨的人也知道它极其危险。

接着他又指出，马刚受惊就敲鼓吓它，线将断又吊上更重的东西，其结果必然是线在半空断掉无法再连接，马坠入深渊无法救援。这情势的危急程度，就像两者距离极近，中间容不下一根头发。

尽管枚乘以及其他一些谋士反复功谏，吴王刘濞还是决定谋反。于是枚乘等人离开刘濞，前去投奔梁孝王刘武。

嫁祸于人

出处

西汉·司马迁《史记·赵世家》：对曰："夫秦蚕食韩氏地，中绝不令相通，固自以为坐而受上党之地也。韩氏所以不入于秦者，欲嫁其祸于赵也。"

译义

表示把祸害转嫁到别人身上。

故事

公元前262年，韩国上党的守将冯亭派使者到赵国，对孝成王说："我们韩国已经守不住上党，看来它就要并入秦国了。但是，那里的官吏和百姓都愿意归属赵国，而不愿意归属秦国。上党共有十七座城池，希望大王来管辖。"

赵孝成王非常高兴，马上召见平阳君赵豹，问他的意见。赵豹回答说："圣人把无缘无故而得利看作是大的祸害。"

孝成王反问道："人们都被我的恩德感召，怎么能说这是无缘无故而得利呢?"

赵豹说："秦国一直在吞食韩国的土地，并自信地认为一定能得到上党这块地方。韩国所以不想把上党交给秦国而交给赵国，是打算把祸害转到我们赵国身上。秦国费尽周折，没有得到上党，而我赵国却白白得到了，这怎能说不是无缘无故就得利了呢？大王一定不要接受!"

孝成王不高兴地说："如今派百万大军去进攻，一年半载也不一定能得到一座城池，现在人家把十七座城池当作礼物送给我国，这可是大利呀!"

后来，孝成王接受了土地，却引起了秦赵之间的一场大战。

矫枉过正

出处

东汉·班固《汉书·诸侯王表序》：而藩国大者跨州兼郡，连城数十，宫室百官同制京师，可谓矫枉过其正矣。

译义

比喻纠正偏差或错误过了头，陷于另一种偏差或错误之中。矫：矫正、扭转；枉：弯曲。

故事

公元前206年，秦朝被刘邦领导的起义军所灭。

刘邦建立西汉王朝之后，认为秦王朝之所以灭亡，是因为没有分封诸侯，造成处境孤立。于是，他决定改变这种局面，恢复分封制。刘邦设立王、侯两级爵位，大封功臣；但后来，异姓诸侯王纷纷叛乱。刘邦在消灭异姓诸侯王以后，又保留了同姓诸侯王；可这些同姓诸侯王倚仗与皇帝同宗，骄横跋扈，为所欲为，甚至想夺取皇帝大权。汉文帝时发生济北、淮南两王谋反，汉景帝时又发生吴楚七国之乱。汉景帝镇压了吴楚七国叛乱后，下令把诸侯王任免官吏的权力收归朝廷；王国的行政由朝廷任命官吏处理，以巩固中央集权。汉武帝执政后，又颁布"推恩令"，使诸侯王可以分封子弟为侯。从此，各王国分成若干小的封地，势力不断削弱，名存实亡。

东汉史学家班固在撰写《汉书·诸侯王表序》时，对此评论道：西汉初年恢复分封制，大的诸侯王国跨州兼郡，拥有几十座城池，宫室百官的制度同京都的朝廷一样，真可说是矫正弯曲的东西超过了限度，结果弯向了另一方。

江郎才尽

出处

唐·李大师、李延寿《南史·江淹传》：尝宿于冶亭，梦一丈夫，自称郭璞，谓淹曰："吾有笔在卿处多年，可以见还。"淹乃探怀中，得五色笔以授之。尔后为诗，绝无美句，时人谓之才尽。

译义

南朝文学家江淹，年轻时很有才气，到晚年文思渐渐衰退。比喻才思减退。

故事

江淹，字文通，南朝政治家、文学家，曾在宋、齐、梁三朝任职。他年轻的时候，家中很穷，连纸和笔都买不起。但他读书十分刻苦，经过发愤用功，不仅官至光禄大夫，而且成为一个鼎鼎有名的文学家，他的诗和文章在当时获得极高的评价。

可是，当他年纪渐渐大了以后，他的文章不但没有以前写得好了，而且退步不少，他写出来的诗也平淡无奇。过去他写作时，文思如潮，下笔如神，而且常常有绝妙的佳句。而现在却提笔吟哦好久，依旧写不出一个字来，偶尔灵感来了，诗写出来了，却文句枯涩，内容平淡得一无可取。

于是就有人传说，有一次江淹乘船停在禅灵寺的河边，梦见一个自称张景阳的人，向他讨还一匹绸缎，他就从怀中掏出几尺绸缎还他。之后，他的文章以后便不精彩了。

又有人传说，有一次江淹在冶亭过夜，梦见一个自称郭璞的人，走到他的身边，向他索笔，并对他说："文通兄，我有一支笔在你那儿已经很久了，现在应该可以还给我了吧！"

江淹听了，就顺手从怀里取出一支五色笔来还他。据说从此以后，江淹就文思枯竭，再也写不出什么好的文章了。

骄兵必败

出处

东汉·班固《汉书·魏相传》：恃国家之大，矜民人之众，欲见威于敌者，谓之骄兵，兵骄者灭。

译义

表示骄傲轻敌的军队必定打败仗。

故事

公元前 68 年,汉宣帝刘询派侍郎郑吉等,将一批罪犯送到渠犁一带去屯田,就地积聚粮食,以备攻打西北边境的车师国。

到了秋收时,汉军打下车师,匈奴便派骑兵袭击车师。

汉宣帝召集群臣商议增兵车师,攻打匈奴之事。将军赵充国主张趁匈奴势弱,派兵攻打匈奴右翼,使他不再袭扰西域。丞相魏相不同意派兵出战,他上书进谏说:“近年来,匈奴并没有侵犯我们边境。为了车师而去攻打匈奴,是没有道理的。现在,边境上老百姓的生活很困难,无衣可穿,无粮可吃,怎能轻易兴兵打仗呢?国内连年遭灾,收成不好;郡县许多官吏不称职,道德风气也很成问题。我认为处理好国内的事情很重要,应当首先整顿朝政,任用贤能,这才是大事。一定要出兵的话,打了胜仗,也后患无穷。仗着国大人多而对外炫耀武力,就是骄横的军队,军队骄横必定要灭亡。”汉宣帝采纳了魏相的意见,决定不增兵车师以攻打匈奴,只是调动当地一部分军队赶到车师附近,等匈奴兵退走后,接郑吉的军队返回渠犁。

将勤补拙

出处

唐·白居易《自到郡斋,仅经旬日,方专公务,未及宴游,偷闲走笔题二十四韵》:救烦无若静,补拙莫如勤。

译文

表示自己生来笨拙,所以用勤奋来弥补。今有自谦之意。

故事

公元825年,唐敬宗任命五十四岁的白居易为苏州刺史。在这以前,白居易担任杭州刺史,因此,他治理一个州是有经验的。

不过苏州人口众多,商市繁荣,交通发达,公务方面要比杭州繁重得多。但是新上台的敬宗皇帝认为,白居易富有才干,能治理好苏州,所以把这个重任交给了他。

苏州的地方官吏早就知道白居易的政绩,都很敬重他。

新官上任,地方绅士等照例要宴请接风,笼络关系。但白居易传话下去,声称接风之事都免了。这样,他又腾出了不少处理公务的时间。为处理公务,他一连十天不喝一口酒,不听一首乐曲。

经过一段时间的紧张工作,白居易初步了解了苏州各方面的情况,随即着手整顿吏治。他废除了一些烦琐的条令,适当减轻了百姓的经济负担,博得了百姓对他的称赞。后来,白居易在给朋友的一首长诗中,提到了当时自己这样做的原因:自己生来笨拙,所以用勤来加以弥补。

季布一诺

出处

西汉·司马迁《史记·季布栾布列传》:得黄金百斤,不如得季布一诺。

译义

意指一个人很讲信用。

故事

秦朝末年，在楚地有一个叫季布的人，性情耿直，为人侠义好助。只要是他答应过的事情，无论有多大困难，都设法办到，因此受到大家的赞扬。

楚汉相争时，季布是项羽的部下，曾几次献策，使刘邦的军队吃了败仗。刘邦当了皇帝后，想起这事就气愤不已，下令通缉季布。

这时敬慕季布为人的人，都在暗中帮助他。不久，季布经过化装后到山东一家姓朱的人家当佣工。朱家明知他是季布，仍收留了他。后来，朱家又到洛阳去找刘邦的老朋友汝阴侯夏侯婴说情。刘邦在夏侯婴的劝说下撤销了对季布的通缉令，还封季布做了郎中。

有一个季布的同乡人曹丘生，专爱结交有权势的官员，借以炫耀和抬高自己，季布一向看不起他。听说季布又做了大官，他就马上去见季布。

季布听说曹丘生要来，就虎着脸，准备说几句话，让他下不了台。谁知曹丘生一进厅堂，不管季布的脸色多么阴沉，话语多么难听，对着季布又是打躬，又是作揖，还与季布拉家常叙旧。他吹捧季布说："我听到楚地到处流传着'得黄金千两，不如得季布一诺'这样的话，您怎么能有这样好的名声传扬在梁、楚两地的呢？我们既是同乡，我又到处宣扬您的好名声，您为什么不愿见到我呢？"季布听了曹丘生的这番话，心里顿时高兴起来，留下他住了几个月，作为贵客招待，还送给他一笔厚礼。

后来，曹丘生又继续替季布到处宣扬，季布的名声也就越来越大了。

鸡鸣狗盗

出处

西汉·司马迁《史记·孟尝君列传》：最下坐者有能为狗盗者，曰："臣能得狐白裘。"……客之居下坐者有能为鸡鸣，而鸡齐鸣，遂发传出。

译义

装鸡叫哄人，装狗进行偷盗。比喻微不足道的本领或不正当的小伎俩。

故事

秦昭王仰慕齐国相国孟尝君的名，请他到秦国去。孟尝君带了许多门客前往，并献给秦昭王许多礼物。其中最珍贵的，是一件天下无双的白狐裘。秦昭王非常高兴，吩咐手下好好收藏起来。

不久，秦昭王拜孟尝君为相国。但后来秦昭王听了一些大臣的话，又觉得他是齐国贵族，任用他对秦国不利；而放他回国，则担心他已掌握了秦国的情况。秦昭王考虑再三，下令先把他软禁起来。

孟尝君不清楚秦昭王这样做的意图。幸亏秦昭王的弟弟泾阳君秘密地与他通气，又建议孟尝君买通秦昭王宠爱的燕姬，让她在秦昭王面前说好话，以争取释放回国。

孟尝君取出一对上好的白璧，请泾阳君赠给燕姬，让她在秦昭王面前为自己说好话。不料，燕姬不要白璧，而要白狐裘。只有得到白狐裘，她才肯向秦昭王为孟尝君求情。

孟尝君很犯愁，因为白狐裘只有一件，并且已献给秦昭王，现在该怎么办呢？他与门客商量，但大家都一筹莫展。后来，有个坐在末位的门客说：

“我潜进宫去，把早先献给秦昭王的那件白狐裘偷出来！”

“你准备用什么办法去偷呢？”孟尝君问。

“我打算装扮成一条狗去偷！”门客说。

孟尝君急于获救，当即同意了这条计策。当夜，这门客从狗洞里钻进宫内，终于偷到了白狐裘。燕姬得到白狐裘后，很快说服秦昭王签发了过关的凭证，释放了孟尝君。

孟尝君怕秦昭王反悔，一拿到过关凭证，马上带领门客离开秦都。他们来到边境的函谷关时，因天还未亮，城门紧闭——按照规定，必须等鸡鸣才能开关。

这时，又有个居于末位的门客圈起嘴唇，发出鸡鸣的声音。连续的叫声，引得附近公鸡都啼叫起来。守关士兵听到鸡鸣声，以为天快亮了，验看了凭证，就开城门放孟尝君一行人出去。

秦昭王果然反悔，派人迅速追赶，但追到函谷关时，孟尝君一行人早已出关了。

激浊扬清

出处

《晋书·牵秀传》：自谓居司直之任，当能激浊扬清；处鼓鞞之间，必建将帅之勋。

译文

比喻除恶扬善或清除坏的，发扬好的。激：冲除；浊：脏水。

故事

西汉时，有个名叫牵秀的读书人，年轻时就有些才气，也能说会道。后来他被权贵看中，任为司空从事中郎，当上了皇帝的侍从官。

牵秀好说大话，常把自己夸得了不起。有一次竟对人说，他如果能居于督察百官的地位，就一定会像冲除脏水、浮上清水那样除掉恶人，奖励好人；如果能担任军事要职，就一定会建立将帅的功勋。但是，他不过是说说而已，实际上没有照这样去做。

公元 290 年晋武帝司马炎死后，他的儿子司马衷继位，史称晋惠帝。司马衷患有痴呆症，他登基的第二年起，皇族之间为了争夺政权，引发了长达十六年之久的“八王之乱”。

当时牵秀担任尚书，但他对诸王专权、惠帝沦为傀儡，从不敢反对。他见哪个有势力，就去投靠哪个。他先是为长沙王司马乂效力，接着又投奔成都王司马颖，后来再投靠河间王司马颙。最后，牵秀在这场皇族大混战中，被司马颙的部下杀死。

鸡犬不宁

出处

唐·柳宗元《捕蛇者说》：悍吏之来吾乡，叫嚣乎东西，隳突乎南北；哗然而骇者，虽鸡狗不得宁焉。

译义

形容骚扰得厉害，连鸡狗都不得安宁。宁：安宁。

故事

永州乡下有一种很特殊的蛇。这种蛇毒性很强，接触草木，草木全死；人若被咬，无药可治。但这种毒蛇捉来风干之后，可以做药。捕到这种毒蛇，还可以拿去抵纳租税。

有一个姓蒋的人,祖孙三代都靠捕这种毒蛇抵租税。他祖父死在捕蛇上,他父亲又死在捕蛇上,他自己也几次差点死在捕蛇上。有人觉得奇怪,就问他:"你为什么一定要冒着生命危险去捕蛇呢?我可以告诉那些当事者们,免去你捕蛇抵纳租税的苦差事。"那个姓蒋的听后非常悲伤地说:"唉!租税重得压死人啊!每年那些征收赋税的残暴凶横的官吏一到乡下,就到处乱喊乱叫,乱冲乱闯,到处骚扰,不仅人们被吓得提心吊胆,就是鸡狗也得不到安宁。老百姓一年劳动所得的全部东西还不够交租税,人们无法生活,被迫流落他乡,饥冻而死的人不计其数。而我呢,虽然是冒着生命危险去捕蛇抵税,但比起我的同乡还是好一点儿啊!所以,我宁愿冒死去捕蛇也不愿意免去我捕蛇纳税的苦差事。"

寄人篱下

出处

南朝·梁·萧子显《南齐书·张融传》:丈夫当删《诗》《书》,制《礼》《乐》,何至因循寄人篱下?

译文

比喻那些依附别人、不能自立的人。

故事

南齐时,有个名叫张融的读书人,生性怪僻,行动举止奇特。他身材矮小,面貌丑陋，但精神焕发，走起路来翘首挺胸，旁若无人。

萧道成在没有当皇帝的时候，就很欣赏张融的才学和品格，和他交上了朋友。萧道成对旁人说，像张融这样的人才，是必不可少的，但又不可多得。后来萧道成建立了南齐政权，就常常与张融探讨文学艺术方面的问题。

有一次，萧道成与张融讨论起书法问题，对他说："你的书法颇有骨力，但还缺少'二王'(晋代书法家王羲之、王献之父子)的法度。"

张融对萧道成的评价不服气，说："请陛下别怨我缺少'二王'的法度，也该怨二王缺乏臣的法度。"

张融主张写文章也要有独创性，形成自己的风格。他在一篇文章的序文中写道："作为男子汉大丈夫，做文章应当像孔子删编《诗》《书》，制订《礼》《乐》那样，发扬自己的创造性，何至于要因袭他人，像鸟雀那样寄居在人家的篱笆下面。"

嗟来之食

出处

《礼记·檀弓下》：齐大饥，黔敖为食于路，以待饿者而食之。有饿者，蒙袂辑屦，贸贸然来。黔敖左奉食，右执饮，曰："嗟！来食！"扬其目而视之，曰："予唯不食嗟来之食，以至于斯也！"从而谢焉，终不食而死。

译文

带有侮辱性的或不怀好意的施舍。嗟：不礼貌的招呼声，相当于现在的"喂"。

故事

春秋战国时期，有一年，齐国发生了一次严重的饥荒，国内民穷粮缺。一大批穷人由于缺粮少食，而被活活地饿死，尚存者也饿得奄奄待毙。

当时，有一位名叫黔敖的贵族奴隶主，想发点“善心”。每天一早，他便在大路旁摆上一些食物，等着饿肚子的穷人经过，便可施舍给他们，以显示他的“仁慈”。

一天，黔敖又坐在路旁的车子上，等着有人经过。正在这时，一个饿得不成样子的人走了过来。他用袖子遮着脸，拖着一双破鞋子，眯着眼睛，摇摇晃晃地迈着步子，身体十分虚弱。黔敖看到后，认为显示自己“仁慈”的时候到了，便左手拿起食物，右手端起汤，老远地就傲慢地吆喝道：“喂！来吃吧！”

黔敖本以为那个饿汉会对他感恩不尽，感谢他的好意和慷慨。

可出乎意料的是，那个饿汉抬起头抖了抖衣袖，轻蔑地瞪了他一眼，说道：“我就是因为不吃这种‘嗟来之食’才饿成这个样子的。你以为一个人为了食物，就会抛弃自己的尊严，接受这种侮辱性的施舍吗？你还是收起你那假仁假义的一套吧！”

说完，那饿汉扭头就走。最后，他终因饥饿而死于路旁。

借箸代筹

出处

西汉·司马迁《史记·留侯世家》：食其未行，张良从外来谒。汉王方食，曰：“子房，前！客有为我计桡楚权者。”见以郦生语告，曰：“子房何如？”良曰：“谁为陛下画此计者？陛下事去矣。”汉王曰：“何哉？”张良对曰：“请借前箸为大王筹之。”

译义

原意是借你前面的筷子来指画当前的形势。后比喻从旁为人出主意，计划事情。箸：筷子。

故事

楚汉相争时，项羽把刘邦包围在荥阳，刘邦忧心忡忡，与谋臣郦食其谋划对付项羽的办法。郦食其说："从前汤武讨伐夏朝的桀，分封其后代在杞，周武王讨伐商代的纣，分封其后代在宋。后来秦国背信弃义，侵略诸侯，灭了六国，他们的后代失去了生存的地方。假如陛下恢复六国，送去大印，他们一定会感恩戴德，为陛下效劳。这样，项羽就会势单力薄。"刘邦说："此计果然不错。你立刻负责刻印，然后送往六国。"

这时张良从外面进来。刘邦正在吃饭，招呼张良说："你来得正好，刚才有人建议分封六国的后代，你看怎样？"张良听了，叹息一声说："谁出的主意？陛下的大事完了！"刘邦惊奇地说："为什么呢？"张良说："请陛下把前面这支筷子借给我一下。"张良接过筷子后，一边画来画去，一边说："从前汤武、周武王分封灭亡国家的后代，是因为他们能将敌国置之死地，现在陛下能将项羽置之死地吗？"刘邦摇头说："我被项羽包围，怎么能置他于死地呢？"张良接着说："汤武、周武王的分封都是在消灭敌人，销毁兵器，战马放归，天下平安以后才进行的，现在跟随陛下的将士，都来自六国，他们抛妻别子，血洒疆场，无非是希望有朝一日获得一块土地。如果现在就恢复六国他们将离去，谁给陛下打天下呢？所以我说陛下的大事完了。"刘邦听后，将口里的食物喷向郦食其，大声骂道："呸，你这个臭书呆子，差点坏了我的大事！"

近水楼台

出处

宋·俞文豹《清夜录》：范文正公镇钱塘，兵官皆被荐，独巡检苏麟不见录，乃献诗云："近水楼台先得月，向阳花木易为春。"

译义

坐落在水边的楼台先得到月光。比喻地处近便而获得优先的机会。

故事

北宋时,有个著名的政治家和文学家,名叫范仲淹。范仲淹小时家境贫困,但他勤奋学习,读了很多书。后来,他做过右司谏、知州、参知政事等地位很高的大官。“先天下之忧而忧,后天下之乐而乐”就是他在岳阳楼题写的千古名句。

范仲淹虽然做着大官,但他为人正直、待人谦和,特别善于任用人才。范仲淹在杭州做知府的时候,城中的文武官员大都得到他的关心帮助,在他的推荐下,那些官员们都得到了能发挥自己才干的职务,心里都很感激和崇敬他。只有一个名叫苏麟的巡检官,在杭州所属的外县工作,接近范仲淹的机会很少,所以一直没有被推荐和提拔,心中感到十分遗憾。

一次,苏麟因公事要见范仲淹,乘此机会,他写了一首诗献给范仲淹。诗中有两句是“近水楼台先得月,向阳花木易为春。”意思是靠近水边的楼房最先可以得到月光,朝着阳光的地方生长的花草树木容易成长开花,显现出春天的景象。苏麟用这两句诗来表达自己的期盼,巧妙地指出那些接近范仲淹的人都得到了机会。范仲淹看了心领神会,不禁哈哈大笑。于是,就根据苏麟的期望,为他找到了合适的职位。

后来,人们常用“近水楼台先得月”,或把它概括为“近水楼台”这则成语,来比喻由于个人关系比较接近,或是职务、环境方面比较便利,而优先得到利益或方便。

金石为开

出处

《西京杂记》:李广与兄弟……复猎于冥山之阳,又见卧虎,射之,没矢饮羽。进而视之,乃石也,其形类虎。退而更射,镞破簳折而石不伤。余尝以问杨子云,子云曰:“至诚则金石为开。”

译文

比喻诚心诚意可以打动万物，也比喻意志坚定能克服一切困难。

故事

西汉时期，北部的匈奴不断南下骚扰。名将李广奉命抗击匈奴，一生几乎全都在北方度过。他从小练就一副好臂力，射箭百发百中。他在北方任太守的数年，匈奴不敢南下一步，既怕他又敬重他，称他为“飞将军”。

有一次，李广到冥山南麓打猎，忽然发现草丛里伏着一只老虎，马上张弓搭箭，全神贯注猛力将箭射去。但那只老虎中箭后竟丝毫不动，又过了一会，那老虎还是没有动弹。于是，李广小心翼翼地过去观察。

李广走近一看，原来草丛中伏的不是老虎，而是一块像老虎的大石头。再看那箭，箭头和箭尾上的羽毛都已深深射入石头之中。他觉得奇怪，不相信自己有那么大的力气，竟把箭射进了石头。于是他退后一段距离，再张弓搭箭，猛力将箭向石头射去。可一连几箭，都未能射进石头。他近前观看这些箭，有的箭头破碎，有的箭杆折断。这才知道，再也无法射进石头了。

过了许多年，人们对这件事还感到很神奇，便去向学者杨雄请教。杨雄回答说：“只要诚心诚意，那么即使是像金属和石头那样坚硬的东西，也会被打开的。”

金屋藏娇

出处

《汉武故事》：〔胶东王〕数岁，长主抱置膝上，问曰：“儿欲得妇否？”长主指左右长御百余人，皆云不用。指其女问曰：“阿娇好否？”对曰：“好！若得阿娇作妇，当做金屋贮之。”长主大悦，乃苦要上，遂成婚焉。

译文

意指新娶娇妻美妾，极其宠爱。

故事

汉武帝刘彻年幼的时候，经常到姑母长公主家里玩。长公主有一个女儿，叫陈阿娇，生得十分美丽。长公主一心想把她许给当时的太子——刘彻的兄长刘荣，好让她将来做皇后，但刘荣的母亲栗姬却不答应。长公主本就很喜欢刘彻，便转而决意扶持他。一次，长公主故意指着自己的女儿问刘彻："等你长大了，把阿娇给你做媳妇好不好？"刘彻很大方地说："要是阿娇能嫁给我，我就造一所黄金的屋子给她住。"

后来，刘彻果然娶了阿娇为妻。在长公主的帮助下，刘彻顺利地当上了皇帝，阿娇也成了皇后。汉武帝很爱阿娇，对她专宠了十几年。但由于皇后一直未曾生育，汉武帝不免遗憾，转而看中了一个出身微贱的歌女卫子夫，对她宠爱异常。

阿娇十分妒忌，叫女巫来施巫蛊邪术，结果事情败露被打入冷宫，悔恨莫及。几年后，她在宫女的帮助下辗转托人，以千金之价请成都才子司马相如作了篇《长门赋》，表达自己的哀怨。这篇赋写得婉转动人，汉武帝看了之后，勾起对往日之情的怀念，又记起幼时"金屋藏娇"的诺言，不禁深感内疚，于是下旨赦免陈皇后的罪过，恢复她皇后的地位。

金谷堕楼

出处

《晋书·石崇传》：崇有妓曰绿珠，美而艳，善吹笛。孙秀使人求之……崇勃然曰："绿珠吾所爱，不可得也。"……秀怒，乃劝伦诛崇、建……遂矫诏收崇及潘岳、欧阳建等。崇正宴于楼上，介士到门。崇谓绿珠曰："我今为尔得罪！"绿珠泣曰："当效死于官前。"因自投于楼下而死。

译文

晋朝石崇才貌双全的宠妓为表忠贞，被迫跳楼而死。比喻多才美貌女子的不幸遭遇。金谷：园名，晋代石崇建，在今河南省洛阳市西北。

故事

石崇是西晋时候的一个巨富。他曾任荆州刺史，卸任后，家产已富可敌国。他在洛阳城郊的金谷涧中，耗巨资修建了一座金谷园。金谷园中珍宝无数，美女如云，其中最受宠爱的要数歌妓绿珠，她是石崇在出使交趾时以十斛明珠聘得的。

石崇不懂得收敛锋芒，整日与皇亲国戚竞奢比富，引来了外人的妒恨。其中有一个叫孙秀的，是赵王司马伦部下的红人。他垂涎绿珠已久，一次到金谷园做客，便借机向石崇索求绿珠。石崇选了数十名美女让他挑选，他却非要绿珠不可。石崇大怒，他本来就看不起孙秀，现在见孙秀得寸进尺，便马上命人送客，孙秀怀恨而去。

晋武帝去世后，他的白痴儿子晋惠帝即位，赵王司马伦担任宰相。不久后，司马伦篡位称王。孙秀得势，便来为难石崇。石崇见形势不好，便与潘岳合谋，想支持淮南王司马允击垮司马伦，不料司马允中了司马伦与孙秀的计策，死于军中。孙秀的大军随后把金谷园围得水泄不通。

石崇知道大势已去，便对绿珠说："我今天是因你而获罪啊！"绿珠流泪道："妾当效死君前。"说罢纵身跃下楼去，石崇急忙去拦，却只扯下一块裙角，绿珠当场坠楼而亡。最后，石崇也被押赴刑场。

后人谈到石崇，总是讲他财多害己；而说到绿珠，则大多感叹她为主而死的凄凉结局。

锦囊妙计

出处

明·罗贯中《三国演义》第五十四回：孙乾拜谢，回荆州见玄德，言吴侯专候主公去结亲。玄德怀疑不敢往。孔明曰："吾已定下三条计策，非子龙不可行也。"遂唤赵云近前，附耳言曰："汝保主公入吴，当领此三个锦囊。囊中有三条妙计，依次而行。"

译义

旧小说里描写足智多谋的人把对付敌方的计策写在纸条上，放在锦囊里，以便当事人在紧急时拆阅。比喻有准备的巧妙办法。

故事

东汉末年，魏、蜀、吴三国鼎立，群雄割据混战。各国为争夺更多的土地和人民而相互侵占和兼并。一时间，战事纷纷，硝烟四起。

刘备为夺取其他的土地，需要借助荆州的地理位置，而荆州此时是属于孙权的领地。于是刘备就向孙权借荆州一用，并承诺得到了所要争夺的领地就立刻将荆州归还孙权，孙权同意了。但是，刘备得了益州以后，一直没有归还而且也没有要归还荆州的意思。孙权意识到刘备是想把荆州归为己有，为了再夺回荆州，他想出了一条骗刘备来东吴的计谋。他设计把自己的妹妹嫁给刘备，这样刘备必须亲自到东吴来迎娶。等刘备到了东吴就将他扣留软禁，逼他归还荆州；如果他不答应归还，就不放他离开。

果然，刘备要亲自来东吴迎娶孙权的妹妹。在刘备临走前，诸葛亮叫来了赵云——赵云这次是负责保护刘备安全的。诸葛亮对赵云说："这次主公到东吴去，可谓是危难重重。我们借了孙权的荆州迟迟不肯归还，孙权一定怀恨在心，所以会设计刁难主公。你一定要保护好主公的安全，不能让孙权得逞。我这预先给你准备了三个锦囊，里面放着我已经写好的三条妙计。如果你们受到孙权的刁难，遇到麻烦，就按照我的要求，依照顺序打开这三个锦囊，再按照里面的计策行事就可以了。"

赵云拿到锦囊后保护刘备去了东吴，他们一行人在东吴果真受到了孙权的刁难。但是刘备按照诸葛亮事先写好的锦囊妙计行事，既娶到了孙权漂亮的亲妹妹，又保住了荆州。

疾风知劲草

出处

东汉·班固等《东观汉记·王霸传》：上谓霸曰："颍川从我者皆逝，而子独留，始验疾风知劲草。"

译义

比喻危难时才显出人的意志坚强，经得住考验。疾风：迅猛的风；劲草：坚韧的草。

故事

新朝时期，王莽在统治期间屡次改变币制，造成经济上的混乱状态。法令苛细，徭役繁重，社会矛盾不断激化。公元 17 年，终于爆发了全国性的农民大起义。

西汉的皇族刘秀，乘机和兄长刘縯起兵响应，加入绿林起义军。行军途中，有个名叫王霸的人带领了一批人来投奔刘秀，受到了刘秀的欢迎。后来，他跟随刘秀出战新军，建立了不少功勋。

不久，王霸因父亲年老体弱，辞别刘秀回家侍奉老父。后来刘秀率军又路过王霸老家的时候，特地去看望他。王霸深受感动，请求父亲让他离家再追随刘秀。他父亲深明大义，说："既然刘将军如此看重你，你就跟他干下去吧，不要半途而废。"

就在这一年，同为西汉皇族而被起义军推为更始将军的刘玄称帝，年号为更始。更始皇帝对刘秀兄弟十分猜忌，杀害了刘縯。刘秀怕遭到杀害，便请求刘玄派自己到河北去招抚各州郡归顺，刘玄同意了。

刘秀命王霸随他前往河北。当时，更始皇帝的势力未能达到河北，到那里去招抚是很危险的。

刘秀一行进入黄河以北后很不顺利，处境非常危险，兵马也非常困乏。随从中许多人对前途失去信心，又害怕艰苦，纷纷离开了刘秀。先前和王霸一起投奔刘秀的几十个人，也都陆续不辞而别。只有王霸还和从前一样，忠诚地跟着刘秀。刘秀见王霸至今还忠于自己，感慨地对他说："从前在颍川跟随我的人都跑了，唯有你独自留在我身边。只有在迅猛的风中才能看出坚韧的草，这话现在得到了验证。"

刘秀在河北积极活动，以恢复汉家制度为号召，取得了部分官僚、地主的支持，镇压和收编了起义军，力量逐步壮大起来。公元25年，刘秀即皇帝位，史称东汉光武帝。王霸也被封为偏将军、富波侯、讨虏将军。

噤若寒蝉

出处

南朝·宋·范晔《后汉书·杜密传》：刘胜位为大夫，见礼上宾，而知善不荐，闻恶无言，隐情惜己，自同寒蝉，此罪人也。

译义

比喻因害怕有所顾虑而不敢作声或说话。噤：闭口不说话；寒蝉：冷天的蝉，不再鸣叫。

故事

东汉时，担任过郡太守、尚书令的杜密才华出众，为官清正，执法严明。他曾参加打击宦官集团的斗争，对宦官和豪强子弟有恶必查，有罪必办。同时，他也对有才能的人十分爱惜，总是设法使他们得到升迁或造就。

有一年，他到高密县巡视，发现有个名叫郑玄的乡官才学过人，便提拔郑玄到郡里来任职。不久，他又把郑玄送到太学去深造。后来，郑玄终于成为东汉极负盛名的经学家。

杜密后来辞官回到了家乡，但仍然非常关心政事，时常和当地的郡守、县令谈论天下大事，推举贤士，揭发坏人坏事。

当时，同郡的刘胜告老还乡。他的处世哲学就与杜密不同，只是明哲保身。所以他闭门谢客，不问政事，对好人坏人一概不闻不问。有些人还以为，他这样做人是清高的表现。

有一次，太守王昱和杜密谈起刘胜，夸他是清高之士，还说公卿们都称赞他的为人。杜密不同意这种说法，说："刘胜地位很高，受到上宾的礼遇。但他知道有贤士不推荐，听到有人干坏事不吭声，如同冷天的蝉不再鸣，这实际上是罪人。"

竭泽而渔

出处

《吕氏春秋·义赏》：竭泽而渔，岂不获得？而明年无鱼。

译义

比喻只图眼前利益，没有长远打算。竭泽：把池塘里的水弄干；渔：捉鱼。

故事

公元前636年，晋公子重耳回晋国即位，史称晋文公。当时，曹、卫、陈、蔡、郑等诸侯国都倒向强大的楚国，只有宋国不肯亲楚而投靠晋国。楚威王很恼怒，命大将子玉统帅三军，包围了宋国的都城商丘。

宋成王赶紧向晋文公求援，晋文公收到宋国的告急文书后，把舅父狐偃召来商议。狐偃认为，救援宋国有利于提高晋国的威望，应该去打这一仗。晋文公说："楚军的兵力超过我们晋军的兵力，你看怎样才能取得胜利呢？"

狐偃回答说："我听说，讲究礼节的人不厌烦琐，善于打仗的人不厌欺诈。大王就用欺诈的方法吧！"

晋文公对狐偃提出的方法有疑虑，又把大臣雍季召来，询问他有什么见解。雍季并不赞成狐偃的主意，他比喻说："有个人要捉鱼，把池塘里的水都弄干了，当然能捉到池塘里所有的鱼。可是，明年这池塘里就无鱼可捉了。还有个人要捕捉野兽，把山上的树木都烧光，当然能捕捉到许多野兽。可是，明年这里就没有野兽可捕了。欺诈的方法虽然偶然用一次会取得成功，可是常用就会失灵，这不是长久之计。"

惊弓之鸟

出处

《战国策·楚策四》：雁从东方来，更羸以虚发而下之。

译义

被弓箭吓怕了的鸟不容易安定。比喻受过惊吓或打击的人,遇到类似的情况,就会惊慌、害怕。

故事

战国末年,秦国日益强大,对其他各国虎视眈眈。有一个时期,赵、楚、燕、齐、韩、魏六国决定联合抗秦。一天,赵国使者魏加和楚国春申君一起商谈抗秦主将的人选。当魏加知道春申君准备让临武君担任主将时,只是摇头叹气不吭声。春申君知道他不同意,就问他原因,魏加想了想说:“我讲一个故事给你听,听完了,你就会明白的。”

魏加说了这样一个故事:

从前魏国有个神箭手名叫更羸,射起箭来真可以说是百发百中。一天,他和魏王一起散步时,天空中飞过几只大雁。他对魏王说:“大王,我只要用弓,不用箭,就可以把鸟射下来。”

魏王哪里相信。更羸又说:“我试给您看。”

过了一会,一只大雁从东方飞来,更羸举起弓,不用箭,拉了一下弓弦,随着“咚”的一声弦响,大雁从空中掉了下来。

魏王大吃一惊说:“想不到你会有这样的本领。”

更羸说:“这并不是我有什么超人的本领,而是这只大雁受过箭伤。您没有看见它飞得很慢,叫声很悲凄吗?飞得慢,是它的伤口疼痛,叫得悲是离开雁群很久了。它惊魂未定,又听到弦响,就拼命想往高处飞,一使劲,伤口又裂开,所以就掉下来了。”

故事说完,魏加话锋一转:“临武君刚被秦军打败过,看到秦军就会害怕,如同受过伤的鸟一样,怎么能再让他担任主将呢?”

听了魏加的一番话,春申君不住地点头称是。

后来,春申君是否听取了魏加的劝谏,在历史上没有记载。不过,确有记载的是这次联合抗秦又以失败告终。楚国军队由于屡败于秦军,一开战便纷纷溃退,就像是一群惊弓之鸟。

井底之蛙

出处

《庄子·秋水》:井蛙不可以语于海者,拘于虚也。

译文

井底的蛙只能看到井口那么大的一块天。比喻见识狭窄的人。

故事

在《庄子·秋水》中,庄子讲了这样一个故事:

有一只青蛙长年住在一口枯井里。它对自己生活的小天地满意极了,一有机会就要当众吹嘘一番。

有一天,它吃饱了饭,蹲在井栏上正闲得无聊,忽然看见不远处有一只大海鳖在散步。青蛙赶紧扯开嗓门喊了起来:"喂,海鳖兄,请过来,快请过来!"海鳖爬到枯井旁边。

青蛙立刻打开了话匣子:"今天算你运气了,我让你开开眼界,参观一下我的居室。你大概从来也没有见过这样宽敞的住所吧?"

海鳖探头往井里瞅瞅,只见浅浅的井底积了一汪长满绿苔的泥水,还闻到一股扑鼻的臭味。海鳖皱了皱眉头,赶紧缩回了脑袋。

青蛙根本没有注意海鳖的表情,挺着大肚子继续吹嘘:"住在这儿,我舒服极了!想出去玩,可以跳到井栏上乘凉;回来休息,可以钻到井壁的窟窿里睡觉;泡在水里,让水浸着两腋,托住面颊,可以游泳;跳到泥里,让泥盖没脚背,埋住四足,可以打滚。那些孑孓、螃蟹、蝌蚪什么的,哪一个能比得上我呢!"

青蛙唾沫星儿四溅,越说越得意:"瞧,这一坑水,这一口井,都属我一个人所有,我爱怎么样就怎么样。这样的乐趣可以算到顶了吧。海鳖兄,你不想进去观光观光吗?"

海鳖感到盛情难却，便爬向井口，可是左腿还没能全部伸进去，右腿的膝盖就被井栏卡住了。海鳖慢慢地退了回来，问青蛙："你听说过大海没有？"青蛙摇摇头。

海鳖说："大海水天茫茫，无边无际。用千里不能形容它的辽阔，用万丈不能表明它的深度。传说大禹做国君的时候，十年九涝，海水没有加深；商汤统治的年代，八年七旱，海水也不见减少。海是这样大，以至时间的长短、旱涝的变化都不能使它的水量发生明显的变化。青蛙兄，我就生活在大海中。你看，比起你这一眼枯井、一坑浅水来，哪个天地更开阔，哪个乐趣更大呢？"

青蛙听傻了，鼓着眼睛，半天合不拢嘴。

精卫填海

出处

《山海经·北山经》：有鸟焉，其状如乌，文首、白喙、赤足，名曰精卫……常衔西山之木石，以堙于东海。

译义

传说炎帝之女被海水淹死，变为精卫鸟，衔树枝、石子，想填平东海。后比喻意志坚强，奋斗不止。精卫：古代神话中的小鸟。

故事

传说在上古时代的发鸠山上有许多柘树。树上有只小鸟，它的形状像乌鸦，头上有花纹，白色的嘴巴，红色的脚爪。它的啼叫声像"精卫！精卫"所以人们便称它为"精卫"。

精卫鸟本是炎帝（神农氏，传说中我国农业和医药的始祖）的小女儿，名叫女娃。她很喜欢玩水，有一天到东海去游泳，不幸遇到巨浪，被海水吞没。

女娃死后变成精卫鸟。她从不闲着，每天从西山衔着树枝、石子飞到东海上空，将它们投下去。一天又一天，一月又一月，一年又一年，一直如此。原来，它决心要把东海填平，免得别人也淹死在大海里。

精卫填海的故事，反映了上古时代人类与大自然艰难的斗争。由于当时人们抵御大自然的能力非常低下，大海经常吞没人的生命财产，于是人们产生了填平大海的愿望，精卫鸟正是当时人们征服大海的坚强决心的象征。

鞠躬尽瘁

出处

三国·蜀·诸葛亮《后出师表》：臣鞠躬尽瘁，死而后已。

译义

表示小心谨慎，竭尽全力去效劳，一直到死为止。鞠躬：弯着身子，表示恭敬谨慎；瘁：劳累。

故事

东汉末年，曹操死后，他的儿子曹丕执掌了政权。不久，曹丕废去汉献帝，改国号为魏，自己做了皇帝，史称魏文帝。

这时，占据四川一带的刘备也正式登基，江东的孙权也正式登基。于是，出现了魏、蜀、吴三国鼎立的局面。

蜀汉的皇帝刘备任命诸葛亮为丞相。诸葛亮辅佐刘备，把蜀国治理得国富民强，百姓安居乐业。

不久以后，刘备去世，刘备的儿子刘禅继位。刘禅就是历史上著名的“刘阿斗”，他十分昏庸无能，只知享乐，便把国内的军政大事全交给诸葛亮处理。

诸葛亮一贯主张联吴伐魏，这时他一面和东吴交好，一面南征孟获，平定南方边境，然后积蓄力量，积极准备北伐。

过了一段时间，诸葛亮感到力量积蓄得差不多了，便决定出祁山北伐魏国。在出师前，他给后主刘禅上表，要他听信忠言，任用贤臣，富国强兵。这道奏表便是历史上有名的《前出师表》。

可是，这次北伐并没有成功。诸葛亮兵败以后，只得退兵回蜀。

过了几年，诸葛亮决定再次北伐。当时，有一些臣子对诸葛亮北伐持反对态度。于是，诸葛亮再次上表给后主，详细分析了当时的敌我形势，说明蜀汉和魏国势不两立——你不去伐他，他就要来伐你。后主刘禅看了，同意诸葛亮北伐。

这第二道表，便是历史上有名的《后出师表》。在这道表的最后，诸葛亮表示他忠心为国，鞠躬尽瘁，死而后已。

《前出师表》和《后出师表》由于表现了诸葛亮一心为国的忠贞气节，成了历史上著名的散文名篇，在文学史上也有很高的价值。

举案齐眉

出处

东汉·班固等《东观汉记·梁鸿传》：梁鸿适吴，依大家皋伯通庑下，为人赁舂。每归，妻为具食，不敢于鸿前仰视，举案齐眉。

译义

形容妻子敬爱丈夫，或夫妻互敬互爱。

故事

东汉时，有个名叫梁鸿的穷书生，依靠勤奋进入当时的最高学府太学。

梁鸿完成学业后,回到了家乡。乡里人知道他品格高,学问好,这次又从京师回来,都很尊敬他。但他一点也没有太学生的架子,还是像农民一样下地干农活。

这样过了几年,家乡远近的人都知道梁鸿是个有学问的种地人,不少人想把女儿嫁给他,但都被他拒绝了。

县里的孟大爷非常有钱,他对自己的生活很满意,就是女儿不肯出嫁这件事令他烦忧。有一次,孟大爷生气地问女儿道:"你已经三十岁了,还这个不嫁,那个不嫁,到底打算怎么办?难道一辈子不嫁人?"

女儿回答说:"除非像梁鸿那样的人,我才会嫁给他!"

孟大爷听了,赶紧托人去向梁鸿传达女儿的心意。梁鸿觉得孟小姐很合适,就央人去求亲,孟家自然马上答应。

不久,梁鸿便和孟小姐成了亲。可是一连七天,梁鸿却不与新娘子说一句话。

孟小姐十分奇怪,猜不透他为什么这样做,便跪着对他说:"我听说你品格高尚,挑选妻子十分慎重,曾经拒绝过不少说亲的人家。我虽然长得不美,但也谢绝了好多人家。我和你情投意合,才做了夫妻,我也感到很幸运。但是七天了,你却不和我说一句话。我一定是有什么罪过,就向你请罪吧!"

梁鸿不能不开口了,他开诚布公地说:"我想娶的是吃穿俭朴的妻子,这样才能跟我一块儿种庄稼,过隐居生活。现在你穿的是绫罗绸缎,戴的是金银珠宝,这哪里是我所希望的呢?"

孟小姐明白了丈夫的心思,对他说:"我身上穿的是婚服。但我知道你的心思,所以早就准备了粗布衣服麻布鞋,你何必为此操心呢?"

说完,她退到内室,摘去首饰,换上粗布衣服,挎一只筐子出来。

梁鸿见了,高兴地说:"这才是我的好妻子!"

不久,他们搬到了霸陵山中。夫妻俩靠种地和织布过日子,空下来就看看书,写写文章,弹弹琴。过不了多长时间,他俩在霸陵也出了名。

于是他们更名换姓,在齐、鲁一带住了一段时间。最后,他们搬到了吴中,投奔当地的富豪大族皋伯通,向他借了一间小屋住下来。

梁鸿天天出去给人家舂米或者种地,孟光在家里纺纱织布。

每天当梁鸿回家的时候,孟光就托着放有饭菜的盘子,恭恭敬敬地送到梁鸿面前。为了表示对丈夫的尊敬,她不仰视他,并且每次都把盘子托得跟眉毛平齐,而梁鸿也总是很有礼貌地双手接过盘子。

一次,皋伯通看到了他俩互敬互爱的情景,知道梁鸿不是平常的庄稼人,就把他一家接到自己家里,并且供给他们吃穿,让梁鸿安心读书做文章。不久梁鸿病死,孟光才带着儿子回到老家去。

居安思危

出处

《左传·襄公十一年》:《书》曰:"居安思危",思则有备,有备无患。

译义

指处在安定的环境中要想到可能产生的危难祸害。

故事

有一次,宋、齐、晋、卫等十二国联合围攻郑国。郑国慌了,马上向十二国中最大的晋国求和。晋国表示同意,其余十一国因为惧怕晋国,也就停止了进攻。

郑国为了答谢晋国,赠送给晋国许多兵车、乐器、乐师和歌女。晋悼公十分高兴,于是把礼物的一半分赠给他的功臣魏绛,并对他说:"你这几年中为我出谋划策,事情办得很妥当,现在让咱们一同来享受享受吧!"

然而,魏绛却不肯接受赠礼,还劝晋悼公说:"现在您能团结和统率许多国家,这是您的能耐,也是大臣齐心合力的结果,我并没有什么功劳,怎能无功受禄呢?不过,我很希望您在享受快乐的时候,能够想到国家以后的许多事情。听人说:'安居的时候,应该想到可能发生的危险。'能够这样做事才会先有准备,有准备才可避免失败和灾祸的到来。"

K

开诚布公

出处

西晋·陈寿《三国志·蜀书·诸葛亮传》:诸葛亮之为相国也,抚百姓,示仪轨,约官职,从权制,开诚心,布公道。

译文

比喻诚意待人,坦白无私。

故事

三国时,蜀汉的丞相诸葛亮极得皇帝刘备的信用。刘备临终前,曾将自己的儿子刘禅托付给他,请他帮助刘禅治理天下,并且诚恳地说:"你能辅佐他就辅佐他,如果他不好好听你话,干出危害国家的事来,你就取而代之。"

刘备死后,诸葛亮尽全力帮助平庸的后主刘禅治理国家。有人让他晋爵称王,他严词拒绝,并认为自己受先帝委托,已经担任了这么高的官职,如今讨伐曹魏没见什么成效,却要加官晋爵,这样做是不义的。

诸葛亮待人处事公正合理,不徇私情。马谡是他非常看重的一位将军,在攻打曹魏时当前锋,因为违反节度,失守街亭,诸葛亮严守军令状规定,忍痛杀了他。马谡临刑前上书诸葛亮,说自己虽然死去,在九泉之下也没有怨恨。诸葛亮自己也为失守街亭等承担责任，请求后主批准他由丞相降为右将军。他还特地下令，要下属批评他的缺点和错误。这在当时是罕见的。

公元234年，诸葛亮病死于军中。他一生清贫，并无什么产业留给后代。

开卷有益

出处

北宋·王辟之《渑水燕谈录》：太宗日阅《御览》三卷，因事有缺，暇日追补之。尝曰："开卷有益，朕不以为劳也。"

译义

打开书本，总有益处。常用以勉励人们勤奋好学，多读书就会受益。

故事

宋朝初年，宋太宗赵光义命文臣李昉等人编写一部规模宏大的分类百科全书——《太平总类》。

这部书收集摘录了一千六百多种古籍的重要内容，分类归成五十五部，全书共一千卷，是一部很有价值的参考书。

这部书是宋太平兴国年间编成的，故定名为《太平总类》。对于这么一部巨著，宋太宗规定自己每天至少要看两三卷，一年内全部看完，遂更名为《太平御览》。

当宋太宗下定决心花精力翻阅这部巨著时，曾有人觉得皇帝每天要处理那么多国家大事，还要去读这么部大书，太辛苦了，就去劝告他少看些，也不一定每天都得看，以免过度劳神。

可是，宋太宗却回答说："我很喜欢读书，从书中常常能得到乐趣，多看些书，总会有益处，况且我并不觉得劳神。"

于是，他仍然坚持每天阅读三卷《太平总类》，有时因国事忙耽搁了，他也要抽空补上，并常对左右的人说："只要打开书本，总会有好处的。"

宋太宗由于每天阅读三卷《太平御览》，学问十分渊博，处理国家大事也十分得心应手。当时的大臣们见皇帝如此勤奋读书，也纷纷努力读书，所以当时读书的风气很盛，连平常不读书的宰相赵普，也孜孜不倦地阅读《论语》，后世流传其有"半部论语治天下"之谓。

后来，"开卷有益"便成了成语，形容只要打开书本读书，总有益处。

开门揖盗

出处

西晋·陈寿《三国志·吴书·吴主传》：是犹开门而揖盗，未可以为仁也。

译义

比喻引进坏人，招致祸患。

故事

吴郡太守许贡因见孙策在江东的势力日渐强大，便写信给汉献帝，请求将孙策调走。不料，信被截获，许贡被杀。许贡的三个门客，决心为许贡报仇。他们利用孙策打猎的机会，用箭射伤了他。

从打猎场回来，孙策伤势加重，临死之前他把长史张昭和弟弟孙权找来，嘱托后事，将印绶授给孙权。

孙策死后，孙权十分伤心，悲痛不止。张昭劝他说：“现今奸邪作乱，互相争夺，豺狼当道，如果只顾悲哀，而不去考虑大事，这就好像开着门请强盗进来一样，岂不自招祸患。”

听了张昭的劝说，孙权止住悲伤。张昭请孙权换上衣服，扶他上马视察军队。东吴有了新主，人心稳定，后来与蜀、魏形成三国鼎立的局面。

开天辟地

出处

三国·吴·徐整《三五历纪》：天地混沌如鸡子，盘古生其中，万八千岁，天地开辟，阳清为天，阴浊为地。

译文

表示开始有人类历史。也用来表示前所未有，是有史以来的第一次。

故事

远古人生活在天地之间，他们很想知道天地是怎样形成的。渐渐地，他们创造出一个开天辟地的神话故事。

据说很久很久以前，天地还没有形成，到处是一片混沌。它无边无沿，没有上下左右，也不分东南西北，样子好像一个浑圆的鸡蛋。

这浑圆的东西当中，孕育着一个人类的祖先——盘古。

过了一万八千年，盘古在这浑圆的东西中孕育成熟了。他发现眼前漆黑一团，非常生气，就用自己制造的斧子劈开了这混混沌沌的圆东西。

随着一声巨响，轻而清的阳气上升，变成了高高的蓝天；重而浊的阴气下沉，变成了广阔的大地。

从此，宇宙间就有了天地之分。

盘古出世后，头顶蓝天，脚踏大地，挺立在天地之间。以后，天每日增高一丈，地每日增厚一丈，盘古也每日长高一丈。

这样又经过一万八千年，天高得不能再高，地深得不能再深，盘古自己也变成了九万里长的顶天立地的巨人。他像一根柱子一样撑着天和地，使它们不再变成过去的混沌状态。

盘古开天辟地后，天地间只有他一个人。

因为天地是他开辟出来的，所以他的情绪有什么变化，天地也跟着发生不同的变化。他高兴的时候，天空晴朗；他发怒的时候，天空阴沉；他哭泣的时候，天空下雨，落到地上汇成江河湖海；他叹气的时候，大地上刮起狂风；他眨眨眼睛，天空出现闪电；他发出鼾声，空中响起隆隆的雷鸣声。

不知经过多少年，盘古还是死了，躺倒在地上。他的头部隆起，成为东岳泰山；他的两个肩胛，一个成为南岳衡山，另一个成为北岳恒山；他的脚朝天，成为西岳华山；他的肚子高挺，成为中岳嵩山。至于他的头发和汗毛，全变成了树木和花草。

后来，才有了传说中的远古帝王——三皇，即天皇、地皇和人皇。

刻舟求剑

出处

《吕氏春秋·察今》：楚人有涉江者，其剑自舟中坠于水，遽契其舟曰："是吾剑之所从坠。"舟止，从其所契者入水求之。

译义

比喻不懂事物已发展变化而仍静止地看问题。用来讽刺固执而不知变化的愚蠢可笑行为。求：寻找。

故事

战国时，楚国有个人坐船渡江。

船到江心，楚人一不小心，把随身携带的一把宝剑掉落江中，他赶紧去抓，已经来不及了。船上的人对此感到非常惋惜。

但那楚人似乎胸有成竹，马上掏出一把小刀，在船舷上刻上一个记号，并向大家说："这是我宝剑落水的地方，所以我要刻上一个记号。"

大家都不理解他为什么这样做，也不再去问他。

船靠岸后，那楚人立即在船上刻记号的地方下水，去捞取掉落的宝剑。

捞了半天，不见宝剑的影子。他觉得很奇怪，自言自语说："我的宝剑不就是在这里掉下去的吗？我还在这里刻了记号呢，怎么会找不到的呢？"

船上的人纷纷大笑起来，说："船一直在行进，而你的宝剑却沉入了水底不动，你怎么找得到你的剑呢？"

剑掉落在江中后，船继续行驶，而宝剑却不会再移动。像他这样去找剑，当然是白费力气。

空前绝后

出处

《宣和画谱》：顾（顾恺之，晋代画家）冠于前，张（张僧繇，南朝梁代画家）绝于后，而道子（吴道子，唐代画家）乃兼有之。

译义

以前不曾有过，今后不会再有。形容超绝古今，独一无二。

故事

晋朝顾恺之,才华出众,学识渊博,他的绘画才能更是出色,闻名于世。顾恺之画人物,神态逼真,形象生动。与众不同的是,他画人物,从来不先点眼珠。有人问其原因,他说:人物传神之处,正在这个地方。他一语道出了其中的诀窍,使人叹服。当时人们称他有“三绝”:才绝、画绝、痴绝。

南北朝时的梁朝,又出了一个叫张僧繇的大画家。他善画山水、人物、佛像,在当时名气很响。梁武帝建了很多寺庙佛塔,都命他作画。据说,有一次他在一个寺庙的墙上画了四条龙,却没有给龙点眼珠。旁人问他为什么不点上眼珠,他说:“恐怕点了眼珠,这些龙会破壁飞去。”众人不信,坚持要他试一试,他便点了两条,果然破壁飞去。这一传说虽夸张得近于荒诞,但说明了他作画技艺是很高超的。

到了唐朝,又出了个更有成就的画家吴道子,集绘画、书法大成于一身。他的山水、佛像画闻名当时,且写得一手好字,有画圣之称。据传说,他曾为唐玄宗画巨幅嘉陵江图,几百里山水竟在一天内画好了。他在景云寺中画了《地狱变相图》,笔力劲怒,变状阴怪,相传看过这幅画后改过自新、弃恶从善的大有人在。

所以,后来有人评价这三个画家时,认为顾恺之的画成就超越前人,张僧繇的画成就后人莫及,而吴道子则兼两人的长处。

空中楼阁

出处

《百喻经·三重楼喻》:愚人见其垒墼作舍,犹怀疑惑,不能了知,而问之言:“欲作何等?”木匠答言:“作三重屋。”愚人复言:“我不欲下二重之屋,先可为我作最上屋。”

译义

悬挂在空中的楼房亭阁。指脱离实际的理论、计划或虚构的东西。

故事

在很久以前,山村里有一位财主。他非常富有,但生性愚钝,尽做傻事,所以常遭到村人的嘲笑。

有一天,傻财主到邻村的一位财主家做客。他看到一幢三层楼高的新屋,宽敞明亮,高大壮丽,心里非常羡慕,心想:我也有钱,而且并不比他的少。他有这样一幢楼,而我没有,这像什么话呢?

一回到家,他马上派人把工匠找来,问道:"邻村新造的那幢楼,你们知道是谁造的吗?"

工匠们回答道:"知道,那幢楼是我们几个造的。"

傻财主一听,非常高兴,说:"好极了,你们照样子再给我盖一次。记住要三层楼的房子,要和那幢一模一样。"

工匠们一边答应,心里一边嘀咕:不知这次他又会做出什么傻事来。可是不管怎样,还得照吩咐去做,大家便各自忙开了。

一天,财主来到工地,东瞅瞅,西瞧瞧,心里十分纳闷,便问正在打地基的工匠:"你们这是在干什么?"

"造一幢三层楼高的屋子呀,是照您吩咐干的。"

"不对,不对。我要你们造的是那第三层楼的屋子。我只要最上面的那层,下面那二层我不要,快拆掉。先造最上面的那层。"

工匠们听后哈哈大笑,说:"只要最上面那层,我们不会造,您自己造吧!"

工匠们走了,傻财主望着房基发愣。他不知道,只要最上面一层,不要下面两层,那是再高明的工匠也造不出来的。

口蜜腹剑

出处

北宋·司马光《资治通鉴·唐纪·玄宗天宝元年》:李林甫为相……尤忌文学之士,或阳与之善,啖以甘言而阴陷之。世谓李林甫"口有蜜,腹有剑。"

译义

口头上说话好听,像蜜一样甜,肚子里却怀着暗害人的阴谋。比喻两面派的狡猾阴险。

故事

李林甫为相十九年,是唐玄宗时期在位时间最长的宰相。此人若论才艺倒也不错,能书善画,但若论品德,那是坏透了。他忌才害人,凡才能比他强、声望比他高的人,权势地位和他差不多的人,他都不择手段地想方设法给以排斥打击。对唐玄宗,他有一套谄媚奉承的本领。他竭力迁就唐玄宗,并且采用各种手段,讨好唐玄宗宠信的妃嫔以及心腹太监,取得他们的欢心和支持,以便保住自己的地位。

李林甫和人接触时,总是露出一副和蔼可亲的样子,嘴里尽说些动听的好话。但实际上,他的性格非常阴险狡猾,常常暗中害人。

有一次，他装作诚恳的样子对同僚李适之说："华山出产大量黄金，如果能够开采出来，就可大大增加国家的财富。可惜皇上还不知道！"

李适之以为这是真话，连忙跑去建议唐玄宗快点开采。唐玄宗一听很高兴，立刻把李林甫找来商议，李林甫却说："这件事我早知道了。华山是龙脉所在的地方，怎么可以随便开采呢？别人劝您开采，恐怕是不怀好意。我几次想把这件事告诉您，只是不敢开口。"

唐玄宗被他这番话所打动，认为他真是一位忠君爱国的臣子，反而对李适之不大满意，逐渐对他疏远了。

就这样，李林甫凭借这套特殊"本领"，一直做了十九年宰相。

后来，宋朝司马光在编《资治通鉴》时，评价李林甫是个口蜜腹剑的人。

口若悬河

出处

《晋书·郭象传》：郭象字子玄，少有才理，好《老》《庄》，能清言。太尉王衍每云："听象语，如悬河泻水，注而不竭。"

译义

讲起话来像瀑布一样滔滔不绝。形容能言善辩，也比喻十分健谈。

悬河：瀑布。

故事

晋朝时，有一位大学问家，名叫郭象，字子玄。他在年纪很轻的时候，就已经是一个很有才学的人。

郭象对于日常生活中所接触的一些现象，尤其能够留心观察，然后再冷静地去思考其中的道理。因此，他的知识十分渊博，对于各种事情常常能有自己独到的见解。

后来，他又潜心研究老子和庄子的学说，并且对他们的学说有了深刻的理解。

当时，有不少人慕名而来，请他出山做官，对此他都一概谢绝，每天只是埋头研究学问，或者和志同道合的人谈论哲理。

郭象恪守“不做官、只做学问”的人生原则，他认为，只有这样才能得到永恒的快乐，活得充实自在。

又过了些年，朝廷一再派人来请他出山做官，参与朝政。郭象再三推辞，实在推辞不掉，只得答应下来，到朝廷中做了一名黄门侍郎。

到了京城，由于他的知识很丰富，无论对什么事情他都能说得头头是道。再加上他的口才很好，而且又非常喜欢发表自己的见解，立论新颖，条理清晰，讲得深刻、生动。因此，每当人们听他谈论时，都觉得津津有味。

当时有一位太尉王衍，十分欣赏郭象的学识和口才，他常常在别人面前赞扬郭象说：“听郭象说话，就好像瀑布滔滔不绝地倾泻，永远没有枯竭的时候。”

胯下之辱

出处

西汉·司马迁《史记·淮阴侯列传》：淮阴屠中少年有侮〔韩〕信者，曰：“若虽长大，好带刀剑，中情怯耳。”众辱之曰：“信能死，刺我；不能死，出我袴下。”于是信孰视之，俛出袴下，蒲伏。一市皆笑信，以为怯。

译义

从胯下爬过的耻辱，意指有才能的人未显达时被人鄙视、遭受侮辱。

故事

“胯下之辱”讲的是韩信年轻时的一个故事。

韩信在很小的时候就失去了父母，主要靠钓鱼换钱维持生活，常常遭到周围人的歧视。但是他立志要有所作为，成为千古名将，于是日夜钻研《孙子兵法》，对这部书有很多独到的见解，可是却未遇到发挥的机会。

有一天，韩信带着他的佩剑在街上走着，突然，一群恶少当众把他围起来，羞辱他。其中的一个屠夫对韩信说：“虽然你长得又高又大，喜欢带刀佩剑，其实你胆子小得很。如果你真有本事的话，敢不敢用你的佩剑来刺我？如果不敢，那就从我的裤裆下钻过去。不然，我们俩今天没完！”韩信非常生气，很想拔出剑来杀死这个无赖。但是又一想，杀人偿命，把他杀了未免因小失大；和他们硬拼，自己只有一个人，肯定会吃亏。于是，韩信当着许多围观人的面，不顾他们的嘲笑，强忍满腔怒气从那个屠夫的裤裆下钻了过去，然后大踏步地走了。

后来刘邦的丞相萧何三次将韩信举荐给汉王刘邦，刘邦筑坛拜韩信为大将，韩信辅佐汉朝有功，被封为齐王。

脍炙人口

出处

《孟子·尽心下》：曾皙嗜羊枣，而曾子不忍食羊枣。公孙丑问曰：“脍炙与羊枣孰美？”孟子曰：“脍炙哉！”公孙丑曰：“然则曾子何为食脍炙而不食羊枣？”曰：“脍炙所同也，羊枣所独也。讳名不讳姓，姓所同也，名所独也。”

译义

原指人人爱吃的美食，常用来比喻人人赞美的事物和传诵的诗文。

脍：切细的肉；炙：烤熟的肉。

故事

春秋时，有父子两人，他们同是孔子的弟子。父亲曾皙爱吃羊枣（一种野生果子，俗名叫牛奶柿），儿子曾参是个孝子，父亲死后，竟不忍心吃羊枣。

在当时，这件事情曾被儒家子弟大为传颂。

到了战国时，孟子的弟子公孙丑对这件事不能理解，于是就去向老师孟子请教。

公孙丑问："老师，脍炙和羊枣，哪一样好吃？"

孟子回答说："当然是脍炙好吃，没有哪个不爱吃脍炙的！"

公孙丑又问："既然脍炙好吃，那么曾参和他父亲也都爱吃脍炙了？那为什么曾参不戒吃脍炙，只戒吃羊枣呢？"

孟子回答说："脍炙，是大家都爱吃的。羊枣的滋味虽比不上脍炙，但却是曾皙特别爱吃的东西，所以曾参只戒吃羊枣。这就好比对长辈只忌讳叫名字，不忌讳称姓一样，姓有相同的，名字却是自己所独有的。"

孟子的一席话，使公孙丑明白了其中的道理。

后来，人们从孟子所说的"脍炙，所同也"里面，引申出了"脍炙人口"这样一个成语，用来比喻人人赞美的事物和传诵的诗文。

L

滥竽充数

出处

《韩非子·内储说上》:齐宣王使人吹竽,必三百人。南郭处士请为王吹竽,宣王说之,廪食以数百人。宣王死,湣王立,好一一听之,处士逃。

译义

没有真才实学的人混在行家里充数,或是以次充好。有时也用作自谦之辞。

滥:失实,与真实不符,引申为蒙混的意思;竽:一种簧管乐器;充数:凑数。

故事

战国时期,齐宣王非常喜欢听人吹竽,而且喜欢许多人一起合奏给他听,所以齐宣王派人到处搜罗能吹善奏的乐工,组成了一支三百人的吹竽乐队。而那些被挑选入宫的乐师,也受到了特别优厚的待遇。

当时,有一个游手好闲、不务正业的浪荡子弟,名叫南郭。他听说齐宣王有这种爱好,就一心想混进那支乐队,便设法求见宣王,向宣王吹嘘自己是一名了不起的乐师,博得了宣王的欢心,被编入了吹竽的乐师班里。

可笑的是，这位南郭先生根本不会吹竽。每当乐队给齐宣王吹奏的时候，他就混在队伍里，学着别的乐工的样子，摇头晃脑，东摇西摆，装模作样地在那儿“吹奏”。

因为他学得惟妙惟肖，又由于是几百人在一起吹奏，齐宣王也听不出谁会谁不会。就这样，南郭混了好几年，不但没有露出一丝破绽，而且还和别的乐工一样能领到一份优厚的赏赐，过着舒适的生活。

后来，齐宣王死了，他儿子齐湣王继位，湣王同样爱听吹竽。只有一点不同，他不喜欢合奏，而喜欢乐师们一个个单独吹给他听。

南郭先生听到这个消息后，吓得浑身冒汗，整天提心吊胆的。他心想，这回要露出马脚来了，丢饭碗是小事，要是落个欺君犯上的罪名，连脑袋也保不住了。所以，趁齐湣王还没叫他演奏，就赶紧溜走了。

狼狈为奸

出处

明·黄道周《博物典汇》：狼前二足长，后二足短；狈前二足短，后二足长；狼无狈不立，狈无狼不行。

译义

狼和狈常合伙伤害牲畜，因此用来比喻相互勾结干坏事。

故事

狼和狈是两种野兽，它们长得形状十分相似，性情也十分相近。它们所不同的是：狼的两条前脚长，两条后脚短；而狈正好相反，它的两条前脚短，而两条后脚长。这两种野兽，常常一起出去偷吃人类畜养的家畜，对人类造成很大的危害。

传说有一次，一只狼和一只狈一起走到一家农民的羊圈外面，知道里面有好多的羊，便打算偷一只羊来吃。可是，羊圈筑得很高，又很坚固，既跳不过去，也撞不开门，它们一时不知道如何是好。

它们商量了一下，终于想到了一个办法，那就是让狼骑在狈的颈子上面，再由狈用两条长长的后腿站立起来，把狼扛得高高的，然后狼再用它的两条长长的前脚，攀住羊圈，把羊叼走。

于是，那狈便蹲下身来，让狼爬到身上，然后用前脚抓住羊圈的竹篱，慢慢地把身子站直。等狈站直后，狼再让两只后脚站在狈的脖颈上，前脚抓住竹篱，一点一点地站直，然后把两只长长的前脚伸进竹篱，猛地抓住了一只在竹篱旁的羊。

在这次行动中，如果单单只有狼，或只有狈，都一定没办法爬上羊圈，把羊偷走。可是，它们却会利用彼此的长处，互相合作，而把羊偷走。

后来，人们就根据上面这则故事，引申出“狼狈为奸”这一成语，用来比喻两个或几个人聚集在一起，互相勾结做坏事情。

老不中书

出处

唐·韩愈《毛颖传》：颖为人强记而便敏，……后因进见，上将有任使，佛拭之，因免冠谢。上见其发秃，又所摹画不能称上意，上嘻笑曰：“中书君，老而秃，不任吾用！吾尝谓中书君，君今不中书邪！”对曰：“臣所谓尽心者。”因不复召。归封邑终于管城。

译义

这个典故揭露最高封建统治者的冷酷无情，需要时则加官晋爵，不用时则一脚踢开。

故事

毛颖先生博闻强记，而且机敏灵活。从结绳记事的上古时代到秦氏王朝的历代史事，他没有一件不予记载。诸如阴阳、卜筮、相术、医药、姓族、山河地理、字书图画、九流百家、天道人事，以及佛教道家、国外传闻，他都无所不知、无所不晓。而且他还精通当今的事务，凡官府文书、店栈账纸，都听凭人们使用。

上自秦始皇帝、太子扶苏、世子胡亥、丞相李斯、中车府令赵高，下至平民百姓，都很尊重他。毛颖先生还善于随附人的意愿，不管正直、奸邪、圆滑、笨拙的人，一概听随其意。有时虽被废弃，也默不作声。他唯独不爱舞枪弄棒的武士，但如果被邀请，也肯前往。

毛颖先生后来升官做了中书令，与皇上更加亲近，皇上曾亲昵地称他为中书君。皇上每天都要亲自处理大量奏章，即使宫人都不准站立左右，而唯有毛颖先生和持蜡烛的侍者经常在旁边侍候，直到皇上休息为止。

毛颖先生和绛州陈玄、弘农陶泓、会稽褚先生最为友好，彼此推心置腹，形影不离。毛颖先生和他的三位好友，有时不等皇帝诏令，就一齐前往，皇上也从不怪罪他们。

后来一次皇上召见，准备重用他，毛颖先生脱帽谢恩。

皇上见他发疏头秃，所书写的字画也不称心如意，便取笑地说："中书君，您年老头秃，已经不胜任了！从前我曾称您中书，而您现在却不中书了！"毛颖先生答辩说："我算得上是尽心竭力的臣子啊！"但皇上从此便不再召用他了。

毛颖先生只好回到自己的封地，老死在管城里了。

老马识途

出处

《韩非子·说林上》：管仲、隰朋从于桓公伐孤竹，春往冬返，迷惑失道。管仲曰："老马之智可用也。"乃放老马而随之，遂得道。

译义

老马认识道路。比喻有经验的人熟悉情况，能在逆境中找到解决问题的办法。

故事

公元前 663 年，齐桓公应燕国的要求，出兵攻打入侵燕国的山戎。

齐军赶到燕国时，山戎的军队已经掠夺了许多财物，逃到它东面的孤竹国去了。齐桓公本想就此收兵回国，但管仲建议跟踪追击，攻灭孤竹国以保证北方的安全。齐桓公接受了他的建议，下令东伐孤竹。

齐军是春天出征的，到凯旋时已是冬天，草木变了样。大军在崇山峻岭间的一个山谷里转来转去，最后迷了路，再也找不到归路。虽然派出多批探子去探路，但都没有结果。这时，管仲提出一个设想：既然狗离家很远也能寻回家去，那么军中的马尤其是老马，也会有认识路途的本领。于是他对齐桓公说："大王，我认为老马有认路的本领，可以利用它在前面领路，带引大军走出山谷。"

齐桓公同意试试看。管仲立即挑出几匹老马，解开缰绳，让它们在大军的最前面自由行走。也真奇怪，这些老马都毫不犹豫地朝一个方向行进。大军就紧跟着它们东走西走，最后终于走出山谷，找到了回齐国的大路。

老牛舐犊

出处

南朝·宋·范晔《后汉书·杨彪传》：愧无日磾先见之明，犹怀老牛舐犊之爱。

译义

比喻父母爱子情深。

故事

三国时，曹操手下有位谋士叫杨修。一次，杨修随曹操出征，攻城不下，便就地安营扎寨。这时，杨修忽听曹操说道："鸡肋，鸡肋！"他立刻明白曹操的意思是想要退兵，便和士兵说："丞相打算退兵了。"这样，全营的人纷纷收拾行装，准备撤退。曹操巡营时，看到这种情况，非常吃惊，便向士兵询问原因，才知道是杨修点破了自己的心思，心里暗暗佩服杨修的敏慧，同时也很嫉妒杨修的才智。于是，借口杨修扰乱军心，把他杀了。

杨修死后，杨修的父亲杨彪非常伤心，因思念儿子而日渐憔悴。曹操问他说："杨公为什么会这般消瘦啊？"杨彪叹气说："我自己觉得惭愧呀，我预先没有料到我儿子会有这样的结果，现在还有一种像老牛舔舐自己的孩子一样的爱子之心！"曹操听后，十分感动，不免内疚。

老当益壮

出处

南朝·宋·范晔《后汉书·马援传》：丈夫为志，穷当益坚，老当益壮。

译义

形容年纪虽然老而志气更加豪壮。

故事

东汉名将马援,从小就不愿拘泥于章句之间,他打算到边疆去发展畜牧业。马援长大以后,当了扶风郡的督邮。有一次,郡太守派他送犯人到长安。半路上,他觉得犯人怪可怜的,不忍心把他送去受刑,就把他放走了。自己也因此丢了官,逃亡到北地郡躲起来。这时恰好赶上大赦,以前的事不再追究。于是他安心地搞起畜牧业和农业生产。

不到几年工夫,马援成了一个大畜牧主和地主。他有牛羊几千头,粮食几万石。但是,他对富裕生活并不满足。他把自己积攒的财产都分送给他的兄弟、朋友。他说:“一个人做个守财奴,太没有意思了。”

他常对朋友说:“做个大丈夫,总要‘穷当益坚,老当益壮’才行。”就是说,越穷困,志向越要坚定;越年老,志气越要壮盛。后来,马援成了东汉有名的将领,为光武帝立下了很多战功。

老妪能解

出处

宋·曾慥《类说》:白乐天每作诗,令老妪解之,问曰:“解否?”妪曰:“解”,则录之,“不解”,又易之。

译义

形容写的诗文通俗明白,浅显易懂。

故事

唐代的大诗人白居易，生前曾多次整理自己的诗作。他在《白氏集后记》中说，自己的诗文有七十五卷，大小诗共三千八百四十首。在唐代诗人中，他诗作的数量可算是名列前茅了。

白居易字乐天，青年时代家境贫寒，对社会生活及人民疾苦有较多的接触和了解。他二十八岁那年中进士，又经过一次考试，当了一名小官。后来官当得大了，可是因得罪了权贵，他又被贬到江州当司马。最后，他官至刑部尚书。

白居易认为诗必须便于世人理解和记忆，所以，他总是使自己的作品深入浅出，平易通俗，让人们乐于接受。据说，他每作新诗都要念给老妇人听，老妇人说理解了，他才定稿抄录出去；老妇人说不理解，他就进行修改，直到老妇人说理解了方才罢休。

一次，他家的老保姆向他讲述了她亲眼看到的一件事：

一天她上街，听见有人在凄凄惨惨地哭泣，便急忙走上前去。只见一个衣着朴素的妇女抱着两个孩子，身旁一辆马车上，有位将军模样的人紧锁着浓眉。那将军对家丁低声说了几句话后，家丁便从妇女怀里强行夺走了孩子。那两个孩子哭喊着妈妈，妇女肝肠寸断地叫喊着孩子的名字。随着一声鞭响，马车带着哭喊妈妈的两个孩子远去，那妇女边追边喊，最后哭倒在车轮扬起的尘埃里。

老保姆和几个路上的人，赶紧上前搀扶起妇女。经过询问才知道，马车里是她当大将军的丈夫，因破敌有功，得到朝廷赏赐的二百万钱，于是在洛阳新娶了一个妙龄歌女，而抛弃了自己的结发妻子，并在刚才夺走了她的两个孩子。

白居易根据这一活生生的事实，写成著名的诗篇《母别子》。写完后，白居易对老保姆说："这类诗，如果街市上的人听不明白它的意思，那么写了没有意思。我且读给你听听。"

说罢，他将诗缓缓地念了一遍。老保姆一边听一边点头，竟然全听懂了，白居易这才定稿。

乐不思蜀

出处

西晋·陈寿《三国志·蜀书·后主传》裴松之注引《汉晋春秋》：司马文王与禅宴，为之作故蜀技……他日，王问禅曰："颇思蜀否？"禅曰："此间乐，不思蜀。"

译文

快乐得不再思念蜀国，表示乐而忘返或乐而忘本。蜀：三国时的蜀国。

故事

公元223年，蜀汉的建立者刘备因病去世。他的儿子刘禅即位，史称蜀后主。刘禅是个昏庸无能的人，即位初由于丞相诸葛亮等人的辅佐，还能很好治理国家。后来辅佐他的人先后去世，自己又只知道玩乐，因此把国家治理得越来越糟糕，国势日趋衰弱。

公元263年，魏国大将邓艾攻下绵竹，大军直逼成都。刘禅投降，当了俘虏，蜀汉灭亡。

不久，魏帝曹奂命刘禅迁到魏国都城洛阳居住，并封他为安乐公，给予他很多赏赐。刘禅对此很满足，心安理得地在异国他乡重过享乐生活。

当时，魏国的大权掌握在晋王司马昭手中。一天，司马昭请刘禅饮酒，席间还特地安排人为他表演蜀地歌舞。在场的蜀汉旧臣看了，触景生情，十分难过，有的还掉下了眼泪。只有刘禅观看得津津有味，乐不可支，全无亡国之恨。

司马昭见到这种情况后，私下对一位大臣说："一个人竟糊涂到这等程度，真是不可思议。如此看来，即使诸葛亮还活着，也不能保住他的江山！"

席间，司马昭故意问刘禅说："你思念蜀地吗？"

"这里快乐，我不思念蜀地。"刘禅回答说。

过了一会，后主起身如厕，原在蜀汉任职的郤正跟到廊下，暗地里对刘禅说："今后大将军再问您是否还思念蜀地，您应该哭着说，自己没有一天不思念。这样，您还有希望回到蜀地去。"

不久，司马昭果然又问刘禅是否还思念蜀地，刘禅照郤正教的说了，还勉强挤出了几滴眼泪。

不料司马昭已知道郤正教刘禅说这话的情况，听后哈哈大笑，当场点穿，刘禅只得承认下来。

乐不可支

出处

南朝·宋·范晔《后汉书·张堪传》：桑无附枝，麦穗两歧，张君为政，乐不可支。

译文

快乐到不能支撑的地步，形容快乐到了极点。

故事

东汉时，有个能文能武的官员，名叫张堪。他从小失去父母，却豪爽地把父母留下的钱财全部赠给侄儿。张堪十六岁到长安读书，由于他品学兼优，人们称他为"圣童"。当时地位很低的刘秀，对张堪非常赏识。后来刘秀当了皇帝，就重用张堪，并一次次提拔他。后来,任命他为蜀郡太守。

张堪当了两年蜀郡太守,又调任渔阳太守。任内,他坚决打击为非作歹、鱼肉百姓的坏人,赏罚分明,说过的话一定办到,深受属下和百姓的爱戴。

有一次,匈奴出动一万名骑兵侵犯渔阳,张堪亲自率领骑兵迎敌,最后击退了敌人。从此,匈奴不敢再来侵犯,边境太平无事,百姓安居乐业。

张堪利用安定的环境,在狐奴一带开垦大量稻田,鼓励百姓耕种。经过几年的辛勤耕作,这里长满了庄稼,物产丰足,百姓富裕。当地的人们特地编了一首歌,颂扬张堪的政绩:

"这里的桑树修整得没有多余的枝丫,麦子饱满得一穗像是两穗,张君在这里当政呀,老百姓快乐到了极点。"

乐极生悲

出处

西汉·司马迁《史记·滑稽列传》:故曰酒极则乱,乐极则悲,万事尽然。言不可极,极之而衰。

译义

欢乐过度会招来悲伤之事情。

故事

淳于髡是战国时齐国的一个入赘女婿。他身材不高,能言善辩,非常风趣,曾多次代表齐国出使各诸侯国,从来没有受到冷落或屈辱。

当时,齐国是威王执政。威王爱听隐语,又好彻夜宴饮,逸乐无度,陶醉于饮酒之中,把政事委托给卿大夫。文武官员跟着荒淫放纵,各国都乘机来侵犯,国家危亡就在旦夕之间。

公元前349年，楚国派大军侵犯齐国。威王派淳于髡出使赵国求救。淳于髡向赵王陈明利害关系，成功说服了赵王出兵。赵国当即派十万精兵援齐，吓退了楚军。齐威王大喜，在后宫摆宴庆贺胜利。当齐威王问其能饮几杯酒时，淳于髡借机又一次讽谏道："酒喝多了，就容易醉；快乐到了极点，就可能发生悲伤的事。所有事情都是这样的，乐极生悲，超过一定的限度，就会走向反面。"齐威王领会了他的良苦用心，感到十分羞愧，接受了他的建议。从此，齐威王罢长夜之饮，除淫靡之风，励精图治，富国强兵，使齐国成为当时数一数二的强大国家。

李代桃僵

出处

《乐府诗集·相和歌辞·鸡鸣》：桃在露井上，李树在桃傍。虫来啮桃根，李树代桃僵。树木身相代，兄弟还相忘。

译义

原比喻兄弟间互助互爱，后转用来比喻以此代彼或代人受过。

僵：枯死。

故事

我国古代有一处掌管音乐的官署，称为"乐府"，它主要掌管朝会宴请、道路游行时所用的音乐，同时也采集民间的诗歌和乐曲。

南北朝时，出现了许多乐府诗，也就是乐府配合音乐而演唱的歌词。后人把它分为十二类，相和歌辞是其中一类，原是民间歌谣。

《相和歌辞》中有一篇名叫《鸡鸣》，它暴露了汉代望族统治者盛衰无常的生活。

《鸡鸣》分为三段。第一段描写了当时社会的太平繁荣景象，同时描述了当时一种特有的怪现象：出身低微的人一旦得了势，就马上可以成为显赫一时的皇亲国戚。但他们作威作福，最后又沦为刀下之鬼。

第二段写了当时富贵人家的奢华排场。传说有兄弟五人，都是好吃懒做、游手好闲的浪荡子。一天，他们突然得到皇帝赏识，当上了侍中郎。从此，他们就富贵荣华起来了。

他们住的宅第，宅门用黄金镶造，屋顶上黄琉璃瓦，看上去就像王府一样富丽堂皇。厅堂上，时常摆着各种酒樽，以供他们整夜宴请宾客。在宴饮时，美丽的女乐工们为他们演奏音乐。宅第后花园的池塘里，还养着三十六对色彩鲜艳的鸳鸯，以供他们玩乐。

每当朝官休假沐浴的日子，五兄弟在大批随从簇拥下乘车回家。连他们骑的马，马络头都用黄金镶着，闪闪发亮，以致街道上挤满了看热闹的人。

第三段写五兄弟中有人犯了法，一朝沦为阶下囚，不得不受刑；其他兄弟为了不丧失自己的利益，不闻不问，甚至互相倾轧，弄得丑态百出。

诗的最后，借老百姓之口唱了一首歌，来讽刺这帮没有心的兄弟："桃树生长在露天的井旁。李树又生长在桃树边上。蛀虫来啃咬桃树的根，李树替代桃树被啃咬而僵枯死去。树木还会以身相代，而兄弟情谊却连树木都不如。"

厉兵秣马

出处

《左传·僖公三十三年》：郑穆公使视客馆，则束载、厉兵、秣马矣。

译义

磨好刀枪，喂好战马，形容准备战斗。也泛指事前充分做好准备工作。厉：同“砺”，磨；兵：兵器；秣：喂。

故事

杞子是秦国的大夫，驻守在郑国。有一天，他派人密报秦穆公，让他趁秦驻军掌管郑国北门之便，来偷袭郑国。穆公接到密报，觉得机不可失，就不听大夫蹇叔劝阻，立即派孟明视、西乞术、白乙丙三将帅领兵远征郑国。蹇叔的儿子也在这支远征军中，送别时，蹇叔抱住儿子失声痛哭，还说：“你们一定会在崤山这地方遭到晋军伏击，到时，我来收你的尸骨。”

穆公知道后，大骂蹇叔该死。

秦军经长途跋涉来到了离郑国不远的滑国，郑国商人弦高正巧去洛阳做买卖也经过滑国，得知秦军将进攻自己的国家，他一面不动声色，假称受郑穆公的派遣，对秦军说：“我们国君知道你们要来，要我送一批牲口来犒劳你们。”一面暗中派人把秦军进犯的消息火速报给郑穆公。

郑穆公接到弦高的密报，马上派人去杞子等人的住地察看动静，见他们果然已作好了战斗准备，磨好了兵器，喂饱了马匹，准备做秦军的内应。郑穆公证实了弦高的消息后，就派皇武子去杞子处说：“我们很抱歉，没有好好款待你们，现在你们的大将孟明视要来了，你们可以跟他去了。”

杞子等人见事已败露，就分别逃往齐国、宋国。

孟明视得到消息，知道偷袭不能成功，怏怏地说：“郑国已有准备了，我们无人做内应，伐郑没有希望了，还是回去吧。”

于是，他下令班师回国。

还师途中，经过险地崤山，果然遭到了晋军的伏击，秦军全军覆没，孟明视等三位统帅成了晋国的俘虏。

利令智昏

出处

西汉·司马迁《史记·平原君虞卿列传》:鄙语曰:“利令智昏。”平原君贪冯亭邪说,使赵陷长平兵四十余万众,邯郸几亡。

译义

形容因贪图私利,使得头脑发昏,忘掉一切。利:金钱、利益;令:使;智:理智;昏:糊涂,神志不清。

故事

战国时期,赵国有一个名叫赵胜的人,十分贤能,有功于赵国。起初,他的封地是平原邑,因此,被称为平原君。他曾担任赵惠文王和孝成王的相国,三次被罢免,又三次被复职,在诸侯中很有名气。

但是,平原君有时也不能识大体,为眼前的小利蒙住眼睛,最终致使赵国蒙受了重大的损失。

公元前262年,秦国派大将白起,带领人马,攻打韩国。秦军先占领了韩国的野王(在今河南沁阳县),这里是韩国的上党同内地之间的重要通道。野王被占,上党受到孤立,上党的郡守冯亭说:

“上党眼看就守不住了,我们投降秦国不如投降赵国。赵国得到上党后,秦国肯定会去攻打它。那时,赵国受到攻击,必然求韩国援助。赵国和韩国联合起来,就可以抵挡住秦国了。”

于是冯亭派人带着上党的地图去见赵孝成王,要把上党献给他。这时,平阳君赵豹认为,无缘无故收下这块地方将“祸大于所得”,最好不要接受。但平原君赵胜认为,不费吹灰之力就能得到这块地方,没有什么不好,应该接受。最后孝成王便派平原君到上党将这块地方接手过来,并封冯亭为华阳君。

这件事激起了秦国的愤怒,秦国便派白起为将,率领军队攻打赵国。赵国的四十余万大军被围困,最后被秦军打得全军覆没。

两袖清风

出处

明·都穆《都公谭纂》:人传其诗云:“绢帕蘑菇与线香,本资民用反为殃。清风两袖朝天去,免得闾阎话短长。”

译文

比喻为官清廉,除了两袖清风一无所有。

故事

于谦,是明朝著名的民族英雄和诗人。他二十四岁中进士,不久就担任监察御史。明宣宗很赏识他的才能,破格提升他为河南、山西巡抚。尽管身居高官,他过的生活非常俭朴,吃住都十分简单。

明宣宗去世以后,九岁的太子朱祁镇继位,史称明英宗。因皇帝年少,宦官王振专权。王振勾结内外官僚作威作福,大臣都叫他为“翁父”。于谦看不惯他专擅朝政,从不逢迎他。为此,王振对于谦非常嫉恨。

当时外省官员进京朝见皇帝或办事,都要贿赂朝中权贵,否则寸步难行。于谦在担任巡抚从外地回京时,他的幕僚建议他买些蘑菇、绢帕、线香之类的土特产孝敬权贵。于谦不愿这样做,他甩了甩两只宽大的袖管,说:“我就带两袖清风!”

回到家里,他就写了一首题为《入京》七绝诗。他在诗中写道:“绢帕蘑菇与线香,本资民用反为殃。清风两袖朝天去,免得闾阎话短长。”

两败俱伤

出处

西汉·司马迁《史记·张仪列传》：庄子欲刺虎，馆竖子止之，曰："两虎方且食牛，食甘必争，争则必斗，斗则大者伤，小者死。从伤而刺之，一举必有双虎之名。"卞庄子以为然，立须之。有顷，两虎果斗，大者伤，小者死。庄子从伤者而刺之，一举果有双虎之功。

译义

争斗的双方都受到损伤。俱：都。

故事

战国时期，韩国和魏国两国交战，相互攻打了一年多未分胜负。秦惠王想出兵干涉。他向大臣们征求意见，大臣们众说纷纭，有的说出兵对秦国有利，有的说出兵于秦不利。秦惠王听了难以决断。正好，楚国的陈轸出使秦国。陈轸是位游说之士，曾与现为秦国相国的张仪同为秦惠王做事。秦惠王知道陈轸也是足智多谋的人物，便请他帮助定个计策。

陈轸便向秦惠王讲了个卞庄子刺虎的故事：

有一次，卞庄子看见两只虎正撕咬一头牛，想拔剑去刺虎。旅店的伙计劝阻他："这两只虎正在吃牛，吃得香必定要争食，争着争着就必然相斗。相斗的结果，必然是大虎受伤，小虎被斗死。那时，你去刺那只受伤的虎，就有一举杀死两只虎的威名了。"卞庄子听了觉得很对，就站着等虎斗。不一会儿，两只虎果然斗了起来，真的是小虎死了，大虎也被咬得伤痕累累。庄子举剑向那只负伤的大虎刺去,一举便立下了灭掉双虎的功劳。

陈轸讲完故事,接着说:“韩、魏两国已交战了一年多,将来必定是小国被灭,大国也伤了元气。那时再讨伐力量已削弱了的大国,一举就赢了两国。这就像卞庄子刺虎一样啊!”

秦惠王听了大为赞赏,终于决定暂不出兵,坐山观虎斗。

后人便从这个故事中引出成语“两败俱伤”,来比喻斗争的双方都受到了损伤。

这个故事还另外引申出成语“两虎相斗,必有一伤”,用来比喻两雄相争,必定有一方力量将受到削弱。

量体裁衣

出处

南朝·梁·萧子显《南齐书·张融传》:今送一通故衣,意谓虽故,乃胜新也,是吾所著,已令裁减称卿之体。

译义

按体形裁剪衣服。比喻根据各自的能力安排不同的职位。

故事

南朝时,齐国有个人名叫张融,他在青年时就很有才能,后来当了大官。他生活简朴,衣服粗陋,很受齐太祖萧道成的器重和宠爱。太祖曾说:“此人不可无一,不可有二。”

有一次,齐太祖专门派人给张融送去一件衣服,并带去一封诏书,诏书写道:“今送一通故衣,意谓虽故,乃胜新也,是吾所著,已令裁减称卿之体。”意思是说:现在送给你一件我曾经穿过的旧衣服,虽然旧了一些,但是穿上会比新的舒服。已经叫裁缝按照你的身材改做好,你穿上一定会很合适的。

张融收到衣服和诏书以后,非常感激,从此对齐太祖更加忠诚了。

临危不顾

出处

西晋·陈寿《三国志·魏书·陈留王传》:和、琇、抚皆抗节不挠,拒会凶言,临危不顾,词指正烈。

译文

遇到危难时,一点也不怕,非常英勇。不顾:不顾惜自己。

故事

公元263年,魏国派三路大军进攻蜀国。其中一路三万多人由征西将军邓艾率领,另一路三万多人由雍州刺史诸葛绪率领,还有一路十万多人由镇西将军钟会率领。

蜀国后主刘禅发现形势危急,赶紧派军队援助大将军姜维。姜维退守形势险要的剑阁,钟会写信给他进行拉拢,姜维没有答复。钟会见攻打不下,打算退兵。

就在这时候,邓艾率军绕过剑阁,直取成都。蜀国内部乱成一团,懦弱无能的刘禅见无法抵抗,便向邓艾投降,并派人命令姜维也投降。姜维没有办法,只好到钟会阵前投降。

钟会非常钦佩姜维的才能,和他出则同车,坐则同席。但他非常妒忌邓艾的功劳,并设法陷害邓艾。邓艾灭蜀后,在成都骄傲专横,独断专行,引起晋公司马昭的疑忌。钟会乘机诬告邓艾谋反,司马昭下令将邓艾逮捕。钟会带着姜维赶到成都,邓艾被捕后,钟会大权独揽,他想利用手中的重兵夺取天下。姜维发现了他的意图，也打算利用他的叛乱来恢复蜀国的统治，因此怂恿钟会叛乱。

但是，钟会还没有出兵长安，司马昭已带领十大军屯驻长安，防备钟会作乱了。钟会发现司马昭已有防备，决定马上动手。姜维想借钟会的手消灭魏国来的文武官员，然后再杀死钟会，因此对钟会说，这些官员不可靠，要赶紧将他们杀掉。钟会也知道，他们会反对自己作乱，因此把他们召集起来，假传太后遗诏，说太后要自己讨伐司马昭。一众官员慑于钟会的威胁，只好勉强依从。只有夏侯和、羊琇、朱抚三人毫不畏惧身处危境，坚决反对钟会叛乱。钟会一时间也不敢奈何他们，结果被关押的官员乘机逃出去，和部下一起攻打钟会。钟会见大批魏军来攻，手足无措，最终死于兵变。

令行禁止

出处

《逸周书·文传解》：令行禁止，王始也。

译义

形容法令严正，雷厉风行。

故事

商朝末年，纣王暴虐无道，大肆挥霍民脂民膏。为了供自己享乐，他在京都朝歌北建造了一座庞大奢华的沙丘苑台，苑台内有富丽堂皇的宫殿和各种珍禽奇兽，他就整天和妃子们在里面寻欢作乐。

姬昌知道纣王的日子不会太长，他求访贤才，积蓄力量，团结各地诸侯，做好推翻商朝统治的准备。经过九年的经营，国力大增，归附他的诸侯愈来愈多。但不幸的是，他患了重病，卧床不起。姬昌自知不久于人世，便把儿子姬发叫到床前，谆谆教导他说："我一生的夙愿是创建周的王业。你能切实做到下令去做的就立刻行动，下令不准做的就立刻停止，那就是王业的开始。望你实现我的夙愿！”

姬昌去世后，姬发继承其父灭商的遗志，在弟弟姬旦和军师姜子牙的辅佐下，加紧灭商的各种准备。即位后的第二年，姬发到孟津检阅军队，八百个诸侯自动赶来会合，拥护他出兵征伐纣王。但姬发认为时机还不够成熟，没有同意。

过了两年，纣王越来越倒行逆施，甚至杀害自己的叔父，囚禁自己的兄长，已经到了众叛亲离的程度。于是姬发起兵灭商。纣王调集七十万大军与周军决战。由于商军在阵前倒戈，商军全线崩溃。纣王见大势已去，自焚而死。

连篇累牍

出处

《隋书·李谔传》：连篇累牍，不出月露之形；积案盈箱，唯是风云之状。

译义

写字用的竹筒、木片串连堆积在一起。形容篇幅过多，文辞冗长。连篇：一篇接着一篇；累：重叠，堆积；牍：古代写字用的木片。

故事

李谔，字士恢，隋文帝时任治书侍御史，很有辩才，文章也写得很好。他看到六朝以来的文章大都华丽不实，决定上书给隋文帝，希望通过发布政令来改变当时文风。主意打定，他就着手去写。

隋文帝杨坚统一了天下以后，在处理政务时看到大臣们上的一些奏章都追求词藻的华丽，不重视解决实际问题，他就暗暗思忖：南朝政治的腐败跟这绮丽的文风有关，这真是误国呀！一天，他伏案看着奏章，看到泗州刺史司马幼之文表华艳，词藻堆砌，内容空洞无物，不禁勃然大怒，马上对手下人说："把泗州刺史司马幼之交给有关的部门治罪。"

李谔的奏章写好后，便上书请正文体。奏章从魏武帝、文帝、明帝说起，谈到了他们尤崇尚文辞，不重视为君之道，只注重文辞华丽的雕虫小技，而下面的人跟从他们，在文辞华丽上大做文章，渐渐形成风尚，给后世带来了恶劣的影响及危害，望当今皇上能出政令改变文风。

隋文帝阅了李谔的奏章，不住地点头，当看到"连篇累牍，不出月露之形；积案盈箱，唯是风云之状"时，心想：李谔说得对呀，现在的一篇篇文章，一箱箱案卷，谈来谈去，都离不开吟风弄月，真是又长又累赘。这样下去，世俗无论贵贱贤愚，都去吟咏风花雪月，崇尚绮丽文风，追逐功名利禄，可怎么得了啊！

于是隋文帝下令说："把李谔的奏章颁示天下。如以后写来的奏章再不注意文风，定严加追究。"

李谔通过发布政令来改变文风的愿望终于实现了。从这以后，当时的文风便逐步地好转了。

流言蜚语

出处

西汉·司马迁《史记·魏其武安侯列传》：乃有蜚语为恶言闻上，故以十二月晦论弃市渭城。

译义

社会上流行的没有根据的话，多指背后议论、诽谤或挑拨离间的坏话。"流言”和“蜚语”的意思相似。

故事

公元前154年，汉朝开国皇帝刘邦的侄子吴王濞，联合了楚、赵等国发动叛乱。窦太后的侄子窦婴被景帝任命为大将军，率军驻守荥阳，监视齐、赵两国的军队。后来叛乱平定，他因功被封为魏其侯。

另外一位皇亲国戚田蚡，是皇后王氏的同母兄弟，因为出身低贱，当时只当一个小小的郎官。后来由于王皇后常在景帝面前说他好话，他当上了太中大夫。景帝死后，他的儿子武帝即位，田蚡更加得宠，被封为武安侯。

过了几年，景帝的母亲窦太后也死了，窦婴很快失势，而田蚡作为国舅却当上了丞相。窦婴失势后，将军灌夫还是与窦婴保持密切的关系，他与窦婴同病相怜，特别友好。

公元前131年，田蚡娶燕王的女儿为夫人，王太后特地下诏，要诸侯王和宗室大臣都去祝贺。宴会进行过程中，田蚡起立向客人敬酒，客人都表示不敢当，纷纷离开坐处并且拜伏。过了一会儿，窦婴也起立敬酒，但这时只有他的旧交熟人离开座位，半数的人仍然跪坐在席上不动。

灌夫看着这一切，心里十分恼火，就拿起酒杯，到田蚡席前去敬酒。田蚡并不起立，只是动了一下腿，说自己已不能再喝。灌夫怒火中烧，但表面上嬉笑着再次要他喝酒。田蚡还是不喝，于是，灌夫继续往下敬酒。当敬到一个权贵跟前，那人正凑着边上一个权贵的耳朵说话，也没有起立敬礼。灌夫再也忍不住了，指着他边上的权贵骂道：“你平时说他一钱不值，今天我向你敬酒，你却学女人的样子与他咬耳朵说话！”

田蚡见灌夫当众辱骂他请来的客人，勃然大怒，马上召来卫士，把灌夫扣留下来。接着，又将灌夫的宗族都抓起来。

窦婴觉得灌夫是为自己而得罪田蚡的，便决定舍命救他。他设法让武帝召见，说灌夫是喝醉了酒才失礼的，田蚡不能因私怨而定他罪。武帝让他和田蚡当面辩论，但两人各执一词，无法调和。于是，武帝又让大臣们发表意见。大臣们多数人不明确表示意见，武帝很生气。

王太后知道这件事后，以不进食逼武帝支持田蚡，武帝只得将窦婴逮捕下狱。这一来形势急转直下，灌夫很快被定为灭族之罪。窦婴见情势危急，就让侄儿上书武帝，说自己以前曾接收过景帝的遗诏，授权他在特殊情况下，可以请求皇帝召见。上书到朝廷后，有关官员查下来没有发现景帝有此遗诏，于是窦婴又被加上伪造先帝遗诏的罪名。按照律法，犯这个罪的要被斩首。

公元前131年农历十月,灌夫及其全族被斩。窦婴听说这件事后,极度悲愤,便企图绝食自杀。可过几天有人传来消息说,武帝不想杀他。他以为可以不死,恢复进食,但就在这个时候,又有许多没有根据的诬蔑和中伤他的话传进宫中。武帝听后大怒,终于在十二月的最后一天将他斩首。

勠力同心

出处

《墨子·尚贤》:聿求元圣,与之勠力同心,以治天下。

译义

表示大家同心合力。勠力:合力。

故事

传说夏朝的末代君主桀是个凶狠残暴、荒淫无道的暴君。夏朝东面有个诸侯小国叫商,国君汤是一位贤明的君主。他见夏桀残酷地压迫人民,百姓怨声载道,就暗暗联络各地诸侯,积聚力量,准备推翻夏朝统治。为了辅助自己治理国政,实现灭夏的宏愿,他派人到处去寻访贤士。

一天,商汤的部下来报告说,隐居在莘国郊外的伊尹是一位大贤人。商汤听了非常高兴,马上派人带着厚礼去请。然而使臣去请了两次,伊尹没有答应。后来商汤亲自去请,恳切地表明了自己的诚意。伊尹被商汤的诚心感动,决心辅助商汤灭夏。

由于伊尹的辅佐,商的国力空前壮大,灭亡夏朝的时机成熟。在出师灭夏之前,商汤向全军发布誓师文告。他在文告中说:“夏桀罪恶累累,天意决定把他消灭。上天命令我请来大圣人伊尹,要我和他同心合力,治理天下。你们要勇敢战斗,帮助我实现上天的旨意!”

战斗开始后,商军勇猛无敌地冲向夏军,夏军毫无士气,四散溃逃。由于君臣同心合力,商汤终于在伊尹的辅助下,完成了灭夏的大业。

鹿死谁手

出处

《晋书·石勒载记下》：勒因飨酒酣，笑曰："朕若逢高皇，当北面而事之，与韩、彭竞鞭而争先耳。脱遇光武，当并驱于中原，未知鹿死谁手。"

译义

原义比喻天下政权为谁所得。现在也泛指谁能取得最后的胜利。鹿：这里指猎取对象，比喻为天下、政权。

故事

东晋时，中国的北方有匈奴、鲜卑、氐、羌、羯等五个胡人大部落，他们曾先后起兵对抗汉族政权，这便是历史上所称的"五胡乱华"。

那时，有个羯族人名叫石勒，他幼年时曾随同部落里的大人到洛阳贩卖货物，还曾经给别人做过长工。

晋惠帝末年，因为并州闹饥荒，二十多岁的石勒被并州刺史司马腾卖到山东一个名叫师欢的人家里做奴隶。师欢看到他相貌堂堂，与众不同，对他十分优待，不久便免了他的奴籍，让他当了佃客。

后来，石勒聚集王阳、郭敖等十八人为骨干，与汲桑一起聚众起义。

起义失败后，他便投奔匈奴族的酋长刘渊，成为刘渊部下的一员大将。

公元 304 年，刘渊称帝，国号为汉。过了几年，刘渊死了，他的儿子刘聪、侄子刘曜相继登位，刘曜改国号为赵(历史上称为前赵)。

这时，石勒重用汉族人张宾为谋士，联合汉族中的地方豪强，发展成为割据一方的势力。

公元 318 年,石勒消灭了西晋在北方的残余势力。

第二年,他断绝和前赵的君臣关系,自称为帝,但仍沿用赵国的名号,历史上称为后赵。

后赵的国势在五胡十六国中可称得上是最强盛的。

有一次,石勒在宴请自己臣僚的一次酒会上,自我夸耀说:“假如我和汉高祖(西汉开国皇帝刘邦)生在同一个时代,我自认为不如他,那我一定和韩信、彭越一样做他的部下,为他奋战疆场;但如果遇到汉光武帝(东汉开国皇帝刘秀)那样的国君,我一定要和他在中原一带比一比高下,到那时还不知鹿会死在谁手上呢!”

洛阳纸贵

出处

《晋书·左思传》:于是豪贵之家竞相传写,洛阳为之纸贵。

译文

比喻著作风行一时,流传很广。

故事

左思是西晋时期的作家,他写文章非常认真,从不追求多产速成,因此,写出的文章质量很高。他曾用一年的时间,写了篇《齐都赋》。

后来,因为他的妹妹被选入宫,全家迁居京城洛阳,他被任为秘书郎。

从这时起,左思开始计划写《三都赋》(三都,指魏、蜀、吴三国的都城)。

他整天苦心构思,时时刻刻都在想着这篇文章。他在书房外的走廊里,庭院里,甚至厕所里挂上纸笔,每得佳句,不论一句半句,立刻记录下来。

这样努力了十年,才写成这篇《三都赋》。

《三都赋》一问世,由于在内容和形式上达到了空前的高度,艺术价值也极高,被当时京城洛阳有地位的人争相买纸抄写传阅,以致洛阳的纸张突然变得供不应求,价格大涨。

M

马革裹尸

出处

南朝·宋·范晔《后汉书·马援传》:援曰:"方今匈奴、乌桓尚扰北边,欲自请击之。男儿当死于边野,以马革裹尸还葬耳,何能卧床上在儿女手中邪?"

译义

战死沙场后,用马皮把尸首包裹起来。形容英勇作战,献身疆场。

故事

马援,字文渊,东汉茂陵(在今陕西)人。有一次,他去讨伐割据的军阀隗嚣,打了胜仗回来,他的老朋友们都去向他道贺。光武帝刘秀也给他很丰厚的赏赐。可是马援却觉得自己的功太微薄了,不值得如此厚赏。

他认为,以前的伏波将军路博德平定南越,开置七郡,只得到几百户封地;而自己功绩远不如他,却得到一个县封地,实在过意不去,所以想再替国家立些功劳。

正好那时匈奴侵掠扶风县,马援便向光武帝要求再度出征。出发前,马援慷慨激昂地说:

“大丈夫应当效死疆场,有马革裹着尸首回来才光荣,怎能躺在病床上,靠儿女服侍呢?”

后来,洞庭湖一带又发生五溪蛮人作乱,光武帝曾派人去征战,结果因不能适应那里的气候,全军覆没了。马援知道后,主动向光武帝表示愿领兵出征,光武帝想了想说:

“你的年纪太老了吧!”

“我虽然已六十岁了,但仍能披甲上马,不能算老。”

马援说完,穿好甲胄,一跃登上马鞍,表示自己仍是可用之将。光武帝看了,称赞他说:

“这位老人家,真是老当益壮啊!”

于是,光武帝便命他率军出征。马援在这次战役中,奋勇杀敌,斩杀了两千多蛮人,重挫敌军。可是,在就要凯旋回乡时,他不幸染上瘟疫,病死军中,实现了他“马革裹尸”的壮志。

这个故事里,还引申出“老当益壮”这则成语,用来形容年纪虽老,志气却更豪壮。

马首是瞻

出处

《左传·襄公十四年》:荀偃令曰:“鸡鸣而驾,塞井夷灶,唯余马首是瞻。”

译文

古代作战时看主将的马头方向而行动。后比喻一切听人指挥或随他人进退。瞻:往前或向上看。

故事

春秋时，秦、晋两国虽有联姻，但为了各自的利益，经常互相争斗。

公元前558年夏天，晋悼公派中军元帅荀偃，下军元帅栾黡率军攻打秦国，会同晋军一起攻打秦国的还有鲁、莒、郑、卫等国的军队。

大队人马来到泾水河边，各诸侯国的军队不肯渡河。晋国大夫叔向为此去同鲁卿叔孙豹商量，叔孙豹表示鲁国的军队可以率先渡河。于是，叔向准备了船只，先让鲁国和莒国的军队渡过了泾水。接着各国的军队也都渡过了河。

大军渡过泾水以后，驻扎在泾水边上。结果，秦国在泾水上游放了毒药，毒死了各诸侯国的不少士兵。郑国的司马子蟜十分生气，首先率领郑军向秦军出击，其他各国的军队也纷纷跟上去。

双方交战后，荀偃率各诸侯国的联军一直打到秦国境内棫林一带，可是秦军仍顽强阻击。于是，荀偃下令说："明天清晨鸡一叫全军就要驾好兵车，准备出击，填井平灶，做好一切战斗准备。看着我的马头行动，我的马走向哪里，你们就跟向哪里！"

下军元帅栾黡感到荀偃的命令太专横独断了，他不服气地说："我率军打过无数次仗，从来没有接到过这样的命令，你要我看着你的马头行动，我偏不听！"

于是，栾黡带着自己率领的下军掉头向东，撤回晋国。荀偃考虑到剩下的人马打不赢秦国，也只得命令全军撤退了。

貌似潘安

出处

东晋·裴启《语林》:安仁至美,每行,老妪以果掷之,满车。

译文

潘安姿容美丽,后以"貌似潘安"等称誉美男子。

故事

潘安,西晋人,出身文学世家,才貌双全。他不仅是西晋太康文学的代表人物,还是当时著名的美男子。刘义庆《世说新语》中有好几篇曾经提到过他,《容止》篇中尤其详细地介绍了潘安的美貌。他和夏侯湛都长得非常俊美,二人同行时,被人称为"连璧",潘安更是"妙有姿容,好神情"。因为他姿容清丽,神情也悠然俊雅,走在街上有极高的回头率,民间还有"掷果潘安"的传说。

据说洛阳的妇女十分爱慕潘安的容貌。潘安常乘车出行,那些妇女们一旦遇到就手拉手把他围起来,往车上投掷各种鲜果,表示对他的仰慕,潘安因此常常满载而归。作为对比的是当时以《三都赋》名闻天下的文学家左思。左思生得奇丑,但他不自量力,见潘安载水果而归,自己也乘了车子到街上游逛,没想到被一群老妇唾弃不说,车上还被投掷了无数的砖头瓦块,只好狼狈地"满载"而归。

潘安虽然貌美才丰,但性情轻浮急躁,又趋炎附势,得罪了小人,后无辜被株连,死于非命。

毛遂自荐

出处

西汉·司马迁《史记·平原君虞卿列传》:门下有毛遂者,前,自赞于平原君曰:"遂闻君将合从于楚……今少一人,愿君以遂备员而行矣。"

译义

比喻自告奋勇,自我推荐去从事某项工作。毛遂:战国时赵国平原君的门客;自荐:自己推荐自己。

故事

赵孝成王九年(公元前257年),秦国的军队包围了赵国的都城邯郸。赵王派相国平原君出使楚国,要求楚考烈王与赵国联合起来抗击秦国。

平原君打算从食客中挑出二十个有谋有勇的人,随同他前往楚国。挑出十九人后,还有一个再也找不到合适的了。

有个名叫毛遂的食客,向平原君自我推荐道:

"听说您要带二十人前往楚国,现在尚缺一人,请您让我来凑满数吧!"

平原君不熟悉毛遂,问他道:

"先生到我门下有几年了?"

"已有三年了。"

"一个有本事的人在世上,好比一把锥子装进口袋,马上可以看到锥尖戳破袋钻出来。你来这里三年,我从未听别人有称赞你的话。可见你一无所长,所以你不适合去,还是留下吧!"

"今天,我就请您把我当作锥子放进口袋。如果早放进口袋,那么不仅是锥尖钻出口袋,恐怕整个锥子会像禾穗那样挺出来呢!"

平原君听了毛遂的回答,同意他随同前往。

途中,同行的人在与毛遂交谈过程中,逐步发觉他是个了不起的人物,都很钦佩他。

不料,楚王不愿联合抗秦,平原君也说服不了他。

毛遂代表其他十九人上台去说服楚王。楚王听说毛遂是平原君门下的食客,怒气冲冲地要他下台去。毛遂按着剑走近楚王,大声说道:

"大王所以敢当众叱责我,是因为楚国人多势众。但如今大王与我处于十步之内,楚国纵然强大,大王也倚仗不着,因为您的性命掌握在我毛遂手里!"

楚王被毛遂勇敢的举动吓呆了。接着,毛遂又向楚王分析说,共同抗秦对赵、楚双方都有好处,道理是如此清楚、明白,楚王一时竟想不到任何理由反对。

毛遂的一席话,终于说服了楚王。楚王决定和平原君歃血为盟,联合抗秦。

冒天下之大不韪

出处

《左传·隐公十一年》:君子是以知息之将亡也。不度德,不量力,不亲亲,不徵辞,不察有罪。犯五不韪而以伐人,其丧师也,不亦宜乎!

译义

表示公然去做天下认为是最大的错误的事,必然要惨遭失败。韪:对,是。

故事

春秋初,位于河南省中部的郑国和息国紧密相连,都是比较小的诸侯国。它们与周室同宗,都姓姬。

息国虽然比郑国还小,但却不能与郑国友好相处,经常发生摩擦。

公元前712年,息国的国君因为一些小事,又与郑国发生了矛盾。他很不冷静,竟派兵攻打郑国。

《左传》的作者说,从这件事,人们就能预见到息国这样干是要灭亡的。因为它犯有五大错误:一、没有度量这次出兵是否正义;二、没有权衡自己的力量;三、没有想到与自己同姓的亲戚应该亲善和睦;四、没有分清是非曲直;五、没有审察自己的过错。息国存在这五个致命弱点,自己全然不知,毫不醒悟。

息国的国君出兵郑国可真是做了一件普天之下所有人都觉得不对的事情,丧师败众不是活该吗?果然,息国遭到惨重失败,国君狼狈逃回。后来息国终于被强大的楚国灭亡。

门可罗雀

出处

西汉·司马迁《史记·汲郑列传》:始翟公为廷尉,宾客阗门;及废,门外可设雀罗。

译义

门前可以张网捕雀。形容门庭冷落，宾客稀少。

故事

西汉著名的史学家、文学家司马迁，曾经为汉武帝手下的两位大臣合写了一篇传记，一位是汲黯，另一位是郑庄。

汲黯，字长孺，濮阳（今属河南省）人。景帝时，曾任太子洗马；武帝时，曾做过东海太守；后来又任主爵都尉，列于九卿。

郑庄，陈（今河南淮阳县）人。景帝时，曾经担任太子舍人；武帝时，担任大农令。

这两位大臣都为官清正，刚直不阿，曾位列九卿，声名显赫，权势高，威望重。上他们家拜访的人络绎不绝，出出进进，十分热闹，谁都以能与他们结交为荣。

可是，由于他们太刚直了，汉武帝后来撤了他们的职。他们丢了官，失去了权势，就再也没人去拜访他们了。

司马迁在叙述了两人的生平事迹后，深为感慨地说：像汲黯、郑庄这样贤良的人，有势力时，客人很多；一旦失去权势，便门可罗雀，其他的人就更不用说了。

由于联想到两人的情况和下邽的翟公一样，司马迁接着又介绍了翟公的情况。

翟公曾经当过廷尉（中央掌管司法的长官）。他在任的时候，登他家门拜访的宾客十分拥挤，塞满了门庭。后来他被罢了官，就没有宾客再登门了，门口冷清得可以张起网来捕捉鸟雀了。

官场多变，过了一段时间，翟公官复原职。于是，那班宾客竟又想登门拜访他了。

翟公感慨万千，在门上写了几句话：

“一生一死，乃知交情；一贫一富，乃知交态；一贵一贱，交情乃见。”

门庭若市

出处

《战国策·齐策一》:〔齐王〕乃下令:"群臣吏民,能面刺寡人之过者,受上赏;上书谏寡人者,受中赏;能谤讥于市朝,闻寡人之耳者,受下赏。"令初下,群臣进谏,门庭若市。

译义

门口和庭院里热闹得像集市一样。形容来的人多。

故事

战国时,齐国有一位大夫名叫邹忌,人长得很英俊。有一天早晨,他穿好朝服,戴好帽子,对着镜子端详一番,然后问他的妻子说:"我和城北徐公比较起来,谁长得英俊?"

"你英俊极了,徐公怎么比得上您呢!"妻子说。

徐公是齐国出名的美男子。邹忌听了妻子的话,并不太敢相信自己真的比徐公英俊,于是他又去问他的爱妾,爱妾回答说:"徐公怎能比得上您呢!"

第二天,邹忌家中来了一位客人,邹忌又问了客人,客人说:"徐公哪有您这样俊美呀!"

过了几天,正巧徐公到邹忌家来拜访,邹忌便乘机仔细地打量徐公,拿他来和自己比较。结果,他发现自己实在没有徐公英俊。于是,他想:"妻子说我英俊,是因为偏爱我;爱妾说我英俊,是因为惧怕我;客人说我英俊,是因为有求于我。其实我实在没有徐公英俊啊!"

接着,他又从这件事联想到,齐威王身为一国之君,所受到的蒙蔽一定更多。第二天早朝，他就把发生在自己身上的事说给齐威王听，并劝谏说："现在齐国地方千里，城池众多，大王接触的人也比我多得多，所受的蒙蔽也一定更多。大王如能开诚布公地征求意见，一定对国家有益。"

齐威王听了，觉得很有道理，立刻下令说："无论是谁，能当面指出我过失的，给上赏；上奏章规劝我的，给中赏；在朝廷或街市中议论我的过失，并传到我耳中的，给下赏！"

命令一下，群臣前去进谏，一时川流不息，朝廷门口每天像市场一样热闹。

门无杂宾

出处

《晋书·刘惔列传》：累迁丹阳尹，为政清整，门无杂客。

译义

形容不随便结交朋友，交友谨慎。

故事

晋朝的太守刘耽，为官清廉，家境贫寒。他去世后，妻子任氏和儿子刘惔只好住在简陋的草屋里。刘惔很有志气，一面读书，一面编草鞋养活母亲。

刘惔发奋读书，学识过人，受到当时许多有名望的文人的器重，他们对他作出很高的评价。他的母亲告诫他要有自知之明，不要接受别人对他过高的评价。

有一次，著名的学者孙盛写了一篇哲学方面的文章，声称没有人能驳倒文中的论点。司马昱让一位精通哲学而又善于辞令的文士去驳，结果未能成功。

司马昱认为，如让刘惔来驳，一定能驳倒他，便马上叫人把他请来。

孙盛对刘惔一直很敬佩，只是从未当面讨教过。刘惔看了他的文章后就进行批驳，果然击中要害。孙盛口服心服，甘拜下风。从此，刘惔的名声更响，他本人也更加自负，只肯与极有才学的人交往。

后来，刘惔被调到外地去当官。他信奉老子和庄子的道家学说，主张清静无为，办事又非常严谨，以致他的衙门里非常清静，毫无嘈杂；他的家也不像一般地方官的家那样，经常有人进进出出，而是像隐士的幽居，从未有杂乱的客人上门。

买椟还珠

出处

《韩非子·外储说左上》：楚人有卖其珠于郑者，为木兰之柜，熏以桂椒，缀以珠玉，饰以玫瑰，辑以羽翠，郑人买其椟而还其珠。

译义

把装珠宝的木匣买走，而把贵重的珠宝还给卖者。比喻舍本逐末，取舍失当。椟：木匣。

故事

春秋时期，楚国有一个珠宝商人，常常往来于楚国和郑国之间做生意。

有一次，他又准备带一批珠宝到郑国去卖，为了吸引顾客，他想了一个招揽顾客的办法。

首先，他选了一些上等的木兰，做成许多式样十分新颖的木匣，然后在匣子外面雕刻上精致的花纹，四周还镶嵌了许多珠宝、美玉、翡翠，同时还用名贵的香料把匣子熏得香喷喷的。他想，把珠宝放在这样的匣子里，郑国人一定会抢着买，他就可以好好地做一笔生意了。

于是，这个珠宝商做好了准备，就满怀希望动身到郑国去了。到了郑国以后，他选了一条最热闹的街市来展示他的珠宝。果然，不出他所料，马上有许多人围拢来欣赏、观看。珠宝商看到客人这么拥挤，心中暗暗高兴，以为可以大赚一笔钱了。

可是他仔细一听顾客的对话，不由紧张起来。原来顾客们欣赏的是匣子的样式以及装饰的美丽，而对匣中的珠宝，却毫不在意。

珠宝商为了改变这个局面，高声推销匣子中的珠宝，可是令顾客们感兴趣的只是那些匣子，甚至有人宁愿出很高的价钱只买匣子，而把珠宝无条件地还给那个珠宝商呢！

芒刺在背

出处

东汉·班固《汉书·霍光传》：宣帝始立，谒见高庙，大将军光从骖乘。上内严惮之，若有芒刺在背。

译义

如同有芒刺在背上一样，比喻心中惶恐，坐立不安。芒刺：植物茎叶、果壳上的小刺。

故事

公元前87年汉武帝死后，他年仅8岁的小儿子刘弗陵即位，史称汉昭帝。按照汉武帝的遗诏，由大司马大将军霍光、御史大夫桑弘羊等辅政，掌握朝廷军政大权。

霍光忠于汉皇室，曾采取一系列措施，使西汉经济有了较大的发展。但他又利用手中的权力，排挤与自己意见不同的人，把桑弘羊等处死；甚至威逼反对他的一些皇亲国戚自杀，从而使他威名大震。

汉昭帝的寿命不长，21岁就死了。他没有儿子，于是霍光把汉武帝的孙子刘贺立为皇帝。后来，霍光发现刘贺生活放荡不堪，整天寻欢作乐，经与大臣们商量，又把刘贺废掉，另立汉武帝的曾孙刘询为帝，是为汉宣帝。

刘询的祖父刘据是汉武帝的太子，后来涉及一个事件，连同全家被杀。当时刘询还是婴儿，由于一个狱吏的营救，才幸免于难，后寄养在民间外祖母家。刘询因为从小在民间生活，所以懂得一些生活的艰难。

不过刘询也非常清楚，霍光的权势很大，自己的生死存废完全决定于他，因此对他很害怕。

刘询即位后做的一件大事，就是去谒见祖庙。到了那一天，汉宣帝乘坐一辆装饰华丽的马车，霍光就坐在马车一侧陪侍。皇帝见霍光身材高大，脸容严峻，不由自主地觉得非常畏惧，惶恐不安，就像有芒刺在背上那样难受。

此后，汉宣帝见到霍光，总是小心翼翼。公元前68年霍光病死，乘车时再也没有他来陪侍，汉宣帝才感到无拘无束，行动自由了。

盲人摸象

出处

宋·释道原《景德传灯录》卷二十四：有僧问："众盲摸象，各说异端，忽遇明眼人又作么生？"师曰："汝但举似诸方。"师经行次，众僧随从。

译文

比喻看问题总是以点代面、以偏概全。

故事

古时候，有个皇帝召集了一批盲人，让他们各摸大象的一个部分。等他们摸完了，然后逐个问他们："大象是什么样子的？"摸象牙的人说："大象像一个长萝卜。"摸耳的人说："它像一只簸箕。"摸头的人说："它简直是一块大石头。"摸鼻子的人说："不，它像一根木杵。"摸背的人说："它像一只大床。"摸肚子的人说："怎么我觉得它像一只大瓮子呢？"摸尾的人说："你们说的都不对，大象像一根绳子。"他们根据自己的触觉各执一见，争论不休，其实谁也未见整体，都说错了。

扪虱而谈

出处

《晋书·王猛传》：桓温入关，猛被褐而诣之，一面谈当世之事，扪虱而言，旁若无人。

译文

指一种我行我素、不计较世俗眼光的旷达态度。

故事

"扪虱而谈"说的是十六国时前秦的一位名臣王猛的故事。

王猛出身贫寒，长相魁伟，气度宏远，为人谨慎，学识渊博，爱读兵书。他对一些琐屑之事毫不关心，更不屑于同俗人打交道，因此常受到一些目光短浅的浮浪子弟的嘲笑。他并不把那些放在心上，而是隐居于华阴山过着悠然自得的生活。

公元354年，东晋大将桓温出兵北伐，打败了前秦苻坚的军队，驻军关中。百姓争先恐后，前去庆贺，王猛也披着麻布短衣到大营求见桓温。一见面他就高谈天下大事，指点江山，旁若无人地把手插进衣服里边扪虱边谈。桓温见他谈吐不凡，心里暗暗称奇，认为他是一位不可多得的奇才。于是，桓温想赠他车马，许给他高官，邀他一同南下，但王猛拒绝了。

后来，王猛被前秦的国主苻坚发现并重用。他辅佐苻坚治理前秦事务，整顿吏治，劝课农桑，使朝内吏治清明，人人思进，前秦气象一新，呈现出一派国泰民安的局面。

王猛不仅在政治上富有才干，也极富军事才能，他帮助苻坚开疆扩土，建立了赫赫军功，使前秦成为当时数一数二的强国，被苻坚视为前秦的诸葛亮。临终前，他为苻坚分析时局，嘱咐切切不要盲目攻打东晋，苻坚并未听他的话，才有了后来淝水之战的惨败。

明目张胆

出处

《晋书·王敦传》：今日之事，明目张胆为六军之首，宁忠臣而死，不无赖而生矣。

译义

原指有胆有识，敢作敢为。现在用来表示公开地、毫无顾忌地干坏事。

故事

唐代的大臣褚遂良在太宗当政的时候，曾经担任中书令，并受太宗遗诏辅佐高宗，权力很大。

监察御史韦思谦为人正直，不畏权势，敢于揭发检举贪官污吏。有一次，他上书弹劾褚遂良以贱价强买别人土地。这种行为在当时是犯法的，因此，褚遂良被降职为刺史。

后来，褚遂良又被高宗重用，而韦思谦则被贬为县令。韦思谦对此极为不满，气愤地说：

"大丈夫处在应当说话的地位，必须直言进谏，敢作敢为，以报答皇上。怎么能庸庸碌碌，只想保全自己和妻室子女呢？"

明察秋毫

出处

《孟子·梁惠王上》：有复于王者曰："吾力足以举百钧，而不足以举一羽；明足以察秋毫之末，而不见舆薪。"则王许之乎？

译义

目光敏锐，可以看清秋天鸟兽新生的细毛。现在一般表示人很精明，对很小的事情也能察看得清清楚楚。

故事

孟子来到齐国，齐宣王向他询问春秋时齐桓公和晋文公怎样称霸的事。孟子没有正面回答，而大谈如何用道德的力量来统一天下的问题。

齐宣王不解地问道："怎样的道德才能统一天下？"

孟子回答说："百姓的生活安定了，天下才能统一。这是什么力量都抵御不了的。"

"像我这样的国君，可以使百姓生活安定吗？"

"可以。"

"你凭什么知道我可以呢？"

孟子对齐宣王说："您不忍杀一头发抖的牛，而下令用一只羊来代替。这样的仁爱就足以统一天下了。百姓都认为您吝啬，而我知道您是不忍心。不过百姓说您吝啬，您也不必责怪，他们怎么能体会到您的真正用心是出于仁爱呢？其实从怜悯无罪被屠宰来说，杀一头牛和杀一只羊，又有什么不同？"

孟子接着又说："有人向大王报告说：'我力大无比，可举起3000斤重的东西，却拿不起一根羽毛；我能把秋天鸟兽新长的绒毛的末梢看得清清楚楚，却看不见眼前的一车柴草。'您相信这话是真的吗？"

"当然不能相信。"齐宣王马上回答说。

"您的好心使禽兽沾光，而不能使百姓得到实惠。这到底是什么原因呢？其实，举不起一根羽毛，是不用力气的缘故；没见到一车柴草，是没有用眼睛去看的缘故；百姓得不到安定的生活，是您不愿施恩惠的缘故。所以，您不用道德来统一天下，是您不去这样做，而不是不能这样做。"

明哲保身

出处

《诗经·大雅·烝民》：既明且哲，以保其身。夙夜匪解，以事一人。

译义

明智的人不参与危及自身的事。现一般用来形容一种处世态度，即只求保住个人利益，回避原则斗争。明哲：明智，通达事理。

故事

周宣王时，有一个大臣名叫兮甲，字伯吉甫，因为被封于尹，史书上称他为尹吉甫。

当时，西北方的一些部族经常进犯西周的领地。周宣王就派尹吉甫和另一个大臣仲山甫一起去征讨。尹吉甫在和仲山甫共事的过程中，发现仲山甫很有才能，对周宣王赤胆忠心，对他十分钦佩。两人相处得十分融洽。

尹吉甫和仲山甫同心协力，为抵御外族入侵、巩固周王朝的统治，立下了不少汗马功劳。

有一次，周宣王派仲山甫到齐地去筑城，以防御外族的入侵，仲山甫接受王命后，尽管知道齐地十分艰苦，筑城的任务十分艰巨，还是毫不犹豫地动身去了。

临行之前，尹吉甫写了一首名叫《烝民》的诗送给仲山甫，赞美他的道德和才能，诗中有四句是"既明且哲，以保其身。夙夜匪解，以事一人。"意思是说，仲山甫是一个深明事理的人，既能保证自己的安康，又能日夜不懈怠地忠于君王。

后来，人们从"既明且哲，以保其身"中，引申出成语"明哲保身"。这则成语原来是褒义，指明智的人不参与可能危及自身的事。但在使用过程中语义逐步转化为贬义，用以形容不顾集体，只想保住个人利益，回避原则斗争的那种庸俗作风。

名花解语

出处

五代·王仁裕《开元天宝遗事·解语花》:明皇秋八月,太液池有千叶白莲数枝盛开,帝与贵戚宴赏焉。左右皆叹羡。久之,帝指贵妃示于左右曰:"争如我解语花?"

译义

比喻美女,也用来形容美女善解人意。

故事

唐玄宗是盛唐时期的一代名君,他统治前期专心政事,起用贤良,励精图治,造就了"开元盛世"的繁荣局面。而后期唐玄宗却不理朝政,致有"安史之乱",使唐由盛转衰。而这一切都无法避开一个女人——杨贵妃。

杨贵妃原名杨玉环,生得天姿国色,而且性情纯真。唐玄宗很喜欢她,不惜从儿子寿王李瑁那里把她夺过来,封为贵妃,并从此与她朝夕相伴,优游宴饮,山盟海誓,把国家社稷抛在一边。

有一年秋天,八月间,皇宫太液池里名贵的千叶白莲盛开,唐玄宗带了皇亲国戚一起去欣赏。那白莲亭亭玉立,洁白娇嫩,在清池碧叶的衬托下有一种超凡脱俗的美丽,众人不由交口称赞。唐玄宗赞叹之余,回头看看身边的贵妃,只见佳人如玉,比这白莲并不逊色,便情不自禁地指着贵妃对众人说:"白莲虽美,怎及得上善解人意的美人呢?"

由这句话可见贵妃的绝代容姿,以及玄宗对她的情意。从此,后人常用"名花解语"来形容美女的善解人意。

名落孙山

出处

宋·范公偁《过庭录》：乡人子失意，山缀榜末。先归，乡人问其子得失，山曰："解名尽处是孙山，贤郎更在孙山外。"

译义

意指考试落第。

故事

宋朝吴地有一个秀才，名叫孙山，为人滑稽多才。

这一年，孙山进京参加科考，正巧同乡一个熟人的儿子也要科考，那户人家便把儿子托给孙山，请他照应。孙山满口答应，一路之上精心留意，不敢出错。

好容易三场试考罢，发榜了，孙山一大早便出去看榜。他挤在人群中，瞪大眼睛从头看起，看得眼睛都酸了，还没发现他们两人的名字。看到后面，孙山已经不抱希望了，却见最后一行端端正正写着两个字："孙山。"不禁大喜。

同乡人的儿子没有考中，很是沮丧，便请孙山先回，自己在京城散散心。孙山一个人回家,那户人家得知消息,殷勤地找上门来,探问他的儿子情况如何。孙山作了个揖,委婉地说道:“解名尽处是孙山,贤郎更在孙山外。”意思是,皇榜的尽头有孙山的名字,你儿子的名字则在孙山的后面。那家人明白他的意思,惆怅地走了。

后来,人们便常用“名落孙山”来指考试落第。

孟母三迁

出处

东汉·赵岐《孟子题词》:孟子生有淑质,幼被慈母三迁之教。

译义

孟轲的母亲为选择良好的环境教育孩子,三次迁居。形容家长教子有方。

故事

孟子,名轲,字子舆,邹(今山东邹城东南)人。战国时期伟大的思想家、政治家、教育家,儒家的主要代表之一。孟子认为,孔子是有人类以来最伟大的圣人,于是,他继承和发扬了孔子的德治思想,把孔子“仁”的观念发展为“仁政”学说。强调道德修养是搞好政治的根本,被尊奉为“亚圣”。

孟子很小的时候就非常调皮,他父亲死得早,他母亲守节。为了让他受到良好的教育,孟母花费了不少心血。起初，他们住在墓地旁边。有一次，孟子就和邻居的小孩一起学着大人跪拜、哭嚎的样子，玩起办理丧事的游戏。孟母看到了，就皱起眉头："不行！我不能让我的孩子住在这里了！"于是，孟母就带着孟子搬到集市旁边去住。到了集市，孟子又和邻居的小孩学起商人做生意的样子：一会儿鞠躬欢迎客人，一会儿招待客人，一会儿和客人讨价还价，表演得像极了！此事又被孟母知道了，孟母又皱皱眉头："不行！这个地方也不适合我的孩子居住！"于是，他们又搬家了。这一次，他们搬到了学宫旁边，每月初一这天，官员们进入文庙，行礼跪拜，揖让进退。孟子见了，开始变得守秩序、懂礼貌、爱读书了。这个时候，孟母看在眼里，喜在心上，很满意地点着头说："这才是我儿子应该住的地方呀！"

可是有一天，孟子逃学了。孟母知道后很伤心，于是，就把孟子叫到身边，说："你贪玩逃学不读书，就像在织布机上剪断布匹，织不成布，就没有衣服穿；不好好读书，你就永远成不了人才。"说着，抄起剪刀，"哗"的一声，把织机上将要织好的布全剪断了，把孟子吓得愣住了。这一次，孟子心里真正受到了震撼。他认真地思考了很久，终于明白了道理，从此专心读起书来。由于他天资聪明，终于成了儒家学派的主要代表人物。

沐猴而冠

出处

西汉·司马迁《史记·项羽本纪》：居数日，项羽引兵西屠咸阳，杀秦降王子婴，烧秦宫室，火三月不灭；收其货宝妇女而东。人或说项王曰："关中阻山河四塞，地肥饶，可都以霸。"项王见秦宫室皆以烧残破，又心怀思欲东归，曰："富贵不归故乡，如衣绣夜行，谁知之者！"说者曰："人言楚人沐猴而冠耳，果然。"项王闻之，烹说者。

译义

多用此典指人表里不一，徒有其表却无实际能力，就像一只戴了帽子的猕猴。

故事

项羽在鸿门宴上没有除掉刘邦，他随后带兵进了咸阳城，处死已经投降的秦王子婴，又放火烧了秦的宫室，大火直烧了三个月也没有熄灭。然后，项羽想带着收来的财宝和众多女子回自己的家乡江东。

这时，有人对项羽说："关中地处四个要塞的中间，可以凭借山河来形成防守之势。这里土地肥沃，完全可以作为都城成就一番霸业。"项羽觉得有理，但看见四下里的秦宫都已经烧得残破不堪了，心里怀念起江东来，他说："人在富贵后不回故乡，就像穿了锦绣斑斓的衣服却在夜里行走一样，有谁知道呢？"试图说服项羽的人听了他的话感叹道："别人都说，楚国人发迹就像是猕猴穿上了衣冠，终究不能成大事，这话一点也没错。"项羽听到后，就把这个人处死了。

这个人是用"沐猴而冠"来形容项羽不识大局，难成大业，就像穿衣戴帽的猕猴，虽然外表看起来光鲜，但是没有真实的本领。

民以食为天

出处

东汉·班固《汉书·郦食其传》:王者以民为天,而民以食为天。

译义

它强调了吃对百姓的重要性。

故事

秦朝末年,有个名叫郦食其的读书人。他穷极潦倒,却满口狂言,人们称他为“狂生”。

秦朝灭亡以后,刘邦与项羽为了争夺天下,展开了激烈斗争。在一次战斗中,刘邦的军队败退到荥阳、成皋一带。荥阳附近有一座小城,城内有许多储藏粮食的仓库,又因地处敖山,所以称为“敖仓”。它是秦朝留下来的当时关东最大的粮仓。

刘邦与项羽的军队在荥阳一带激战。刘邦抵挡不住楚军,一时又调不来援兵,导致荥阳失守,于是,他打算把成皋以东的地区让给项羽。为此,他特地找郦食其来商议这个问题。

郦食其听了刘邦的打算,沉思了一会儿后表示反对。他说:“称王的人以百姓为依赖,而百姓又以粮食为依赖。敖仓是储藏大量粮食的要害之处,如果放弃这要害之处,等于把它拱手让人,这对战局是非常不利的。”

刘邦听了点头称是,便反问郦食其有何高见。郦食其说:“将军可组织力量进兵,迅速收回荥阳,坚守敖仓,这样就能改变目前不利处境,争取一个有利的局面。”

刘邦采取了郦食其提出的战略,终于取得了胜利。

民不聊生

出处

西汉·司马迁《史记·春申君列传》：人民不聊生，族类离散，流亡为仆妾者，盈满海内矣。

译义

老百姓无法生存下去。形容人民生活极端困苦。聊：依赖。

故事

战国末年，各大诸侯国互相争夺霸权，战争连绵不断。公元前 293 年，秦昭王派大将白起，在伊阙（今属河南）大破韩、魏两国军队，斩杀 24 万人，并掠夺了大量财物，被杀士兵的家属悲恸欲绝。

之后，秦军又频频进攻韩、魏，先后夺占了几百座城池，使成千上万的人丧失了性命。接着，秦兵围住了魏国的都城大梁（今河南开封西北）。眼看城快被攻破了，亏得齐、赵两国扬言要发兵救魏，秦昭王才改变战略，下令围魏的大军改攻楚国。

白起的大军很快攻入楚国，逼得楚顷襄王逃离都城，而楚地的百姓又遭到一次浩劫。一年后，白起又率领秦兵进到魏都大梁城下，想一举摧毁魏国。但韩兵迅速赶来援救，使秦兵无法攻下大梁，白起只好退兵。

在这种情况下，秦昭王假意和韩、魏两国和好，并要求与两国一起攻打楚国。但是过了几个月，两国并没有出兵。而楚国得知秦国将再次来攻伐，便派使臣黄歇到秦国求和。

黄歇是楚国的贵族，当时担任左徒。他到秦国后给昭王上书说，现在威胁秦国的其实不是楚国，而是韩国和魏国。这是因为，韩、魏两国的百姓不知被秦国杀了多少，活着的百姓都无以为生，流离失所，他们同秦国的冤仇不共戴天。

黄歇接着又指出，如今秦昭王联合韩、魏两个与有秦有仇的诸侯国攻打楚国，等于是让他们强大起来。再说，秦军借道韩、魏，一旦他们的军队倒戈一击，秦军就要遭到灭顶之灾。因此，秦、楚两国应结成联盟，消灭韩、魏，这才是最正确的战略。

秦昭王觉得黄歇的话很有道理，便召回白起，并与楚国结成了联盟。

磨杵成针

出处

明·陈仁锡《潜确类书》：李白少读书，未成，弃去。道逢老妪磨杵，白问其故。曰："欲作针。"白感其言，遂卒业。

译文

把铁棒磨成绣花针。比喻有恒力，有毅力，再大的困难也能克服。杵：舂米或捣物用的棒槌。

故事

唐代著名的诗人李白天资聪颖，5岁时开始认字读书，到10岁时已读了很多诗书。

李白的父亲是个富商，家里很有钱。李白从小养成好玩的习惯，因此不能集中心思读书。他往往读了一会儿书后，就放下书本，到外面闲逛去了。

一天，李白又读得烦心起来，便走了出去。途中遇见一个老婆婆，正在磨一根铁棒。李白觉得很奇怪，问道：

“老婆婆，您这是在干什么啊？”

老婆婆抬头瞧了瞧李白，回答说：

“孩子，我这是在把它磨成针哪！”

李白惊奇极了，说：

“啊，这么粗的一根铁棒，要把它磨成针，能行吗？”

老婆婆笑了笑说：

“我不停地磨下去，这铁棒会越来越细，最后一定会被磨成针，怎么不行呢？”

李白听了很受感动，于是下决心坚持读书。后来，他终于成为一位伟大的诗人。

摩肩接踵

出处

《晏子春秋·内篇杂下》：临淄三百闾，张袂成阴，挥汗成雨，比肩继踵而在，何为无人？

译文

肩靠着肩，脚尖碰着脚跟。形容人多拥挤。摩：擦；踵：脚后跟。

故事

晏婴，字仲，春秋时齐国人。他身材矮小，但才智出众，起先担任大夫之职，后来他父亲晏弱死后，继任齐国的上大夫。

有一年，晏婴奉命出使楚国。楚王存心侮辱晏婴，派人在城门边上挖了一个狗洞，要让晏婴从狗洞进城。晏婴来到楚国，发现了楚王的阴谋，站在狗洞前，看着周围看笑话的人群，故作惊讶地说：

"哎呀！今天我难道是到了狗国吗，不然，怎么这城没有城门而只有狗洞呢？"

负责接待的官员听了，只得灰溜溜地引晏婴从城门进城。

晏婴来到楚国的宫中，楚王居高临下，装模作样地问：

"齐国难道没人了吗？怎么派你这样一个人出使楚国呢？"

晏婴听了，反驳说：

"我们齐国光是都城临淄就有成百条街道，数万户人家，人们张开衣袖就能遮住太阳，挥把汗水就像下雨一样，街上的行人摩肩接踵，怎么没有人呢？"

楚王听了，轻蔑地说：

"既然齐国人那么多，为什么不派一个像样点的人到楚国来呢？"

晏婴也轻蔑地笑了一笑，回敬说：

"大王，您不知道，我们齐国在委派外交使臣时，有这么一条规矩：贤明的使臣就派他到贤明的国君那里去，无能的使臣就派他去见无能的国王。我在齐国是最无能的，所以就被派到楚国来见大王了！"

楚王听了，无言以对。后来，他只好改变态度，隆重地接待了晏婴，并说：

"圣人是不可以开玩笑的，我是自取其辱呀！"

目不识丁

出处

《旧唐书·张弘靖传》：今天下无事，汝辈挽得两石力弓，不如识一丁字。

译义

形容一个字也不识。

故事

唐穆宗在位时，节度使张弘靖奉命去治理幽州（范阳，治所在今北京西南）。张弘靖是个养尊处优、刚愎自用的人。他到幽州时，坐在装饰得很华丽的轿子里，前后左右都是护卫和仪仗人员，威势很大。百姓倾城而出，夹道观看，觉得以前来的官员没有一个像他这样摆排场的，非常看不惯。

张弘靖还狂妄自大，动辄骂人或挖苦人、侮辱人，根本瞧不起百姓和士兵。有一次他说："如今天下太平，你们这些当兵的还有什么用处？你们会拉两石的弓，还不如识一个'丁'字！"

士兵们对他这样侮辱人感到非常气愤，但又敢怒而不敢言。正好这时朝廷拨来一大笔钱犒赏将士，张弘靖却私自将其中一部分移作官府使用。将士们知道后，对他更加不满，酝酿着要找他论理。

与此同时，又发生了一件事：张弘靖的一个亲信韦雍，平时一贯仗势欺人，甚至有一次因为很小一点事就鞭打当地一名军官。当地人从未受过这种侮辱，便鼓噪起来。张弘靖知道后，不仅不认真处理，反而不问情由，把鼓噪的人全部抓起来，并准备严厉惩处。士兵们再也忍受不下去了，马上发动兵变，把无恶不作的韦雍等人打死，又把张弘靖抓起来，抢走了他家的全部财物。

后来，兵变终于被平息下来。但朝廷也认为张弘靖处事不当，以致酿成大乱，责任难逃，所以把他降为刺史，调离了幽州。

目无全牛

出处

《庄子·养生主》:庖丁释刀对曰:"……始臣之解牛之时,所见无非牛者;三年之后,未尝见全牛也。"

译文

宰牛时,眼中没有完整的牛,只有牛的筋骨结构。形容技术高超,达到非常纯熟的境界。比喻掌握了某种规律以后,办起事来得心应手,运用自如。

故事

有一次,庖丁为梁惠王表演宰牛的技巧。只见他手拿一把尖刀,不假思索地宰割。皮和骨分离的声音随刀而响,当把刀向牛身内推进的时候,发出更大的声响。总之,他的动作合乎舞蹈的节拍旋律;他操刀时发出的各种声音,像音乐那样有节奏。没有多久,牛就被肢解开了。

梁惠王赞叹道:

"你的技术为什么能如此高明?"

庖丁放下刀回答说:

"我之所以能熟练地解牛,是因为我所崇尚的是一种规律,并且已经超过普通技术的阶段了。我开始解牛的时候,看到的是整头的牛,不知道刀子从哪里插进去。过了几年,却又看不见整头牛了。"

"看不见整头牛,不是更不知道刀子从哪里插进去了吗?"梁惠王不解地插嘴问道。

庖丁摇摇头,说:

"不是的。我的意思是说,这时我对牛的全身何处有空隙,哪里有筋骨,都已经完全清楚,所以看过去不是整头牛,而是牛体的结构。宰割时,我通过精神跟牛接触，而不必用眼睛去看，就能知道什么地方可以下刀，什么地方不能下刀。我按照牛的各部结构，砍开牛体内筋骨相连的空隙之处，再顺着它骨节间的空隙，按照它本来的结构去运刀。像上面说的这些小的障碍都没有触及，何况大的骨头呢。"

接着，梁惠王又听庖丁讲解了怎样用刀、换刀的学问，听完后感慨地说："现在我懂得养生的道理了。"

目光如炬

出处

唐·李大师、李延寿《南史·檀道济传》：道济见收，愤怒气盛，目光如炬，俄尔间引饮一斛。

译义

形容愤怒地注视着，也形容目光明亮有神或见识高明。炬：火炬。

故事

南北朝时期，宋国的大将檀道济智勇双全，曾跟随宋武帝刘裕北伐，屡建战功，官升到太尉参军。

一次，檀道济率军攻下洛阳，有人提议把俘虏全部杀掉，以壮军威。檀道济急忙制止说："不可，平定民心正在今日！"

由于他释放了俘虏，百姓都欢迎宋军。宋武帝为了奖赏檀道济的战功，封他为护军将军。

宋文帝刘义隆即位后，以檀道济为都督征讨北魏。宋军同魏军交战数十次，时常取得胜利。但军队行到历城后，宋军给养不足，粮食短缺。有的士兵叫嚷道："粮食吃光，我们要完了！"

宋军由于饥饿引起骚动，军心不稳。檀道济派人半夜里弄来几车沙子，把剩下的一点粮食撒在沙上。第二天早晨，士卒见粮食成堆地堆在地上，就安心作战了。

还有一次，宋军的人数比魏军少得多，将士有所惧怕。檀道济命令军士穿戴好甲胄，而自己身穿白服，坐在车上，率领军士缓缓出营。魏军以为这是什么计谋，不敢袭击，结果让宋军安全逃脱。

由于檀道济功劳大，名声高，左右又都是骁勇善战的将领，几个儿子也都颇有才气，宋文帝对他不放心，一些近臣就蓄谋将他除掉。有一次宋文帝患了重病，又逢魏军来征伐，便拟了一道诏书，召檀道济入朝议事。

檀道济接到诏书，准备起身去京都建康。他的妻子说："你有这样大的功名，必然遭人妒忌。如今无故召见，说不定会有什么祸事。"

檀道济没有想到这一层，他说："诏书中说有边患，我不能不去，估计不会有什么危险的事，你尽可放心。"

到了建康，檀道济进宫问安。他在都城耽搁了很长时间，见宋文帝的病情有所好转，便准备返回。不料，上船时又被召回。刚进朝堂，禁军就将檀道济拿住。接着有人宣读诏书，说他图谋反叛。

檀道济听完诏令又气又恨，愤怒的目光像火炬一样亮。他一口喝下一斛酒，扯下头巾摔在地上，大声吼道："你们这是自己毁坏自己的万里长城！"

不久，魏军听说檀道济已死，毫无顾忌地进攻宋国。魏军兵马很快逼近建康。宋文帝登上城楼，心情忧虑地自言自语道："假若檀道济在，何至于此呀！"

木人石心

出处

《晋书·夏统传》：统危坐如故，若无所闻。充等各散曰："此吴儿，是木人石心也。"

译义

比喻意志坚定，不受外物诱惑。

故事

晋朝有个名士叫夏统，多才善辩，很有名气。当时，许多人劝他出来做官，都被他拒绝了。

一次他到京城洛阳，太尉贾充想利用他的才学和名望来扩充自己的势力，于是就劝他到自己身边来任职，不想也被他婉言谢绝了。贾充不甘心，他调来整齐的军队，装饰上华丽的车马，吹着响亮的号角，从夏统面前走过。贾充对夏统说："如果你同意到我身边来做官，就可以指挥这些军队！乘坐这样华美的车子，那该多么让人羡慕啊！"

夏统对眼前威风显赫的场面就像没有看见似的，根本不动心。

贾充仍不死心，又招来一班仙姿绰约的美女，在夏统面前轻歌曼舞，而夏统却木然而立，毫不动摇。贾充看到这些全然打动不了夏统的心，不理解地说："天下竟有这样的怪人！真像木头做的人，石头做的心啊！"

N

南柯一梦

出处

唐·李公佐《南柯太守传》载:淳于棼梦至槐安国,娶公主,封南柯太守,荣华富贵,显赫一时。后率师出征战败,公主亦死,遭国王疑忌,被遣归。醒后在庭前槐树下掘得蚁穴,即梦中之槐安国。南柯郡为槐树南枝下另一蚁穴。

译义

借喻世间荣华富贵不过是一场空梦。现在常比喻一场空欢喜。南柯:南面的大树枝。

故事

相传唐代有个姓淳于名棼的人,嗜酒任性,不拘小节。一天适逢生日,他在门前大槐树下摆宴和朋友饮酒作乐,喝得烂醉,被友人扶到廊下小睡。迷迷糊糊间仿佛有两个紫衣使者请他上车,马车朝大槐树下一个树洞驰去。但见洞中晴天丽日,另有世界。车行数十里,行人不绝于途,景色繁华。前方朱门悬着金匾,上书"大槐安国",有丞相出门相迎,告称国君愿将公主许配,招他为驸马。淳于棼十分惶恐,不觉已成婚礼,与金枝公主结亲,并被委任为南柯郡太守。

淳于棼到任后勤政爱民，把南柯郡治理得井井有条，前后二十年，上获君王器重，下得百姓拥戴。这时他已有五子二女，官位显赫，家庭美满，万分得意。

不料檀萝国突然入侵，淳于棼率兵抗敌，却屡战屡败。同时，其妻金枝公主又不幸病故。淳于棼连遭不测，辞去太守职务，扶柩回京，从此失去国君宠信。他心中闷闷不乐，君王准他回故里探亲，仍由两名紫衣使者送行。

车出洞穴，家乡山川依旧。淳于棼返回家中，只见自己身子睡在廊下，不由吓了一跳。如此，他惊醒过来，看到仆人正在打扫院子，两位友人在一旁洗脚，落日余晖还留在墙上，而梦中经历好像整整过了一辈子。

淳于棼把梦境告诉众人，大家感到十分惊奇，一齐寻到大槐树下，果然掘出个很大的蚂蚁洞，旁有孔道通向南枝，另有小蚁穴一个。梦中“槐安国”“南柯郡”，原是如此！

南山可移

出处

《旧唐书·李元纮传》：元纮大署判后曰：“南山或可改移，此判终无摇动。”

译义

表示铁案已定，终无改变。

故事

公元710年，唐高宗的女儿太平公主参与后来当皇帝的李隆基发动的宫廷政变，拥立李隆基的父亲李旦当皇帝，是为唐睿宗。

太平公主屡立大功，从此把持权柄，左右朝政，为所欲为，连宰相都要听从她的话，京城里的百官更是对她敬若神明，竭力奉承。

身为当朝贵胄的太平公主，家里有的是钱，但她并不满足，还到处搜刮钱财，侵夺土地。

有一次，她纵容家奴霸占一座寺院的磨坊，寺院为此告到官府，要求主持公道。

主审这个案子的，是雍州负责地方民政等事的司户参军李元纮。

李元纮为官清正廉洁，审理案件一向秉公依法，不畏权势，不苟私情。他查明那个磨坊确系寺院所有，不怕得罪显贵的太平公主，将磨坊判还寺院。

李元纮的上司雍州长史窦怀贞得知这个事后，怕有权有势的太平公主会怪罪下来，影响到自己的前程，因此马上召见李元纮，催促他快改判。

不料，李元纮不但不听从窦怀贞的话，还当场在判决书上写了两句话，意思是：终南山也许还能够移动，这个判决绝对不可改动。写罢，他把笔丢下离去。

南辕北辙

出处

《战国策·魏策四》：今者臣来，见人于大行，方北面而持其驾，告臣曰："我欲之楚。"臣曰："君之楚，将奚为北面？"曰："吾马良。"臣曰："马虽良，此非楚之路也。"曰："吾用多。"臣曰："用虽多，此非楚之路也。"曰："吾御者善。"此数者愈善，而离楚愈远耳。

译义

想往南而车子却向北。行比喻行动与目的相反，结果离目标越来越远。辕：车前驾牲畜的两根直木；辙：车轮在路上留下的痕迹。

故事

战国后期，一度称雄天下的魏国国力渐衰，可是国君魏安釐王仍想出兵攻伐赵国。

谋臣季梁本已奉命出使邻邦，听到这个消息，立刻半途折回，风尘仆仆赶来求见安釐王，劝阻其伐赵。

季梁对安釐王说：

“今天我在太行道上，遇见一个人坐车朝北而行，但他告诉我要到楚国去。楚国在南方，我问他为什么去南方反而朝北走。那人说：‘不要紧，我的马好，跑得快。’我提醒他，马好也不顶用，朝北不是到楚国该走的方向。那人指着车上的大口袋说：‘不要紧，我的路费多着呢。’我又给他指明，路费多也不济事，这样到不了楚国。那人还是说：‘不要紧，我的马夫最会赶车。’这人真是糊涂到家了，他的方向不对，即使马跑得特别快，路费带得特别多，马夫特别会赶车，这些条件再好，也只能使他离目的地越远。”

说到这儿，季梁把话头引到本题：

“而今，大王要成就霸业，一举一动都要取信于天下，方能树立权威，众望所归；如果仗着自己国家大、兵力强，动不动就进攻人家，这就不能建立威信，恰恰就像那个要去南方的人反而朝北走一样，只能离成就霸业的目标越来越远！”

魏安釐王听了这一席话，便决心停止伐赵。

以上史事，形成成语“北辕适楚”，后来在流传过程中，人们习惯说作“南辕北辙”，并引申出另一个成语“背道而驰”，意义和“南辕北辙”相同。

南州冠冕

出处

西晋·陈寿《三国志·蜀书·庞统传》：徽甚异之，称统当为南州士之冠冕。

译义

用来赞誉才识卓绝的人。

故事

三国时,刘备的重要谋士庞统,是襄阳地区大名士庞德公的侄儿。他年轻时模样拙朴迟钝,没有人看重他,但庞德公很了解他的才能。

当时,荆州有个贤士,名叫司马徽,善于识别人才,与庞德公是知交。

庞统二十岁时,庞德公让他去拜访司马徽。庞统来到司马徽家时,他正在桑园里采桑叶,庞统就坐在桑树下与他交谈。两人从国家大事谈到诗书字画,越谈越投机,从白天一直谈到黑夜。

司马徽发现,他面前这位二十岁的青年竟然无所不知,无所不晓,见解也相当独特,不落俗套,不由大为惊异,便称赞他是南方士人中的第一人。

由于司马徽的称赞,庞统的声名日益显露。

那时,隐居在隆中的诸葛亮常去拜访庞德公。庞德公对他和庞统的才能同样赏识,称诸葛亮为“卧龙”,庞统为“凤雏”。

庞德公认为,这两位青年都是当世俊杰。

难兄难弟

出处

南朝·宋·刘义庆《世说新语·德行》:元方难为兄,季方难为弟。

译义

原形容兄弟才德都好,难分高下。后来用于讥讽两人同样坏。现引申为彼此之间患难与共或处于同样困境的人。

故事

颍川有个叫陈寔的人，自幼好学，办事公道。后来做了县官，更是廉洁奉公，百姓很佩服他。他的大儿子叫陈元方，小儿子叫陈季方，也有很高的德行。

元方后来被朝廷任命为侍中，朝廷又想让他当司徒官，但是他不干，朝廷又封他为尚书令。

因为陈寔、陈元方、陈季方的声望极高，当时豫州的城墙上，都画着他们父子三个的图像，让百姓学他们的品德。

陈元方有个儿子叫陈长文，陈季方有个儿子叫陈孝先。有一天。他们为自己父亲的功德争论起来，都说自己的父亲功德高，争来争去没有结果，便一同来请祖父陈寔裁决。

陈寔想了一会儿，对两个孙子说：

“元方难为兄，季方难为弟。他们二人的功德都很高，难以分出上下啊！”

两个孙子满意而去了。

囊萤映雪

出处

《晋书·车胤传》：胤……家贫不常得油，夏月则练囊盛数十萤火以照书。

《文选·卷三十八》注引《孙氏世录》：晋孙康家贫，常映雪读书。

译文

比喻家境贫苦，刻苦读书。

囊萤：晋代车胤家贫，没钱买灯油，而又想晚上读书，便在夏天晚上用绢袋装萤火虫来当灯读书。

映雪：晋代孙康在冬天夜里利用雪映出的光亮看书。

故事

晋代时，车胤从小好学不倦，但因家境贫困，父亲无法为他提供良好的学习环境。

为了维持温饱，家里没有多余的钱买灯油供他晚上读书，但是他只能利用这个时间背诵诗文。

夏天的一个晚上，他正在院子里背文章，忽然见许多萤火虫在低空中飞舞。一闪一闪的光点，在黑暗中显得有些耀眼。他想，如果把许多萤火虫集中在一起，不就成为一盏灯了吗！

于是，他去找了一只白绢口袋，随即抓了几十只萤火虫放在里面，再扎住袋口，把它吊起来。虽然不怎么明亮，但可勉强用来看书了。

从此，只要有萤火虫，他就去抓一把来当作灯用。由于他勤学苦练，后来终于做了职位很高的官。

同朝代的孙康情况也是如此。由于没钱买灯油，晚上不能看书，只能早早睡觉。但他觉得让时间这样荒废掉，非常可惜。

一天半夜，他从睡梦中醒来，把头侧向窗户时，发现窗缝里透进一丝光亮。原来，那是大雪映出来的。

为何不借用雪光来看书呢？孙康倦意顿失，立即穿好衣服，取出书籍，来到屋外。宽阔的大地上映出的雪光，比屋里要亮多了。孙康不顾寒冷，立即看起书来，手脚冻僵了，就起身跑一跑，同时搓搓手指。

此后，每逢有雪的晚上，他就不放过这个好机会，孜孜不倦地读书。这种苦学的精神，促使他的学识突飞猛进，成为饱学之士。后来，他也当了高官。

宁戚饭牛

出处

《吕氏春秋·举难》：宁戚欲干齐桓公，穷困无以自进，于是为商旅，将任（载）车以至齐，暮宿于郭门之外。桓公郊迎客，夜开门，辟任车，爝火甚盛，从者甚众。宁戚饭牛居车下，望桓公而悲，击牛角疾歌。桓公闻之，抚其仆之手曰："异哉！之歌者非常人也！"命后车载之。

译义

表示怀才不遇，或自荐求官。

故事

春秋时，卫国人宁戚想要到齐桓公那里去求取官职，但由于缺少盘缠，只得为商贾赶牛车运货到齐国去。数经辗转，宁戚终于抵达齐国。当他夜宿于城门外之时，正逢齐桓公出到郊外迎接宾客。宁戚站在车旁喂牛，远远望见桓公，顿时百感交集，于是便敲击牛角，高声歌唱。齐桓公听见宁戚所唱内容，明白宁戚并非寻常百姓，于是命令仆人用后面的车子载宁戚一同回城。后来，宁戚在齐桓公面前施展了才华，被聘为丞相。

牛衣对泣

出处

东汉·班固《汉书·王章传》:章疾病,无被,卧牛衣中,与妻决,涕泣……后章任官,历位及为京兆,欲上封事,妻又止之曰:“人当知足,独不念牛衣中涕泣时耶?”

译义

原指睡在牛衣中,相对涕泣。后喻夫妻共度贫困之生活。牛衣:牛畜御寒遮雨之覆盖物。

故事

汉朝时候,在山东泰安地方有个读书人,名叫王章。人很聪明,性格耿直。他的妻子更是通情达理,非常贤惠,经常鼓励丈夫发愤读书,为国家效力。有一年,王章和妻子一起住在京都长安读书求学,日子虽说很清苦,但夫妻恩爱,生活也还算快乐。王章学问长进挺快,妻子心里当然很高兴。

一天夜里,王章突然病了,起病很急,浑身发抖但家里衣物被褥很不齐全,没有什么东西能给王章盖上。妻子只得把平日里用乱麻编织的席子给丈夫盖在身上——这样的麻席子是用来给牛披盖的,农户称它是“牛衣”。可是因为家境贫寒,只能给丈夫盖牛衣,妻子心里很不是滋味,暗暗地流下了几滴眼泪。

王章病得昏昏沉沉,想到自己的病一定很重,家里又无钱治病,自己很可能会病死的。他越想越悲哀,越想越难过,禁不住呜呜咽咽地哭泣起来。

王章妻子心情更是凄楚万分。可她想,哭泣有什么用呢?应该劝他鼓起勇气,打起精神来,挺过这场病,功名才有机会取得呀!所以她狠了狠心,严厉地批评丈夫说："夫君啊，现在在朝廷做官的人，论才能有几个能比得上你呢？得了一点病就这样失魂落魄，哭哭啼啼，这是多么卑怯呀！有志向的人，应该振奋精神、百折不屈啊！"

妻子的激励产生了效果，病好后王章更加发愤，才学也愈加深厚，不久便被朝廷召为官吏。他开始是做谏大夫，后来又做中郎将，并且当上京兆尹。

王章做官以敢于给皇帝提意见而显名，他常常不避皇亲国戚，谁做错了事，犯了章法，他就揭发谁，即使是自己的好友、恩师也不例外。可是他却为此遭到排挤、诬陷。他的妻子看到这种状况，就劝丈夫说：

"夫君，你已经做上京兆尹的高官了，人应该知足，你为什么不想一想披着牛衣在夜里哭泣的日子呢？"王章说："这不是你们妇人能够明白的！"王章仍然我行我素，又去告发专权乱政的重臣王凤。可王凤大将军是皇帝的亲戚，王章不但动不了他，还给自己招来祸事，以致被捕下狱，最后丧了命。王章一直到死，还不知道自己犯了哪条罪过。王章死后，他的妻儿和其余家属被撵到广西合浦，以采珍珠度日。

怒发冲冠

出处

西汉·司马迁《史记·廉颇蔺相如列传》：相如视秦王无意偿赵城，乃前曰："璧有瑕，请指示王。"王授璧，相如因持璧却立倚柱，怒发上冲冠。

译文

愤怒得头发竖直，顶着帽子。形容人愤怒到了极点。

故事

一天，赵惠文王问蔺相如说："秦王想用十五城交换我的和氏璧，可以给他吗？"蔺相如说："秦国强而赵国弱，不得不同意。"赵王说："我给和氏璧，万一他不给我城，怎么办？"蔺相如说："现在很难说，如他不给城，他就失礼；如果我们不给和氏璧，我们就失礼。比较这两种选择，倒不如同意而使秦国失礼。"

赵王听了蔺相如的建议，仍感到为难。他说："这样，使者的任务就重了！谁可以担任呢？"蔺相如立即回答说："如果的确没有人，我愿替大王前往。秦国的城池划入赵国，我就把和氏璧留在秦国；城未划入，我就把它完整地带回来。"

于是，蔺相如带着和氏璧出使西面的秦国。

到了秦国，秦王高坐章台，蔺相如奉璧献上。秦王非常高兴，自己把玩一阵之后，又递给身边的宫娥彩女观看，然后再递给臣下。众人都高兴得呼喊万岁。

这种极为傲慢的态度激怒了蔺相如，他知道秦王无意按约划城给越国，就向前说："大王，璧上有一点儿黑斑，我想指给大王看看。"秦王把璧递给蔺相如，蔺相如紧握着璧退后，倚着柱子，愤怒得连头发都向上冲，顶起了帽子。然后，他高声呵斥秦国的无礼行为，举璧准备将其击碎。秦王怕击碎了玉，只得道歉缓和气氛。后来蔺相如终于机智地用计把和氏璧带回了赵国。

P

旁观者清

出处

《旧唐书·元行冲传》:当局称迷,傍观见审。

译义

表示对同一事物,旁观者比当事人看得更清楚更全面。

故事

唐朝有位很有学问的人,名叫元澹,字行冲。他撰写的《魏典》三十篇,受到当时许多学者的称赞。有一次,一位大臣上疏唐玄宗,请求把唐初名相魏徵修订、整理的《礼记》列为儒家经典。唐玄宗觉得这个主意好,便命元行冲等人仔细校核,再加上注解。

过了一段时间,元行冲完成了任务,把魏徵的本子编成五十篇,并加了注解,呈送给玄宗。不料右丞相张说对此有不同意见,他认为,戴圣的本子已使用了近千年,东汉的郑玄也为它加了注解,不必改用魏徵的本子。玄宗觉得他说的也有道理,便改变了主意。元行冲料想是众儒排挤自己,便写了一篇文章,起名《释疑》,用来表明自己的观点。这篇文章是采用客人和主人对话的形式写成的。

客人问:“《礼记》这部书,究竟哪个编的好?”

主人答:“戴圣编的本子,从西汉到现在,已经过许多人的修订、注解,矛盾之处很多。魏徵考虑到这个情况,对它进行了修订、整理,哪知那些墨守成规的人竟会反对!”

客人说:“就像下棋一样,局中人迷糊,旁观者倒看得清楚。”

抛砖引玉

出处

宋·释道原《景德传灯录·卷十·赵州东院从谂禅师》:大众晚参,师云:“今夜答话,有解问者出来。”时有一僧便出,礼拜。师曰:“比来抛砖引玉,却引得个墼子。”

译义

抛出砖去,引回玉来。常被用为以自己粗浅的、不成熟的意见或文字,引出别人的高见或佳作的谦辞。抛:扔,投;墼子:生砖,即土坯。

故事

唐代高僧从谂禅师,主持赵郡观音院多年。相传他对僧徒参禅要求极严,必需人人静坐敛心,集中专注,绝不理会外界的任何干扰,达到凝思息妄、身心不动的境界。

有一天,众僧晚参,从谂禅师故意说:

“今夜答话,有闻法解悟者出来。”

此时徒众理应个个盘腿正坐,闭目凝心,不动不摇。恰恰有个小僧沉不住气,竟以解问者自居,走出礼拜。

从谂禅师瞟了他一眼,缓声说道:

"刚才抛砖引玉,却引来一块比砖还不如的土坯!"

另外还有一个抛砖引玉的故事。据《历代诗话》《谈证》等书记述:唐代诗人赵嘏,以佳句"长笛一声人倚楼"博得大诗人杜牧的赞赏,人们因此称赵嘏为"赵倚楼"。当时另有一位名叫常建的诗人,一向仰慕赵嘏的诗才。他听说赵嘏来到吴地,料他一定会去灵岩寺游览,便先赶到灵岩,在寺前山墙上题诗两句,希望赵嘏看到后能添补两句,续成一首。果然赵嘏游览灵岩寺时看到墙上两句诗,不由诗兴勃发,顺手在后面续了两句,补成一首完整的绝诗。

常建的诗没有赵嘏写得好,他以较差的诗句引出赵嘏的佳句,后人便把这种做法叫作"抛砖引玉"。其实,常建、赵嘏并非同时代人,他们各自的活动年代相距百年之多,续诗之说不可信,只是由于这段故事很出名,人们也就承认它是成语"抛砖引玉"的出处之一。

赔了夫人又折兵

出处

明·罗贯中《三国演义》:周郎妙计安天下,赔了夫人又折兵。

译义

比喻不但没有占到便宜,反而遭受双重损失。

故事

公元 208 年,刘备占领了荆州,力量逐渐壮大。后来,孙权因讨还借给刘备的南郡未果,便采用大将周瑜的计谋,骗刘备到东吴来娶自己的妹妹为妻,乘机把他扣下当人质,借以讨还南郡。

刘备临行时，诸葛亮给负责护卫的大将赵云三个锦囊，叫他在适当的时候依次打开，照其中写的妙计行事。

一行人到了东吴的都城，赵云打开第一只锦囊，按照里面写的行事：让五百名军士和随从采办婚庆礼物，使全城老少都知道刘备已来娶亲；同时拜访孙权的岳父乔国老，并通过他将婚事转告吴国太。

吴国太不知孙权要替妹妹办喜事，问了孙权才知道他是想把刘备骗来当人质，便大骂孙权。随后，吴国太决定约刘备第二天到甘露寺赴宴见面——若她看中就把女儿嫁给他，看不中则听任孙权处置。同时，孙权悄悄命部将贾华第二天带三百名刀斧手埋伏在旁，届时见他的眼色行事。

第二天，吴国太见刘备相貌堂堂，谈吐举止得体，非常高兴。这时，赵云发现两廊埋伏着许多刀斧手，急忙入内禀告刘备，刘备马上跪请吴国太做主。吴国太责问孙权，孙权只好把事情推到贾华身上。吴国太大怒，命左右将贾华推出去斩首。亏得刘备求情，才留了贾华一命。

甘露寺会见后，吴国太怕有人加害刘备，便叫他搬到府中书院暂住，并择日完婚。婚后，刘备夫妇非常恩爱，吴国太也很喜欢刘备。孙权见事情弄假成真，不但南郡没有讨回，反把妹妹赔给了刘备当夫人，非常气恼，于是写信问周瑜怎么办。周瑜再次献计，要他让刘备过安逸享乐生活，丧失意志，使他与诸葛亮等疏远，届时再取回荆州。

孙权依计，为刘备整修府第，在里面摆设金玉锦绮玩好之物，又赠送女乐数十人，让刘备沉迷于优裕的生活环境之中。果然，刘备乐而忘返，把荆州丢在了脑后。

到了年底，赵云见刘备没有回荆州去的意思，就打开第二只锦囊，并按其中写的妙计，惊慌失措地对刘备说："诸葛亮派人来报，曹操五十万精兵杀向荆州，请主公速回！"

刘备一听大惊失色，心事重重。在孙夫人的再三追问下，他才说了实话。孙夫人慨然表示，她愿跟随刘备一起回荆州去。为了防止被孙权阻挡，孙夫人决定不辞而别。

正月元旦那天，刘备夫妇向吴国太谎称去江边遥祭刘家祖坟，获得同意，便出城与赵云会合，向江边出发。

孙权得知刘备离走，先命两名部将率五百精兵去追捕刘备夫妇；后又担心他们顾忌孙夫人的身份，便解下佩剑交给另外两名部将，要他们领一千兵马取刘备脑袋。

刘备一行人来到周瑜驻军的柴桑地界，被周瑜派出的将领拦住。赵云赶紧打开第三只锦囊，依计叫刘备请孙夫人解救。在孙夫人的责骂下，那几名将领只得放行。

过了一会,孙权派出的第一批人马追了上来。这时,刘备已带领一部人先奔向江边。由于孙夫人严词痛斥,两名部将不敢违抗夫人;又见赵云在边上怒目横眉,准备厮杀,怕有个闪失,只好眼看刘备一行人离开。

刘备一行人走不多时,孙权派出的第二批人马又追了上来。这时刘备等已到了江边,只见那里停着二十多条船,正好容纳下他们一行人。他们上船后才发现,诸葛亮早已在此迎候。

等追兵抵达江边,刘备等乘坐的船只已驶到了江心。但不久又听到江上喊声大震,原来是周瑜亲自领着水军追来。诸葛亮命船靠上北岸,登陆而走。

周瑜见刘备等上岸,亲自率水兵上岸追赶。眼看快要追上,山谷里一阵鼓响,拥出大批刀斧手,为首的是大将关羽。紧接着,两侧又杀出两支军队。原来诸葛亮早就在此埋下了伏兵。周瑜率领的水兵不惯陆战,被诸葛亮的三支伏兵杀得大败,只得退到江边登船南返。

就在这时候,岸上刘备的追兵齐声高喊:

“周郎妙计安天下,赔了夫人又折兵!”

周瑜听了又羞又气,顿时昏倒在船上。

这个故事还引申出另一则成语“锦囊妙计”。比喻暂时保密而在紧要时刻解决紧急问题的办法。

鹏程万里

出处

《庄子·逍遥游》:鹏之徙于南冥也,水击三千里,抟扶摇而上者九万里,去以六月息者也。

译文

比喻前程远大。

故事

很久很久以前,北海有一条鱼,它的名字叫鲲。鲲长得非常庞大,宽和长都不知有几千里。

后来,鲲变成了一只鸟,名字叫鹏。鹏鸟的背也非常高大,不知有几千里。它奋力飞起来的时候,翅膀像垂在天空中的云,并乘着海动时掀起来的大风飞到南海去,也就是天然的大池。鹏鸟飞到南海去的时候,翅膀拍击水面,能激起三千里的大浪。它乘着旋风,直上九万里的高空,凭借着六月的大风飞离了北海……

以上是战国时著名的哲学家庄周在一篇名叫《逍遥游》的文章中讲述的寓言故事。在描述完大鹏高飞的情景后,他又夹叙夹议说了一番道理:

水如果积蓄得不够深,那么它就没有力量负载大船。倒一杯水在屋里的凹地上,那么放一根小草就可以当成船;而放一只杯子,就会粘在地上。这是水浅而船大的缘故。如果积聚的风不够强大,那么它负载巨大的翅膀也就没有力量。鹏鸟之所以能飞九万里,是因为风就在它的下面,然后它才能乘在风的背上,背靠着青天而没有任何阻拦,一直飞往南海。

蓬生麻中

出处

《荀子·劝学》:蓬生麻中,不扶而直;白沙在涅,与之俱黑。

译义

表示人生活在好人中，也能成为好人。比喻良好环境对人的积极影响。

故事

汉武帝第五个儿子刘胥，被封为广陵王。他年轻时力大无比，能把沉重的铜鼎扛起来，甚至可以徒手与棕熊和野猪搏斗。但他生性粗鲁，只爱吃喝玩乐，不会约束自己，所以并不讨武帝的喜欢。

公元前87年，武帝去世，传位给他最宠爱的小儿子——年仅八岁的刘弗陵，史称汉昭帝，由大司马大将军霍光等辅政。刘胥虽然没有什么才学，但野心倒不小，见昭帝年少无子，就希望他早日死去，好轮到自己当皇帝。

为了实现自己的美梦，刘胥请来一个女巫，叫她诅咒昭帝早死。那女巫装神弄鬼，说是武帝的阴魂附到了她的身上，传话要让广陵王做皇帝。刘胥听了很满意，赏赐给她许多钱财，又叮嘱她继续诅咒。

巧的是昭帝寿命不长，只活到二十一岁就死了，刘胥以为是女巫的诅咒起了作用，高兴地等待着由他继位。不料霍光等大臣商议下来，决下迎立武帝的孙子昌邑王刘贺为帝。刘胥非常恼怒，又命女巫诅咒刘贺早死。

其实不用女巫诅咒，刘贺也很快被废。原来他一听说朝中大臣要迎他为帝，就滥用权力，强抢民女，并不顾还在国丧期间，不守礼制，整天玩乐。于是霍光采取果断措施，将他驱逐出宫。这样，他只当了二十七天皇帝就被废黜。

刘胥以为，这回总可以轮到他当皇帝了。不料，霍光等又另立武帝的曾孙刘询为帝，史称汉宣帝。于是，刘胥一方面命女巫诅咒宣帝死，一方面与楚王刘延寿暗中勾结，图谋以武力夺取皇位。后来事败，宣帝考虑到刘胥是骨肉至亲，免去他的罪。刘延寿得知要被处死，则畏罪自杀。

不久，刘胥的儿子刘宝犯了杀人罪，被剥夺爵位，回到刘胥处。他不思悔改，又在广陵干出许多伤风败俗的事，以致被处死刑。刘胥因纵容劣子，也被剥夺封地。

刘胥接连遭到打击，更加恼怒，又一次让女巫诅咒皇帝。诅咒一事后来终于败露，朝廷决定查究。刘胥惊恐万状，将女巫及知情宫女二十余人全部毒死。

刘胥杀人灭口的消息传开后，朝廷公卿大臣都要求皇帝诛杀刘胥，宣帝特地派大臣去审理这个案子。刘胥无法抵赖，被迫说道："事实是有的，但时间久了，请容我回府仔细回忆，再一一交代。"

刘胥自知罪行严重，难逃制裁，所以回到王府中，索性摆开宴席，将儿子叫来，并命宠姬来献歌舞陪饮。酒宴直闹到黎明，与长子诀别后，刘胥便上吊自杀了。

披坚执锐

出处

西汉·司马迁《史记·项羽本纪》：夫被（披）坚执锐，义不如公，坐而运策，公不如义。

译义

穿上铠甲，手执武器。比喻全副武装。坚：坚固的铠甲；锐：锋利的兵器。

故事

秦朝末年，陈胜、吴广率领的农民起义军被秦大将章邯攻灭后，项梁和项羽便拥立楚怀王的孙子熊心为王，仍称楚怀王，继续与秦军作战。项梁因作战胜利而骄傲自满，被秦军打败，死于军中。

章邯打败楚军后，又去攻打赵国。赵军不敌，退守巨鹿，被章邯指派的王离、涉间的军队团团围住。怀王对此很着急，任命宋义为上将军、项羽为副将，派他们率军去救援赵国。怀王还将卿子冠军的称号授予宋义，命他统率其他各军。

宋义把军队带到安阳后，接连四十六天不进军。项羽对他说："如果秦军已将赵王围在巨鹿城里，我军应迅速渡河，赶到那里来个里应外合，必定能大破秦军。"

宋义摇摇头说："不行。抓牛身上的虻虫，是无法除去牛身上的虮虱的。如今秦军攻赵，就是取胜了，也已经筋疲力尽，我军可等它疲惫不堪时进兵；若秦军不能取胜，让他们胶着在那里，我军可乘机西进把秦国攻下来。所以，还不如让秦、赵两军打下去。说到穿着坚固的铠甲、拿着锋利的兵器冲杀敌军，我宋义不如你；而坐在这里运用计谋，你可不如我。”

披荆斩棘

出处

南朝·宋·范晔《后汉书·冯异传》：帝谓公卿曰：“是我起兵时主簿也，为吾披荆棘，定关中。”

译义

比喻在创业过程中或前进道路上清除障碍，克服种种困难，开拓前进。披：拨开；荆、棘：泛指丛生长刺的小灌木；斩：砍断。

故事

东汉王朝的建立者光武帝刘秀，起兵初期势力单薄，参加者生活非常艰苦，有些人因此离他而去。但曾任主簿的冯异却毫不动摇，坚持战斗，从不叫苦。

一次，刘秀带队伍路过饶阳的芜蒌亭（今属河北），又饥又冷，军士们都支撑不住。晚上，冯异设法煮了一大锅豆粥让大家吃，使饥寒顿时消除。后来队伍来到南宫县，遇到大风雨，上上下下的衣服都被雨水淋湿，大家冻得直打哆嗦。就在众人难以忍受的时候，冯异又设法找来一些柴草，点起火让大家烤干衣服，暖和身体；又为大家煮了麦饭，使军士们填饱肚子。冯异在艰难处境中做的这两件事，给刘秀留下了难以忘怀的良好印象。

公元 25 年，刘秀做了皇帝后，派冯异平定关中，冯异很好地完成了任务。当时有人向刘秀上书，劝他提防冯异权重谋反。刘秀不仅不信，反把奏章送给冯异看，并要冯异不必疑心和害怕。

公元30年,冯异从长安来到京城洛阳朝见光武帝。光武帝指着他向满朝公卿大臣说:“他便是我起兵时的主簿,曾为我在创业的道路上劈开丛生的荆棘,扫除了重重障碍,又为我平定了关中之地!”

朝见结束后,光武帝赐给冯异许多金银财宝,还写了一封信给他。信中说:“我还时时记着当年将军在芜蒌亭端给我的豆粥,在南宫县递给我的麦饭,这些深情厚谊,我至今还未报答呢!”

萍水相逢

出处

唐·王勃《滕王阁序》:关山难越,谁悲失路之人?萍水相逢,尽是他乡之客。

译文

比喻素不相识的人偶然相遇。萍:浮在水面上的一种飘浮植物。

故事

王勃,字子安,是唐初著名的文学家,与杨炯、卢照邻、骆宾王以文辞齐名,合称“初唐四杰”。他少年时便很有才学,六岁时就能写文章,而且写得又快又好;十四岁时,已能即席赋诗;他十七岁应举及第,受朝散郎。

公元675年,王勃去交趾(在今越南境内)探望做县令的父亲。途经洪州(今江西南昌)时,都督阎伯屿因重修的滕王阁落成,定于九月九日重阳节在那里宴请文人雅士和宾客朋友。他的女婿吴子章很有文才,阎伯屿叫他事先写好一篇序文,以便到时当众炫耀。王勃是当时有名文士,也在被请之列。

宴会上,阎伯屿故作姿态,请来宾为滕王阁作序。大家事先都无准备,所以都推辞不作。请到王勃时,他却并不推辞,当场挥毫疾书,一气呵成,写就了著名的《滕王阁序》。各宾客看了一致称好。阎伯屿读后也深为钦佩,认为这篇序文比自己女婿写的要高明得多,也就不再让吴子章出场著文了。

《滕王阁序》构思精绝,文气通顺畅达而又纵横交错。序文在铺叙盛会胜景的同时,也流露出王勃壮志难酬的感慨:“关山难越,谁悲失路之人?萍水相逢,尽是他乡之客。”这几句的意思是:关山重重,难以攀越,有谁为失路的人悲哀?今天与会的人像萍浮水面,偶然相遇,都是他乡之客。表达了他生不逢时,慨叹自己命运不佳的心情。

不久,王勃离开洪州,前往交趾。不幸的是归途中在渡海时遇难,王勃死时才二十七岁。

璞玉浑金

出处

南朝·宋·刘义庆《世说新语·赏誉》:王戎目山巨源:“如璞玉浑金,人皆钦其宝,莫知名其器。”

译义

比喻人的品质纯美质朴,或指天然浑朴的精美之器。璞玉:未经人工雕琢的玉;浑金:没有冶炼过的金子。

故事

魏晋时期有七位著名的文人,他们在文学方面都有很高的成就。其中有一名叫嵇康的文人,其家附近有一大片竹林,风景秀丽,七位贤才常在那里游玩,毫无顾忌地开怀饮酒。为此,社会上称他们为“竹林七贤。”

“竹林七贤”之一的山涛,与魏明帝时任大将军的司马懿有亲戚关系,但他并没有依仗这层关系去取得荣华富贵。公元 239 年明帝死去后,曹芳即位,司马懿与曹操的侄孙武卫将军曹爽受遗诏辅政。又过了五年，山涛四十岁，才在郡里当小官。后来，他被调到京城任尚书吏郎，官职也不算大。

在“竹林七贤”中，嵇康最有才学，也最狂放旷达，毫不注意仪容，并敢于蔑视权贵。山涛虽然比他大十九岁，却很敬重他。

司马昭当政后，山涛调动官职。于是他特地上书，推荐嵇康替代自己担任吏部郎。不料，嵇康对司马氏铲除异己、独揽朝政的做法很反感，不愿为司马氏服务，所以得知山涛上书推荐自己，不仅不感激，反而写了一封信，与山涛断绝来往。这封信就是著名的《与山巨源绝交书》。信中列举了九条自己不适宜当官的理由，但这些理由其实都是夸张的自我解嘲或是讽刺别人。例如：有一条说，他不喜欢俗人，叫他与俗人共事会受不了；还有一条说，他常常否定商汤王、周武王，并非薄周公、孔子这些古代圣人，这不会被现在的礼法所容忍。山涛很了解嵇康，知道他是个血性男子汉，性格耿直、刚强，所以对此并不介意。但是，司马氏集团不放过蔑视他们的嵇康。公元 263 年，司马昭借一件事把他杀了。

过了两年，司马昭的儿子司马炎代魏称帝，建立了晋朝。山涛上书推荐嵇康的儿子嵇绍，说虽然父亲被杀，但儿子与此不相干，他德才兼备，应当任用。司马炎接受了山涛的建议，任命嵇绍为秘书丞。

入晋后，山涛担任吏部尚书，成为掌握全国官使任免、考课、升降、调动等事务的长官。他长期在这个部门任职，凡是选用人才，都亲自作出评论。被选用的人后来的表现，与他事先的评论基本相同。

当时有个县令，在任职期间大肆搜刮民财，因怕人告发后获罪，便向朝廷不少大臣行贿，他送给山涛的是一百斤丝。山涛为不显示出自己与别人不同，不露声色地收了下来；但命人将它封好，吩咐谁也不准动用。后来那县令案发，不少大官被牵连受审。审到山涛时，他把封存的丝取来，只见上面积满了尘土，封印如初。

山涛为官清正，得到众人的好评。“竹林七贤”之一的王戎盛赞他说：“山涛就像未经琢磨的玉和未经冶炼的金一样。人们往往都欣赏玉和金光彩夺目的外表，而对未经琢磨的玉和未经冶炼的金，却不知道它们内在的高贵质地。”

扑朔迷离

出处

北朝·无名氏《木兰诗》：雄兔脚扑朔，雌兔眼迷离，双兔傍地走，安能辨我是雄雌？

译义

把兔子捏住耳朵提起来，雄兔脚乱踢，雌兔眼半闭，可是在地上跑的时候就辨认不出雌雄了。形容事物错综复杂，不易看清真相。

故事

《木兰诗》是我国古代的一首民歌，诗中叙述的是我国古代一位智勇双全的孝顺女孩代父从军的经过。

在古代，有个姑娘名叫花木兰，她的父亲原是朝廷的武将，后来年纪大了，退休在家。花木兰小时候，曾经跟父亲习武，十八般武艺，样样精通。

有一年，国家发生战争，朝廷征召民众出来为国家效力，花木兰的父亲也在被征召之列。花木兰看到父亲年纪大了，身体又不好，而弟弟年龄还小，不能代父从军，于是就想自己扮男装，代父亲前去从军。

她把自己的想法给父母说了，她的父亲起先坚决不肯，但后来被她的孝心所感动，并且一时之间也无他法，最后终于同意了。

花木兰辞别了父母，随着大军辗转到边疆去作战。她虽然是个女子，但武艺高强，反应灵敏，聪明机智，在战场上表现得十分英勇，屡次建立了奇功。这样经过十年的苦战，花木兰终于和她的战友们一起打败了敌人，奏凯荣归。

因为在漫长的战争中，花木兰的功劳最大，皇上在奖励有功人员时，一定要封花木兰为官。可是，她却再三辞谢，说：“叩谢皇上的恩典，但小民不想做官，只求皇上赐给一匹千里马，让小民早日回家和父母团圆。”

不久，花木兰如愿以偿回到家里。当她脱下战袍，重新穿上女装时，她那些一起征战多年的伙伴才大吃一惊地说：“同行十二年，竟然不知木兰是女郎！”

这首诗的最后几句用比这一手法写道：“雄兔脚扑朔，雌兔眼迷离；双兔傍地走，安能辨我是雄雌？”以分不出兔的雌雄，来比喻木兰穿上了战袍，众人分辨不出木兰是男的还是女的。

破釜沉舟

出处

西汉·司马迁《史记·项羽本纪》：项羽乃悉引兵渡河，皆沉船，破釜甑，烧庐舍，持三日粮，以示士卒必死，无一还心。

译义

砸破烧饭用的锅子，凿沉船只，比喻拼死一战。釜：锅；舟：船。

故事

秦朝末年，秦二世派大将章邯攻打赵国。赵军不敌，退守巨鹿（今河北平乡西南），被秦军团团围住。楚怀王封宋义为上将军，项羽为副将，派他们率军去救援赵国。

不料，宋义把兵带到安阳（今山东曹县东南）后，接连四十六天停滞不进。项羽忍不住，一再要求他赶紧渡江北上，赶到巨鹿，与被围赵军来个里应外合。但宋义另有所谋，想让秦、赵两军打得精疲力竭再进兵，这样便于取胜。他严令军中，不听调遣的人，不管是谁都要杀。与此同时，宋义又邀请宾客，大吃大喝，而士兵和百姓却忍饥挨饿。

项羽忍无可忍，进营帐杀了宋义，并声称他勾结齐国反楚，楚王有密令杀他。将士们马上拥戴项羽代理上将军。项羽把杀宋义的事及原因报告了楚怀王，楚怀王只好正式任命他为上将军。

项羽杀宋义的事，震惊了楚国，并使项羽在各国有了威名。他随即派出两名将军，率两万军队渡河去援助巨鹿。在获悉取得小胜并接到增援的请求后，他下令全军渡河救援赵军。

项羽在全军渡河之后，采取了一系列果断的行动：把所有的船只凿沉，击破烧饭用的锅子，烧掉宿营的屋子，只携带三天干粮，以此表示决心死战，没有一点后退的打算。

这支有进无退的大军到了巨鹿外围，立即包围了秦军。经过九次激战，截断了秦军的补给线。负责围攻巨鹿的两名秦将，一名被活捉，另一名投火自焚。

在这之前，来援助赵国的各路诸侯虽然有几路军队在巨鹿附近，但都不敢与秦军交锋。楚军拼死决战并取得胜利，大大地提高了项羽的声威。

从此，项羽率领的军队成了当时反秦力量中最强大的一支武装。项羽也成了当时农民起义军的著名领袖人物，并在不久后和刘邦的起义军一起，推翻了秦朝的统治。

后来，“皆沉船，破釜甑”演化为成语“破釜沉舟”，用来比喻拼死一战，决心很大。

破镜重圆

出处

唐·孟棨《本事诗·情感》：陈太子舍人徐德言之妻，后主叔宝之妹，封乐昌公主，才色冠绝。时陈政方乱，德言知不相保，谓其妻曰：“以君之才容，国亡必入权豪之家，斯永绝矣。倘情缘未断，犹冀相见，宜有以信之。”乃破一镜，人执其半，约曰：“他日必以正月望日卖于都市，我当在，即以是日访之。”及陈亡，其妻果入越公杨素之家，宠嬖殊厚。德言流离辛苦，仅能至京，遂以正

月望日访于都市。有苍头卖半镜者，大高其价，人皆笑之。德言直引至其居，设食，具言其故，出半镜以合之。乃题诗曰："镜与人俱去，镜归人不归。无复嫦娥影，空照明月辉。"陈氏得诗，涕泣不食。素知之，怆然改容，即召德言，还其妻，仍厚遗之。闻者无不感叹。仍与德言陈氏偕饮，令陈氏为诗，曰："今日何迁次，新官对旧官。笑啼俱不敢，方验作人难。"遂与德言归江南，竟以终老。

译义

比喻夫妻失散或离婚后重新团聚。

故事

"破镜重圆"讲的是南朝陈国的徐德言和他的妻子乐昌公主离散后又重新团聚的故事。

徐德言是南陈诗人，他的妻子是陈后主的妹妹——乐昌公主，她的才华和容貌都十分出众。当时南陈政局很混乱，徐德言知道自己在战乱时恐怕无法保全妻子，于是对乐昌公主说："凭你的才华和容貌，国家灭亡时，你也不会有生命危险，只是可能会被人掠到权贵家中去，我俩可能会失散。这样吧，我们事先约定好，每人拿半面铜镜，作为以后重新相见的凭证。"乐昌公主同意了这个做法。

于是，在南朝陈国将要灭国时，徐德言就把一面铜镜破为两半，夫妻各执一半，以作重见时的凭证。并且两人约定好，乐昌公主会在正月十五日，派人到市场上去卖这半面镜子。

后来，乐昌公主果然成了隋朝功臣杨素的宠妾。而徐德言则经历千辛万苦，到达了京城，在正月十五日赶到了市场上，果然看到有一个老头在那里高价卖半面镜子。徐德言把这位老人带回家中，热情款待，说明了缘故，并且把自己保存的半面镜子和这半面镜子合在一起，在上面很感伤地题了一首诗："镜与人俱去，镜归人不归。无复嫦娥影，空留明月辉。"乐昌公主见到诗后十分悲痛。

杨素知道此事后，就让他们夫妻重新团圆。他们二人从此回到江南，安度余生。

Q

七步之才

出处

南朝·宋·刘义庆《世说新语·文学》:文帝尝令东阿王(曹植)七步中作诗,不成者行大法。应声便为诗……帝深有惭色。

译文

走七步能作成诗的才能。比喻文思敏捷,才气过人。

故事

曹植是曹操与武宣卞皇后的第三个儿子,也是魏文帝曹丕的同母弟弟。他从小受到良好的文学熏陶,有非凡的文学才华。曹操曾几次打算把他立为魏王世子,继承自己的事业。

而曹丕一心想当魏世子,一些拥护他的人一再在曹操面前说他的好话,最后终于促使曹操改变主意,立曹丕为魏王世子。

为了稳住自己的地位,曹丕想尽方法使曹操对曹植反感。曹植生性不羁,不注意遵守禁令,几次遭到曹操处罚,从而没有机会使曹操改变对他的看法。

汉献帝延康元年(公元220年),曹操因病去世,曹丕继任丞相。就在这一年,曹丕废献帝自立为帝,史称魏文帝。

曹丕称帝后，借口曹植在父丧期间礼仪不当，把他拿下问罪。这罪犯得很重，在当时要被处死。在审问的时候，曹丕指责他依仗自己有才学，故意蔑视礼法，接着说：

"父亲在世时，常夸你的诗文，我一直怀疑有人为你代笔。今天限你七步成诗一首，如若不成，休怪我问你死罪！"

曹植点点头，说：

"请皇上赐题。"

"就以兄弟为题，但不许出现兄弟二字。"

曹植略一思忖，便迈开脚步，走一步吟一句：

"煮豆持作羹，漉菽以为汁。萁在釜下燃，豆在釜中泣。本自同根生，相煎何太急？"

这几句诗的意思是：要煮豆子做豆羹，滤渣留汁做成糊。豆梗在锅下呼呼燃烧，豆子在锅里被煮得又哭又叫："咱俩都是一条根上长出来的，为什么这样狠心地煎熬逼迫呢？"

曹植吟完，正好走了七步。曹丕听了，羞愧难当，免去了他的死罪，将他贬为安乡侯。曹植七步成诗的事很快传开，人们也因此而称赞他有"七步之才"。

七纵七擒

出处

西晋·陈寿《三国志·蜀书·诸葛亮传》裴松之注引《汉晋春秋》：纵使更战，七纵七禽（擒），而亮犹遣获，获止不去。

译文

比喻运用策略，使对方心悦诚服。

故事

公元225年，蜀汉丞相诸葛亮为了巩固后方，率领军队南征。正当大功告成准备撤兵的时候，南中地区的首领孟获，纠集了被打败的散兵来袭击蜀军。

诸葛亮得知，孟获不但作战勇敢，意志坚强，而且待人忠厚，在部族中极得人心，因此决定把他争取过来。

孟获虽然勇敢，但不善于用兵，第一次上阵，见蜀兵败退下去，就以为蜀兵不敌自己，不顾一切地追上去，结果闯进埋伏圈被擒。

孟获本来认定自己要被诸葛亮处死，不料诸葛亮亲自给他松绑，好言劝他归顺。

但孟获不服这次失败，傲慢地加以拒绝。诸葛亮也不勉强他，而是带他观看已经布置过的军营，之后特意问他："你看这军营布置得怎么样？"

孟获观看得很仔细，他发现蜀军军营里都是些老弱残兵，便直率地说："以前我不知道你们虚实，给你赢了一次，现在看了你们的军营，如果就是这样的实力，要赢你并不难！"

诸葛亮也不作解释，笑了笑就放孟获回去。他料定孟获今晚准来偷营，当即布置好埋伏。

孟获回去后，得意洋洋地对手下人说："蜀军都是些老弱残兵，军营的布置情况也已经看清楚，没有什么了不起的！今夜三更去劫营，定能逮住诸葛亮！"

当天夜里，孟获挑选了五百名刀斧手，悄悄地摸进蜀军大营，什么阻挡也没遇到。孟获暗暗高兴，以为成功在即，不料蜀军伏兵四起，孟获又被擒住。但这一次，他依然被诸葛亮放回。

孟获接连被擒，再也不敢鲁莽行事了。他带领所有人马退到泸水南岸，只守不攻。蜀兵到了泸水，没有船不能过去，加之天气又热，困难重重。诸葛亮下令造了一些木筏子和竹笼子，一面派少量士兵假装渡河，但到了河心一碰到对岸射来的箭立即退回来，随后再去渡河；一面将大军分成两路，绕到上游和下游的狭窄处，渡过河去包围孟获据守的土城。后来，孟获又被擒住。

孟获虽然第三次被擒，但他仍然不服气。诸葛亮还是不杀他，款待他后又放他回去。将士中有人对诸葛亮的这种做法不理解，认为他对孟获太仁慈宽大了，诸葛亮向大家解释说："我军要彻底平定南方，必须降服孟获这样的人。要是他能心悦诚服地联络南人报效朝廷，就能抵得上十万大军。你们现在辛苦些，以后就不必再到这里来打仗了。"

孟获这次被擒又释放后，下决心不再跟蜀兵作战。但时间一长，营里快断粮了,他派人向诸葛亮借粮。诸葛亮同意了,但他要孟获亲自出来,与蜀军大将一对一比武。孟获接连打败了几名蜀将,但刚到大堆粮食旁,便被绊马索绊倒,接而被擒。蜀将当即传达诸葛亮的命令,放孟获回去,并让他把粮食搬走。

在这种情况下,孟获终于从心里佩服诸葛亮。为了让各部族都归顺蜀国,他把各部族首领请来,带着他们一起上阵。结果他们又被蜀兵引进埋伏圈一网打尽,蜀营里传出话来,让孟获等回去,不少部首领请孟获做主,究竟怎么办。孟获流着眼泪说:“作战中七纵七擒(七次放回七次逮住),自古以来没有听说过。丞相对我们仁至义尽,我没有脸再回去了。”

就这样,孟获等终于顺服蜀汉,听从管辖。

骑虎难下

出处

《晋书·温峤传》:今之事势,义无旋踵,骑猛兽,安可中下哉!

译义

骑在老虎身上,很难下来。比喻做事遇到未曾估计到的困难,但情况又不允许中途停止,陷于进退两难的境地。

故事

晋成帝咸和三年(公元328年),镇守历阳的将领苏峻和镇守寿春的将领祖约,以诛杀辅佐成帝的中书令庾亮为名,率军攻入都城建康,专擅朝政。

在这危急时刻,担任江州刺史的温峤挺身而出,和逃到他那里的庾亮共推征西大将军陶侃为盟主,起兵讨伐叛军。由于叛军势众,又挟持了成帝,陶侃接连打了几个败仗。不久,讨苏联军军粮也发生了困难。

由于战争一再失利，陶侃产生了畏惧心理，信心不足。他责备温峤说：

"起兵时，您说要将有将，要粮有粮，只要我出来当盟主就行了。可是现在将在哪里？粮在何方？如果粮食再接济不上，我只能带领本部人马回老家去了，待到以后具备条件再干。"

温峤反驳说：

"您的看法不对。战胜叛军最要紧的是靠队伍自身的团结。当年刘秀、曹操所以能以寡敌众，因为他们是正义之师。苏峻、祖约这帮家伙欺世盗名，有勇无谋，我们定能战胜他们。现在皇上蒙难，国家正处在危急关头，我们仗义讨伐逆贼，决不能改弦易辙。就好比骑在猛兽身上，不把它打死，怎么能半途下来呢！如您违背大众意愿，独自带兵回老家，必然会影响士气，使讨伐失败。这个罪责您是推卸不了的！"

陶侃听了温峤这席话，觉得很有道理，只好打消回老家的念头。接着，温峤和他仔细地商讨了作战计划，决定从水陆两路进攻叛军。温峤又亲自率领一支精壮的骑兵，突然袭击叛军。最后讨伐终于取得胜利，苏峻被杀，祖约逃到别处后也被杀死。

歧路亡羊

出处

《列子·说符》：杨子之邻人亡羊……杨子曰："嘻！亡一羊何追者之众。"邻人曰："多歧路。"既反，问："获羊乎？"曰："亡之矣。"曰："奚亡之？"曰："歧路之中，又有歧焉。吾不知所之，所以反也。"

译文

在岔路上丢失了羊，难以追寻。比喻事理复杂多变，找不到正确的方向，就容易误入歧途。歧路：岔路；亡：丢失。

故事

一天，杨子的邻居家逃失了一只羊。失主很焦急，请许多亲友去寻找。

过了一会儿，他来找杨子请求说：

“先生，我想请您家的仆人帮助我去找羊。”

杨子了解情况后，奇怪地说：

“逃失了一只羊，竟要派这么多人去寻找，真是小题大做！”

那邻居苦笑着解释说：“先生您听我说，村子外有几条岔路，人少了是不行的。”

杨子无奈，只好叫仆人帮他去找羊。

过了一段时间，邻居及其亲友、杨子的仆人等都来杨子家。杨子问他们：“羊找到了没有？”

邻居垂头丧气地表示没有找到。

杨子惊奇地问：“你们这么多人寻找，怎么还会找不到的呢？”

邻居说：“出村子上了大路后，有几条岔路，岔路中还有岔路。越走远，岔路就越多，简直像蜘蛛网一样。所以即使这么多人寻找，到后来也弄不清楚羊究竟是从哪条岔路上逃走的。”

杨子听后没有说话，但神色严肃起来，并带有几分忧伤。

他的学生不解，问他道：

“先生，一只羊不值多少钱，再说逃走的那只羊也不是先生家的，您为什么要如此忧伤呢？”

杨子听了仍然没有说话。

有个学生把这件事告诉了一位名叫心都子的学者，心都子解释说：

“岔路太多了，所以羊容易逃失。同样的道理，读书人因学说不一致而找不到真理，以致误人歧路，一无所获！”

其貌不扬

出处

宋·孙光宪《北梦琐言·卷二》:榜末及第,礼部侍郎郑愚以其貌不扬,戏之曰:"子之才学甚富,如一目何?"

译文

指人的相貌不突出、难看,现有时也用来形容外观不佳。貌:面貌、容貌;不扬:不好看。

故事

皮日休是唐朝末年著名的文学家,诗歌、散文和辞赋都写得很好,年轻时就已经相当出名了。只是他左眼角下塌,容貌不端正,比较难看。

公元866年,皮日休被推荐到京城长安去参加进士考试。他在城东南的永崇里只住了十来天,文名就传遍了长安城。但由于他不愿奉承权贵,得不到他们的荐引,最后没有考中。

考试落第后,皮日休回到家乡,把自己所写的200多篇诗文编成十卷,定名为《皮子文薮》。

第二年,皮日休带着《皮子文薮》再次进京应试。

这次考试的主考官,是礼部侍郎郑愚。他看了皮日休的文章,非常欣赏,还未发榜,就派人把皮日休叫到府里来会面。

郑愚原来以为,皮日休的文章写得这么出色,相貌必定清秀端正。不料一见面,发现他左眼位置不正,看上去不太舒服。于是,郑愚用嘲笑的口气问他:

"你很有才学,为什么两只眼睛长得不相称?"

皮日休对郑愚的问话很反感,立刻反唇相讥道:

"侍郎可千万不能因为我这一只眼睛，而使自己两只眼睛丧失目力啊！"

郑愚显然被皮日休的话刺痛，因此做了小动作。发榜时，皮日休虽然中进士，却是最后一名。

后来，皮日休在长安做了一段时间的小官。他看到朝政腐败，天下即将大乱，便写了许多文章揭露和批判黑暗的社会现实。不久，他投奔了黄巢起义军。

杞人忧天

出处

《列子·天端》：杞国有人，忧天地崩坠，身亡所寄，废寝食者。

译义

杞国有人担忧天塌下来，比喻缺乏根据和不必要的忧虑。忧：担忧。

故事

从前，杞国有一个胆子很小，而且有点神经质的人，他常常会想到一些奇怪的问题，让人感到莫名其妙。

有一天，他吃过晚饭后，拿了一把大蒲扇，坐在门前乘凉，并且自言自语地说：

"假如有一天，天塌了下来，那该怎么办呢？我们岂不是无路可逃，将被活活压死吗？这岂不是太冤枉了吗？"

从此以后，他几乎每天都在为这个问题发愁、烦恼。他越想越觉得危险，越想越觉得天塌下来很可怕，结果日子一久，他连饭也吃不下，觉也睡不着，一天天消瘦下去。

朋友们见他终日精神恍惚，脸色憔悴，都很替他担心。所以，当大家知道原因后，都跑来劝他说：

“老兄呀，你何必为这种事自寻烦恼呢？自古以来，就从来没有发生过这样的事，天哪里会那么容易地塌下来呢？再说，即使天真的塌下来了，那也不是你一个人忧虑发愁就能解决的呀，想开点吧！”

可是，无论人家怎么说，他都不相信，仍然时常为这一个不必要的问题而担忧。他一会儿忧虑天空会崩塌，一会儿又担心太阳和月亮会掉下来。

但是，日子一年一年地过去了，天不仅没有塌下来，连日月星辰也仍好好地挂在天上，没什么变化，而这个杞国人却始终在为这个问题担忧。

据说，这个杞国人在临死之前，仍然一直担心天会塌下来呢！

起死回生

出处

西汉·司马迁《史记·扁鹊仓公列传》：越人非能生死人也，此自当生者，越人能使之起耳。

译文

把快要死的人救活。比喻医术高明，也用来形容把没有希望的事挽回过来。

故事

扁鹊，秦氏，名越人，是春秋战国时期的名医，他救活过不少濒于死亡的人。

有一年秦越人在虢国行医。一天上午，他带了两个徒弟走过王宫，听说太子早上死去，患的是血气不合的暴病。他询问下来，认为还有救活的希望，便要求进宫察看。

宫中主管谒见的中庶子禀报君王后，赶紧将秦越人引到太子床前。

秦越人俯耳到太子鼻子前听了一会儿,发现太子有时竟有极微弱的呼吸;再摸了摸太子的两腿,发现内侧还有微温;接着切脉,又发现脉内有轻微的跳动。于是他说:

"太子不是真死,而是得了严重的尸厥病,还有希望活过来,我马上抢救!"

说罢,他叫一个徒弟准备好行医用具,在太子的头、胸、手、脚上扎了几针。

不一会,太子果然回过气来。秦越人又叫另一个徒弟在太子的腋下两侧热敷。不多久,太子居然清醒过来了。

在旁的虢国君王和臣下见此情景,都非常欢欣,一再向秦越人道谢。

秦越人对国君说:

"为促使太子恢复健康,我再开张药方,让太子连续服二十天药,到时必见功效。"

太子服了二十天药后,果然完全恢复了健康。国君等再次向秦越人道谢,他谦虚地说:

"并非是我秦越人能使死者复生,而是太子并没有死去,所以我能医好他。"

千金市骨

出处

《战国策·燕策一》:臣闻古之君人,有以千金求千里马者,三年不能得。涓人言于君曰:"请求之。"君遣之。三月得千里马,马已死。买其首五百金,反以报君。君大怒曰:"所求者生马,安事死马而捐五百金?"涓人对曰:"死马且买之五百金,况生马乎?天下必以王为能市马,马今至矣。"于是不能期年,千里之马至者三。

译义

比喻重视人才,渴望求得人才。

故事

从前,有个嗜玩马的国君,想用千金重价征求千里马。但过了三年,仍无一点收获。

这时,宫里一个职位低下的小侍臣,竟然自告奋勇地站出来说:“请您把这个差使交给我吧!”国君点头同意。

不到三个月,这人果然找到了一匹日行千里的良马。可是当他要买马时,这匹千里马却死了。他思虑了一会儿,仍然花费五百金,将死马的尸骨买了回来。

他带着千里马的尸骨回宫向国君复命时,国君见是马的尸骨,非常生气,怒斥道:“我要的是活马,你买这死马回来有什么用?不是白费了这五百金吗?”

侍臣笑道:“请国君息怒,金不是白费的。一匹死马您都愿意高价买了,这消息传开,人们都会相信您是真心实意喜爱良马的国君,不仅识货还说话算话。这样,一定有人主动上门献马。”

后来,不出一年,国君果真得到了三匹别人主动献来的千里马。

千钧一发

出处

东汉·班固《汉书·枚乘传》:夫以一缕之任,系千钧之重,上悬无极之高,下垂不测之渊,虽甚愚之人,犹知哀其将绝也。

译义

比喻极其危险。

故事

西汉时期有个著名的文学家名叫枚乘,他擅长写辞赋。开始他在吴王刘濞那里做郎中,发觉刘濞想要反叛朝廷,枚乘就劝阻他说:"用一缕头发系上千钧重的东西,上面悬在没有尽头的高处,下边是无底的深渊,这种情景就是再愚蠢的人也知道是极其危险的。如果上边断了,那是接不上的;如果坠入深渊那也不能取上来了。所以,您反叛汉朝,就如这缕头发一样危险啊!"

但枚乘的忠告并没有得到刘濞的采纳,他只好离开吴国,去梁国做梁孝王的门客。

到了汉景帝时,吴王纠合其他六个诸侯国谋反,结果被平灭。

"千钧一发"这条成语就是从这里来的。

千里鹅毛

出处

明·徐谓《路史》载:礼轻人意重,千里送鹅毛。

译文

比喻礼物虽轻而情意深厚。

故事

唐朝贞观年间,云南土司缅氏为了表示对大唐的友好,派缅王伯父高担任使者去拜见唐王,其所带贡品中有一只稀有的飞禽——天鹅。缅伯高抱着天鹅,走到沔阳湖边时,忽然觉得应该停下来给天鹅洗个澡,就小心翼翼地将天鹅放入水中。不料,天鹅却振翅飞走了,只掉下一根鹅毛。缅伯高没有办法去捉,只好拿着这根鹅毛面见皇帝。他害怕皇帝处罚自己,就编了一首顺口溜,大意是这样的:

"我来向您朝贡,经过了万水千山,可到了沔阳湖时天鹅飞走了。我悲痛欲绝,今天上复天子,请您饶了缅伯高。再说,千里送鹅毛,礼轻人意重啊!"

皇帝听后,饶了缅伯高。

千人所指

出处

东汉·班固《汉书·王嘉传》:里谚曰:"千人所指,无病而死。"

译义

比喻品行恶劣,触犯众怒,受到众人的指责。"千人所指"又称"千夫所指"。千人:许多人;指:指责。

故事

西汉时,年轻貌美而又善于奉承的侍臣董贤,受到汉哀帝的宠幸。哀帝每次外出,总要与他同乘一辆车;在宫内,也一刻也少不了他,简直是与他形影不离。

董贤得宠后,他的家人也跟着享福:妻子被召进宫内享乐,妹妹被选为妃子,父亲被封侯赐爵,岳父和小舅子也当了高官。哀帝还特地为他造了一座富丽的住宅,宅内装饰极其考究,屋柱和窗格都用锦缎包裹;四方进贡的宝物,哀帝宁愿自己用差一些的,也要把最贵重的赐给董贤。

尽管如此,哀帝觉得对他还不够好,想找机会封他为侯。不久,机会终于来到了。

哀帝没有儿子,又体弱多病,东平王和王后串通起来搞迷信活动,暗地里诅咒他早日死去,好让东平王即位称帝。不料,这件大逆不道的事被两个朝臣知道了,他们联合写了一道奏章,通过太监向哀帝告发。结果,东平王畏罪自杀,王后被处死。

事后要论功行赏,有人迎合哀帝心意,建议把通过太监送奏章改为通过董贤送,这样,便可封董贤为侯。哀帝听了大喜,亲自起草了一道诏书,把董贤和那两个朝臣一起封为侯。

诏书下达后,丞相王嘉和御史大夫贾延竭力加以反对。他们建议让朝官讨论,董贤在揭露这一阴谋中是否有功、该不该封侯。哀帝心虚,不敢这样做,只好把这件事搁置,待日后再说。

公元前2年,哀帝的祖母傅太后去世。哀帝以傅太后有遗命为名,加封给董贤二千户。王嘉接到诏书,把它封起来退给哀帝,并又进行劝谏。他在奏章中写道:

"董贤靠着陛下的宠幸,骄奢放纵,毫不收敛,恶名远扬,引起四方公愤。俗语说,千人所指,无病而死。臣为他今后的下场寒心。望陛下考虑到祖宗创业的艰难,别再这样做了!"

王嘉这一行动,极大地触怒了哀帝。哀帝派使者逼王嘉服毒自杀,王嘉严词拒绝,在狱中绝食身亡。

哀帝治死王嘉后,没有人再敢向他直言进谏了。于是他任命董贤为三大公之一的大司马,这时董贤才过二十二岁。从此,董贤操纵朝政,所有奏章都要通过他才能给哀帝,连新任的丞相对他也惧怕三分。他的权势越来越大,几乎要和哀帝平起平坐了。

但是,董贤的好景不长,这种权势滔天的状况仅持续了一年多时间。公元前1年哀帝病死,董贤失去靠山,王太后罢了他的官。被罢官的当天,董贤就和他的妻子恐惧自杀。董贤被抄没的家产变卖下来,竟达四十三万万钱。

犬牙相制

出处

西汉·司马迁《史记·孝文本纪》:夫秦失其政,诸侯豪杰并起,人人自以为得之者以万数,然卒践天子之位者,刘氏也,天下绝望,一矣。高帝封王子弟,地犬牙相制,此所谓磐石之宗也。

译义

指地界连接,如犬牙交错,可以互相牵制。制:牵制。

故事

西汉初年,汉高祖刘邦为了巩固刘氏天下,封了许多同姓王。

刘邦死后,吕后一度专权,吕后的近亲也从各方面把持了朝政。公元前 180 年,吕后病重死去,大将周勃、陈平等诛灭诸吕,迎接代王刘恒为帝。

当使者来到代地,向刘恒报告朝廷大臣公推他即位,请他立即动身时,刘恒不敢轻易答应。他召集大臣们询问对策。郎中令张武说:“朝廷上的大臣都是高帝(刘邦)手下的将军和谋士,他们只知欺诈,不讲信义,大王不如推说有病,看看动静再说。”中尉宋昌不同意张武的意见,他对刘恒说:“大王尽可放心地去。残暴的秦皇失了天下,诸侯豪杰一窝蜂似的起兵，谁都想做皇帝，然而只有高帝成功了，统一了天下。高帝封了同姓王，使他们地界相连，如犬牙相制，使刘氏天下坚如磐石。现在老百姓厌乱思治，就算有的大臣想作乱，老百姓也不肯听从。大王可以放心地回去即位。”刘恒觉得宋昌的话有道理，又派娘舅薄昭到长安见太尉周勃，探听到朝臣们拥他为王是真心实意，便动身回京，做了皇帝，史称汉文帝。

黔驴技穷

出处

唐·柳宗元《三戒·黔之驴》：驴不胜怒，蹄之。虎因喜，计之曰：“技止此耳！”

译义

黔地的驴子用尽了本领。比喻本领有限，并且已经使完。黔：地名，今贵州一带；技：技能，本领；穷：尽，完了。

故事

从前，贵州一带没有驴子，有个好奇的人就用船运来了一头毛驴。因为不知派它什么用场，便把它放牧在山脚下。

山里的老虎发现了这头毛驴，觉得它看上去很高大，但因为不知道它有些什么本领，所以不敢靠近它，只是远远地躲在树林里，偷偷地观察它的动静。

过了一些时间，老虎壮大了胆子，走出树林，一点一点地靠近毛驴，再仔细地瞧瞧它，但仍然不知道它究竟是什么东西。

一天，毛驴突然大叫一声，把老虎吓了一大跳，以为它要来吃自己了，急忙逃得远远的。可是，结果并非如此。过了几天，老虎又靠近毛驴，发现它并没有什么特别的本领，并对它的叫声也听惯了。于是，老虎又向毛驴靠得更近些，在它面前转来转去，结果还是平安无事。后来，老虎甚至碰撞毛驴的身子，故意冒犯它。毛驴终于被惹得发怒，用蹄子去踢老虎。

这一来，老虎反而高兴起来了。它看穿了驴的技能就这么一点儿，没有什么可怕的，便大吼一声，猛扑上去，咬断了毛驴的喉管，美美地吃个饱，然后高高兴兴地离去。

前倨后恭

出处

西汉·司马迁《史记·苏秦列传》：苏秦笑谓其嫂曰："何前倨而后恭也？"

译文

原先傲慢，后来恭顺。形容前后态度不同。倨：傲慢。

故事

战国时，有个著名的纵横家名叫苏秦，他曾和魏国人张仪一起拜鬼谷子为师，学习所谓的"纵横之术"，是当时极负盛名的大政治家。

可是，在他还没有成名以前，他曾出外游说了几年，却一事无成。当他穿着褴褛的衣衫，穷苦潦倒地回到家里，他的父母、兄嫂，甚至妻子都认为他没出息，没有一个人看得起他。尤其是他嫂嫂，更是常以白眼相向，骂他是个游手好闲、不务正业的人，并断言他今生今世永无出头和发达的一天。

苏秦十分气愤，发愤读书，潜心苦学。他自觉学有所成以后，又出外游说，后来，他终于以"合纵"学说游说成功，说服燕国和赵国联合起来，再由他去说服其他四国，一起对付强大的秦国。他被燕文公拜为相国，又被赵肃侯封为武安君，挂宰相印，并被赐给兵车一百辆，锦缎一千匹，黄金二十万两。接着，他又准备到楚国去游说。

在去楚国的路上，他途经洛阳。他的父母知道后，便立刻洒扫庭院，陈设酒席，并特地来到洛阳城郊三十里外迎接他；他的妻子不敢正眼看他，而只敢侧耳倾听；他的兄弟更是连看也不敢看他，低着头侍奉他；至于他的嫂子，则伏在地上拜了四拜，向苏秦承认自己从前的过错。

苏秦见了，踌躇满志地笑着对他的嫂子说：

"嫂嫂，你为什么从前那样傲慢自大，而今天却又这样的卑微谦恭呢？"

苏秦的嫂嫂被他这么一问，真是又愧又怕，便连连叩头求饶，说：

"那是因为小叔现在职位高、金钱多啊！"

苏秦听了，不禁长叹一声，说：

"唉！同是我苏秦，富贵的时候亲戚怕我，贫贱的时候连父母也不把我当儿子看待。人世间，不以贫贱富贵来待人的人实在太少了！"

请君入瓮

出处

北宋·司马光《资治通鉴·唐纪·则天皇后天授二年》：俊臣乃索大瓮，火围如兴法，因起谓兴曰："有内状推兄，请兄入此瓮。"兴惶恐叩头伏罪。

译文

请你进入瓮中。比喻以其人之道，还治其人之身。君：您；瓮：一种瓦器。

故事

武则天是中国历史上唯一的一位女皇帝，她为了维护自己的统治，采取高压恐怖政策，并且奖励告密。假如告密者所举发的事是真的，武则天就给他升官晋级；可如果是诬告，也不会受到处分。因此，告密的人越来越多。

也正因为武则天采取这种政策，所以她手下的一些酷吏，便想尽办法诬陷政敌，并不断改进刑具来逼迫人犯认罪。这些酷吏中，最有名的要数大臣周兴和来俊臣了。然而，武则天对这些酷吏也不过是加以利用，当他们没有利用价值时，便也劫数难逃。

有一次，酷吏周兴被人密告伙同别人谋反，武则天便派来俊臣去审理这件案子，并且定下结案期限。来俊臣一向和周兴关系不错，感到很棘手，他苦苦思索，终于想出一个办法。

一天，来俊臣故意请周兴来他衙中聊天，说："唉！最近审问犯人老是没有结果，不知老兄可有什么新的绝招？"

周兴一向对刑具很有研究，时常研究出一些稀奇古怪的酷刑来逼供。这一次他也没想到来俊臣是针对自己而问，便很得意地告诉来俊臣说：

"我最近发明一种新方法，你只要准备一个大瓮，四周放满炭火烧红，再把犯人放进去，无论他们多么狡猾，也受不了这个滋味，一定会招认的。"

来俊臣听了，便吩咐手下人去抬来一个大瓮，照着刚才周兴所说的方法，生上火，等大瓮已经被炭火烧得通红以后，他便站起身，突然把脸一板，阴鸷地对周兴说：

"有人告你谋反，现在太后命我来审问你，如果你不老老实实招认的话，那么我只好请你进这个大瓮了！"

周兴听了大惊失色，知道这次自己绝对无法抵赖，只好俯首认罪。

庆父不死，鲁难未已

出处

《左传·闵公元年》：不去庆父，鲁难未已。

译义

如果不除去庆父，鲁国的灾难是不会终止的。比喻不清除制造内乱的罪魁祸首，国家就不得安宁。

故事

公元前662年，鲁庄公死去。在庄公同母弟弟公子友的支持下，公子般当了国君。庄公的异母弟弟公子庆父，是个贪婪残暴、权欲熏心的家伙，企图篡权夺位，因此公子般即位不到两个月，便被他派人杀死。支持公子般的公子友则逃往陈国。

庆父派人杀死公子般后，另立闵公当国君。由于他制造内乱，激起了鲁国百姓极大的愤慨。但庆父我行我素，继续制造内乱，企图浑水摸鱼，以致把鲁国闹得非常不太平。

当时，齐桓公在管仲的协助下，已把齐国治理得相当强盛，并被周惠王正式任命为侯伯，名正言顺地当了中原霸主。他对于鲁国的内乱自然非常关心，便派大夫仲孙湫到鲁国去了解情况。不久，仲孙湫把了解到的鲁国情况向齐桓公做了报告，并下结论说：

“如果不除去庆父，鲁国的灾难是不会终止的！”

事实果然如此：过了一年，庆父又杀死了鲁闵公。两年之内，鲁国两个国君被杀，使鲁国的局势陷入了严重的混乱之中，百姓们对庆父恨之入骨。庆父见在鲁国实在无法再待下去，便逃往莒国了。

鲁僖公继位后,知道庆父这个人的存在对鲁国是个严重的威胁,便请求莒国把庆父送回鲁国。庆父自知罪孽深重回到鲁国没有好下场,便在途中自杀了。

罄竹难书

出处

《旧唐书·李密传》:罄南山之竹,书罪未穷;决东海之波,流恶难尽。

译义

砍尽竹林制成竹简,也难写完罪行。比喻罪恶太多,无法写完。罄:空,尽;竹:古时用来写字的竹简;书:写。

故事

隋朝末年,炀帝杨广残暴统治,荒淫奢侈,大兴土木。炀帝还连年对外用兵,使百姓无法活下去,迫使他们揭竿而起,从而到处掀起农民起义的浪潮。

在众多的农民起义军中,有一支是翟让领导的义军。它以瓦岗寨(今河南滑县南)为根据地,称为瓦岗军。起义军中有许多是渔猎手,勇敢善战。翟让骁勇而有胆略,队伍很快发展到万余人。

早在炀帝大业九年(公元613年),越国公杨玄感就乘农民起义纷起的时候,起兵反隋,但不久即败死。他的手下李密,在失败后被捕,但在押送途中逃脱。大业十二年,他投奔瓦岗起义军,游说翟让联合附近各起义军,取得对隋军的作战胜利,从而取得了翟让的信任。次年,李密取得全军领导权,称魏公。

李密取得大权后,为了进一步联合各路起义军,以及吸引隋朝的文武官员来投奔他,便在进攻隋都洛阳的时候,发布了一篇讨伐炀帝的檄文,号召各方人士推翻隋朝的统治。檄文在历数炀帝残暴统治、祸国殃民的十大罪状之后写道：

“用尽南山所有的竹子制成竹简，也写不完杨广的罪过；决出东海的水，也冲洗不清他的罪恶。”

后翟让被李密所杀，这对瓦岗军起了严重的破坏作用。大业十四年，炀帝在江都（今江苏扬州）被禁军将领宇文化及等缢杀。同年，李密入关降唐，但不久因反唐而被杀。

穷兵黩武

出处

西晋·陈寿《三国志·吴书·陆抗传》：……而听诸将徇名，穷兵黩武，动费万计，士卒雕瘁，寇不为衰，而我已大病矣。

译义

用尽所有兵力，好战不止。穷：竭尽；黩武：滥用武力，好战。

故事

东吴后期的名将陆抗，二十岁时就被任命为建武校尉，带领他父亲陆逊留下的部众五千人。公元 264 年，孙皓当了东吴的国君，三十九岁的陆抗担任镇军大将军。

当时，东吴的朝政非常腐败。孙皓荒淫无度，宫女已有好几千人，还向民间掠夺女子；又暴虐治国，用酷刑任意杀人。

陆抗对孙皓的所作所为非常不满，多次上疏，劝谏他对外加强防守，对内改善政治，以增强国力。他曾在一次奏疏中陈述当前应做之事达十七件之多。

但是，孙皓对他的建议置之不理。

公元272年,镇守西陵的吴将步阐投降晋朝。陆抗得知后,立即率军征讨步阐。他知道晋军一定会来接应步阐,因此命令军民在西陵外围修筑一道坚固的围墙。吴将多次要求攻打西陵,但陆抗总是不许。

等到工事完成,晋军已经赶到西陵,接应步阐。陆抗先率军击退来援的晋军,之后再向西陵发起了猛攻。这一次吴军很快攻进城内,将叛将步阐杀死。

当时,晋朝的车骑将军羊祜镇守襄阳。他见陆抗能攻善守,知道要打败东吴并不容易,因此对东吴采取和解策略:部下掠夺了东吴的孩子,他下令放回;晋军到东吴边境,收割了东吴方面的庄稼,就送绢帛给东吴作抵偿;猎获的禽兽者已被吴人打伤,就送还东吴。

陆抗明白羊祜的用意,也用同样的态度对待晋人。两人还经常派使者往来,互相表示友好。因此,吴、晋一部分边境地带一时出现了和好的局面。

孙皓听说那里的边境和好,很不高兴,派人责问陆抗。陆抗回话说:

"一乡一县尚且不能没有信义,何况大国呢!我如果不这样做,反而会显出羊祜很有威德,对他有益无害。"

孙皓听了,无话可说,但他还是想出兵攻晋。陆抗见军队不断出动,百姓精疲力竭,便向孙皓上疏说:

"现在朝廷尚未做到富国强兵,本应加紧农业生产,储备粮食,让有才能的人发挥作用,使各级官署不荒怠职守,严明升迁制度以激励百官,审慎实施刑罚以警戒百姓,用道德教导官吏,以仁义安抚百姓。现下反而听任众将追求名声,用尽所有兵力,好战不止。耗费的资财动以万计,士兵疲劳不堪。这样,不但敌人没有被削弱,我们自己倒像生了一场大病。"

陆抗还郑重指出,吴、晋两国实力不同,今天即使出兵获胜,也得不偿失。所以,应该停止用兵,积蓄力量,以待时机。

但是,孙皓对陆抗的这些忠告都听不进去。后来陆抗去世,晋军讨伐东吴,沿着长江顺流东下,势如破竹,吴国终于被晋所灭亡。

穷酸饿醋

出处

元·王实甫《西厢记》第五本第三折：与了一个富家，不枉了，却与了这个穷酸饿醋。

译文

旧时比喻生活贫苦还自命清高，穷酸至极的文人。现指穷困而生活无着落的寒酸相。

故事

唐朝裴度少年时，非常贫穷，到了衣食不周、无以为生的地步。

他的远房叔叔对他说："裴度，你父母双亡之后，你不成器，不肯寻些买卖营生做，你每日只知读书。穷酸饿醋的，几时能够发迹？"裴度受了这番奚落，又羞又愤，想想实在活不下去，于是奔出去寻死。这时，一个能够看见鬼怪的道士见到他，发现他周围跟随着许多饿鬼、穷鬼，正百般地戏侮裴度，心里知道，裴度必定要穷饿至死，且为时已不远了，心中暗暗地为裴度叹息。谁知傍晚裴度从城里回来时，道士看见跟随、纠缠裴度的饿鬼、穷鬼一个也不见了，只见一些锦袍玉带的神——有的为裴度前导，有的为裴度侍卫，而裴度也神采奕奕，晦气尽去。道士觉得非常奇怪，于是便邀裴度进屋坐，献茶献饭，然后从容地问他一天的经历。裴度说：他在山神庙拾到一条玉带，那玉带嵌金线、镶宝石，非常珍贵，心想：这样贵重的东西遗失了，人家不知多着急呢！于是坐着等待失主。那失主原来是一家被冤枉坐牢的大官，他派管家拿玉带去进献权贵，是求昭雪冤案的，如果失去玉带，一家子就没命了。如今得裴度还带，感谢之情自不必说了。道士听罢，叹息道："裴度相公，你这行为已感动上天了，你不但不会饿死，还前途无量呢!”

后来,裴度果然成了唐朝一位有名的贤宰相。

秋毫无犯

出处

西汉·司马迁《史记·淮阴侯列传》:大王之入武关,秋毫无所害,除秦苛法,与秦民约法三章耳,秦民无不欲得大王王秦者。

译义

形容军队纪律严明,不拿民间丝毫东西。有时也形容为人廉洁无私。秋毫:兽类在秋天长的细毛,比喻微小的事物。

故事

汉初的诸侯王韩信在未发迹时,被人认为懦弱无能。他投奔项梁领导的抗秦起义军,一直默默无闻。改归项羽部下后,他多次向项羽献计,都没有被采纳,于是他脱离项羽,投奔汉王刘邦。刘邦派他管理粮饷,同样不重视他。后来在丞相萧何的一再推荐下,刘邦才拜他为大将。

拜将仪式结束后,刘邦问韩信道:

“丞相一再谈起将军,不知将军有什么高见?”

韩信谦虚了几句后,反问刘邦道:

“大王自己估计一下,您在勇敢、仁厚和兵力各方面同项王比,谁强?”

刘邦沉默了好半天,才回答说:

“我各方面都不如他。”

于是,韩信具体地分析了项羽的特点,以及项羽的致命弱点,证明项羽名义上虽然称霸天下,实际上却不得人心,没有老百姓的支持。最后,韩信提出了进兵计划：

“现在大王如能采取和项王相反的办法，任用天下武勇能干的人，有什么地方不能讨平呢？把天下的城池分封给有功的部属，有什么人会不心服呢？我们的军事行动符合将士们要求打到东方去的愿望，有什么敌人打不败呢？再说，大王入关时，纪律严明，对老百姓秋毫无犯，还取消了秦朝苛刻的法令，还与父老约法三章——不许杀人、伤人和盗窃。关中的老百姓没有不希望大王在那里做王的。现在大王如果带兵东进，关中地区只要发一道布告，就可以收复了！”

刘邦听了韩信这番话，非常高兴，只恨遇到他太迟了，并立即采纳他的计划，议定各路将领进兵攻击的目标。

曲突徙薪

出处

东汉·班固《汉书·霍光传》：人谓主人曰：“……今论功而请宾，曲突徙薪亡恩泽，焦头烂额为上客耶？”

译义

把烟囱改砌成弯曲的，把灶旁的柴薪搬到远处。比喻对可能发生的事故应防患于未然，消除产生事故的因素。突：烟囱；徙：迁移；薪：柴草。

故事

汉宣帝时，有个叫徐福的人几次上书，提醒宣帝限制大司马、大将军霍光的权力，以防他的家人谋反。霍光死后，他的家人果然谋反。幸亏有人告状，才未酿成大乱。事后，宣帝对告发的人大加赏赐，而对早就劝告他应限制霍光权力的徐福却没有一点赏赐。有位大臣觉得不公平，特地向宣帝上书。在上书中，这位大臣特地举了“曲突徙薪”的事做例子：

有个人到朋友家作客，见主人家的烟囱是直冲着屋檐的，灶边又堆了不少柴薪，觉得这样很危险，便向主人建议说：

“你这烟囱要改砌成弯曲的，柴薪要搬到远处去，不然容易发生火灾啊！”

主人不以为意，没有作声。不久，主人家果然失火，亏得邻居及时赶来把火扑灭，才没有造成更大的损失。

事后，主人杀牛摆酒，酬谢前来救火的邻居。他特地请那些被火烧得焦头烂额的人坐在上座，其他人则按照出力大小安排座次，但偏偏没有请不久前建议他改砌烟囱、搬走柴薪的那位客人。

席间，有人对主人说：

“如果当时你听从那客人的话，把烟囱改砌成弯曲的，并把柴薪搬到远处，那么就不会失火，也就不必杀牛摆酒了。今天你论功请客，却把你那客人忘了，这岂不是‘曲突徙薪亡恩泽，焦头烂额为上客’了吗？”

主人听了这番话，顿时省悟过来，马上把那客人请来，并奉他为上宾。

汉宣帝看到这里，明白了这位大臣的意思，马上重赏了徐福。

R

绕梁三日

出处

《列子·汤问》:昔韩娥东之齐,匮粮,过雍门,鬻歌假食。既去而余音绕梁欐,三日不绝,左右以其人弗去。

译义

形容音乐高昂激荡,虽过了很长时间,好像仍在回响。

故事

战国时期的秦青歌唱得非常好。他的歌声嘹亮动听,可以使林间树木为之震动,天上的浮云因之停滞。他不仅自己唱歌,而且还教授学生,可见他在歌唱的技巧和理论方面都很有造诣。秦青曾对朋友谈起前辈韩娥的事迹。

韩娥曾流落到东方的齐国,走到临淄时没有粮食吃了,路过雍门时就卖唱换取食物。她唱完后就离开了雍门,但歌声却依然萦绕在梁椽之间,好几天都没有消失,以至于周围人以为她还没有走。

韩娥投宿旅店时,旅店主人欺负了她。韩娥于是拉长声调悲伤地哭了起来。方圆一里内的人们,无论老幼都受其歌声感染而悲伤不已,垂泪相对,好几天吃不下东西。旅店主人只好把韩娥请了回来,韩娥又欣喜得高声唱了一首动听的歌，方圆一里内的人们，无论老幼都欢天喜地，情不自禁地手舞足蹈，忘记了先前的悲伤。于是，那里的人们便用很高的报酬请她唱歌。所以，直到后来临淄这里的人都擅长唱悲伤的歌，这是继承发扬了韩娥的歌唱艺术。

如狼牧羊

出处

西汉·司马迁《史记·酷吏列传》：御史大夫弘曰："臣居山东为小吏时，宁成为济南都尉，其治如狼牧羊。成不可使治民。"

译文

如同狼放养羊一般。比喻官吏残酷地欺压人民。

故事

西汉时，有一个叫宁成的官吏，南阳穰县（今河南邓州）人。宁成当过济南都尉，后升中尉。他为人狠毒刻薄，执法严峻，为宗室、豪强所畏惧。

汉武帝即位以后，宁成徙为内史，因遭外戚诽谤，被捕入狱。后来，宁成从狱中逃出，在乡间买了一千多顷陂田，役使贫民数千家为他耕种。几年以后，宁成靠着收租剥削，成了一个有万贯家财的富豪。

汉武帝想再度起用他当郡守。御史大夫公孙弘说："我在山东当小官的时候，宁成是济南都尉，他管理起百姓来，就像豺狼放牧绵羊一样。不可以让他治理百姓。"后来，汉武帝虽没有任命宁成为郡守，但拜他为关都尉，出入关的人见到宁成都不寒而栗，说："宁可和老虎相见，也不愿面对宁成之怒。"

入木三分

出处

明·沈德符《万历野获编·晋唐小楷真迹》:绢素稍黯,字亦惨淡。细视良久,则笔意透出绢外,神彩奕然,乃知古云入木三分不虚也。

译义

笔迹深入木板三分。形容书法笔力强劲。也比喻见解、议论十分深刻、恰切。

故事

王羲之,字逸少,晋朝时会稽(今浙江绍兴)人。他是我国历史上最有名的书法家,因为他曾经做过右军将军,所以后人又称他为"王右军"。

王羲之的书法,可以称得上冠绝古今,他的字秀逸中透着苍劲,柔和中带着刚强,后代的许多书法家,没有一个能比得上他的。所以,学习书法的人很多都以他的字做范本。现今在他留下来的书帖中最著名的有《兰亭集序》《黄庭经》等。

王羲之的字写得这样好,固然与他的天资有关系,但最重要的还是由于他的刻苦练习。他为了把字练好,无论休息还是走路,心里总是想着字体的结构,揣摩着字的笔势,而且不停地用手指头在衣襟上比画着。所以时间久了,连身上的衣服也划破了。

他曾经在池塘边练习写字,每次写完,便在池塘里洗涤笔砚。时间一久,整个池塘的水都变黑了。由此我们可以知道,他在练习书法上所下功夫之深了。

据说他很爱鹅，平时常常望着在河里戏水的鹅发呆，后来竟然从鹅的动作中领悟出运笔的原理，这对他的书法技艺大有助益。

有一次，他到一个道观去玩，看到一群鹅非常可爱，便要求道士卖给他。观里的道士早就钦慕他的书法，便请他写部《黄庭经》作为交换。王羲之实在太喜欢那些鹅了，便同意了。于是王羲之给观里写了部《黄庭经》，道士便把那些鹅都送给了他。

还有一次，当时的皇帝要到北郊去祭祀，让王羲之把祝辞写在一块木板上，再派工人雕刻。雕刻的工人在雕刻时非常惊奇，因为他发现王羲之写的字，笔力竟然渗入木头三分多。他赞叹地说："右军将军的字，真是入木三分呀！"

如鸟兽散

出处

东汉·班固《汉书·李陵传》：陵叹曰："复得数十矢，足以脱矣，今无兵复战，天明坐受缚矣！各鸟兽散，犹有得脱归报天子者。"

译义

像一群飞鸟走兽一样逃散。形容溃败逃散。也比喻集团或组织解散后，其成员各奔东西。

故事

李陵是汉代著名的"飞将军"李广的孙子，善于骑射，礼贤下士，深得将士喜爱。汉武帝刘彻也很赏识他，经常夸他有李广的风度。

有一年，汉武帝派他去讨伐匈奴，他自愿带领五千步卒深入浚稽，直捣匈奴老巢。

李陵的部队到达浚稽山，与匈奴单于的部队相遇。单于用三万骑兵围住李陵，李陵命汉军在营外列阵，前排执戟和盾，后排持弓和弩。单于看汉军兵少，便直奔汉营。李陵命将士击鼓开战，千弓俱发，喊声四起，匈奴兵应弦而倒，死伤无数。单于见势不妙，召集部将率八万骑兵一齐向汉军攻击。李陵寡不敌众，且战且退，退到一个峡谷里。汉军受伤的人很多，受轻伤的士兵仍然坚持作战。这时候，汉军中一个叫管敢的人因为受了长官的凌辱，一气之下投降了单于，并且报告了汉军的机密：

"李陵没有后援，箭快用完了，就剩下李陵麾下和成安侯部下各八百人走在前边，打着白色旗和黄色旗，你们可以派骑兵破阵！"

单于果然派了精兵，将李陵堵在山谷中，大叫："李陵快来受降！"

因为李陵的部队处在谷底，单于在山上，形势很不利。单于用石头、木棒袭击汉军，汉军死伤惨重，已经无法前进。

天黑以后，李陵清点人数，看到活着的人不多了，便悲痛地与他们说：

"我们注定失败了，这样下去谁也活不成了，你们别跟我走了，有勇气地去和单于拼吧。"

汉军的将官劝他说："将军，别悲伤，您的大名威震匈奴，天命不会让您死的，您以后还可以设法回汉。从前不是也有过汉将被俘以后重新回到家乡的吗？皇帝也是以礼相待的，何况您李大将军呢？"

"不，我不死在战场就不是壮士！"

李陵下令放倒军旗，把珍宝埋入地下，然后对将士们说："现在还剩下几十支箭，完全可以逃脱的，不要等待天亮以后被他们俘虏去。你们像鸟兽那样各自散去逃命吧，能有几人回去报告皇帝也是好的。"

于是，李陵给每个军士带上两升粮食、一块冰。半夜之后，他让兵士们各自走开，他自己上马驰出山谷，单于用几千骑兵追赶他，成安侯韩延年中箭落马，李陵一人战败被俘。

如丧考妣

出处

《尚书·舜典》:帝乃殂落,百姓如丧考妣。

译义

后人用“如丧考妣”表示好像死了父母一样的难过和伤心。

故事

鲁国有个蒙丘,是孟子的学生。有一次,他去拜见孟子,问孟子道:“俗话说:‘道德最高的人,君主不能以他为臣,父亲不能以他为子。’舜便是这样的人。舜做了天子之后,尧率领诸侯去朝见他,舜的父亲瞽瞍也向北去朝见他。舜看见瞽瞍来朝见,局促不安。孔子说:‘在这个时候,天下就危险得很啊!’不知道事实是否这样?”

孟子回答说:“不是这样。尧活着的时候,舜不曾做天子,只是尧老年时叫舜代他执行过天子的职务。《尧典》上说:‘二十八年之后,尧死了,老百姓像死了父母一样,服丧三年,各地都停止了娱乐活动。’孔子对此说过:‘天上没有两个太阳,人间没有两个天子。’如果说舜在尧死之前就做了天子,这岂不是同时有两个天子吗!”

人杰地灵

出处

唐·王勃《滕王阁序》：物华天宝，龙光射牛斗之墟；人杰地灵，徐孺下陈蕃之榻。

译文

杰出人物在哪里出生或他曾到过哪里，哪里就成了名胜之地。杰：指有杰出才能的人；灵：特别美好的意思。

故事

公元675年九月初九重阳节，洪州都督阎伯屿在新落成的滕王阁大宴宾客，当地知名人士都应邀出席。王勃正好路过这里，也应邀参加。因为他是晚辈，所以被安排在不显眼的座位上。

阎都督的女婿很会写文章，阎都督叫他预先写好一篇序文，以便当众炫耀一番。

大家酒酣之际，阎都督站起来说："今天洪州的文人雅士欢聚一堂，不可无文章记下这次盛会。各位都是当今名流，请写赋为序，使滕王阁与妙文同垂千古！"话毕，侍候的人将纸笔放在众人面前。但是大家推来推去，没有一个人动笔。后来推到王勃面前，王勃竟将纸笔收下，低头沉思。

过了一会儿，王勃卷起袖口，挥毫即书。阎都督见有人不识趣地动笔，不大高兴，走出大厅，凭栏眺望江景，并嘱咐侍从将王勃写的句子随时抄给他看。

才过一会儿，侍从抄来《滕王阁序》的开头四句："豫章故郡，洪都新府。星分翼轸，地接衡庐。"这四句的意思是：滕王阁所在之处过去属南昌郡治，现在归你洪州府。它的上空有翼、轸两星宿，地面连接衡山、庐山两山。

阎都督看了,认为这不过是老生常谈,谁都会写,一笑置之。其实,这十六个字把洪州的历史和地理的概况都交代清楚了,纵横交错,起笔不凡。

接着,侍从又抄来了两句:"襟三江而带五湖,控蛮荆而引瓯越。"阎都督看了有些吃惊。他想,这青年写洪州以三江为衣襟,又将五湖为飘带,既控制着南方辽阔的楚地,又接引着东方丰饶的越地,大有举足轻重、扭动乾坤之气。此青年能写出这样有气魄的句子,没有大胸襟、大手笔是不可能的。

侍从接着抄上来几句,更使阎都督吃惊:"物华天宝,龙光射牛斗之墟;人杰地灵,徐孺下陈蕃之榻。"原来,王勃在这里用了两个典故。前一个典故是说,物有精华,天有珍宝,龙泉剑的光芒直射天上二十八星宿中的斗宿和牛宿之间——意思是洪州有奇宝。后一个典故是说,东汉时南昌人徐孺家贫而不愿当官,但与太守陈蕃是好朋友。因此陈蕃特地设一只榻,专供接待徐孺之用——意思是洪州有杰出的人才。

阎都督越看越有滋味,越看越钦佩,连声称赞:"妙!妙!妙文难得!"再也不让女婿把预先写好的序文拿出来了。

王勃写完后,走到阎都督面前,谦逊地说:"晚辈不才,望都督指教。"

阎都督高兴地说:"你真是当今的奇才啊!"

于是重新就座,阎都督把王勃奉为上宾,并亲自陪坐。

人给家足

出处

西汉·司马迁《史记·太史公自序》:要曰彊(强)本节用,则人给家足之道也。此墨子之所长,虽百家弗能废也。

译义

人人饱暖,家家富裕。"给""足"都是富裕丰足的意思。

故事

战国时期，出现了一个儒家的反对派，它就是墨家。墨家学说的创始人墨子名翟，曾担任宋国大夫。作为一个学派的创始人，人们可能以为他是读书人出身。其实不然，他是工匠出身，有一双勤巧的手，有制造机械的技能，并且懂得军事。

墨子自称“鄙人”，但对《诗》《书》等典籍非常熟悉。他曾经学过儒学，只因不满它烦琐的“礼”，后来才另立新说，提出“非儒”的主张。

和春秋战国时期其他学派不同，墨家学派的成员多半和墨子一样，来自下层社会，出身于平民，是小生产者，过着简朴的生活。他们住的是低矮的土房，屋顶上盖的是没有修剪过的茅草。他们吃的是粗饭淡菜，用豆叶子做汤；盛饭用泥土碗，盛汤用瓦器。夏天穿粗麻衣，冬天披鹿皮袄。

墨家的成员就过着这样艰苦的生活。他们互相救助，严守纪律，服从首领。如果在别的诸侯国做了官，要把俸禄的一部分交给墨家团体；谁的行动违反了墨家精神，谁就可能被召回。

墨家的成员死了，只有三寸厚的桐木板做个简陋的棺材，丧礼也非常简单。

墨子提出“节用”“节葬”等主张，也就是节制生活用度，反对铺张浪费，办丧事要节省人力和物力。这些都是对贵族奢侈享乐生活的抗议。

墨子非常重视发展生产，强调“耕勤者生，不耕勤者不生”。这说明他已经意识到劳动生产是人类生活的基础。

墨子死后二百多年，西汉史学家司马迁在《史记·太史公自序》中引述了他父亲司马谈对各学派的主要观点，其中对墨家的评价很高。司马谈特别肯定了墨家“强本节用”的主张，也就是加强农业、节省用度的主张，并且认为这是实现人人饱暖、家家富足的办法。虽然诸子百家各有各的主张，但墨家的这个主张是谁也否定不了的，也是它胜过别人的地方。

人人自危

出处

西汉·司马迁《史记·李斯列传》：法令诛罚日益刻深，群臣人人自危，欲畔者众。

译义

每个人都感到自己不安全。危：危险、危难。

故事

秦始皇晚年时到会稽游玩，丞相李斯、中车府令赵高随行。因为秦始皇很偏爱自己的小儿子胡亥，所以带了胡亥随车出游，其他的儿子都没跟他一起出游。

这年七月，秦始皇走到沙丘时，得了病，而且病得很重，他知道自己快要死了，便令赵高写封信给领兵驻扎在边境的大儿子扶苏，让扶苏立刻赶回都城咸阳，主持丧事并继承帝位。

当时遗诏已封好，存放在赵高兼掌印玺的办公处，还未交给使者，秦始皇就驾崩了。这样，秦始皇的遗诏和玉玺都落到了赵高手里。于是，赵高和胡亥合谋，伪造了一道遗诏，说秦始皇立胡亥为太子，让胡亥继位。

丞相李斯起先不同意，后来在赵高的威胁利诱下，也被迫同意了。

接着，赵高又伪造另一道诏书，说扶苏不孝顺，赐给他一把剑，让他自杀，并且夺了与扶苏一起镇守边境的大将蒙恬的兵权，也逼他自杀。

经过一番阴谋活动，胡亥当上了皇帝，称为秦二世。赵高当上了郎中令。从此，朝政大权便全落到了赵高手里。

秦二世非常昏庸暴虐，他害怕别人识破他与赵高的阴谋，坐不稳皇位，便问赵高怎么办。奸诈阴险的赵高说："必须采用严刑酷法，把那些老臣全部除掉，用新人来代替他们。"

秦二世听了，便下令处死了蒙毅等一批老臣，又把对自己皇位有威胁的十二个公子全部斩首，把十个公主也全部用酷刑处死。因受到牵连而被杀害的人更是不计其数，弄得上上下下一片恐怖，人人自危，朝廷中一片混乱。

秦二世和赵高用这种残酷的手段屠戮亲族和大臣，对老百姓更是凶狠残暴。广大人民群众的生活痛苦不堪，忍无可忍，终于激起了广大人民的反抗。

不久，陈胜、吴广揭竿而起，在大泽乡举行起义。三年后，秦王朝便被起义军灭亡。

人言可畏

出处

《诗·郑风·将仲子》：岂敢爱之，畏人之多言。仲可怀也，人之多言，亦可畏也。

译义

流言蜚语是很可怕的。人言：别人的评论，指流言蜚语。畏：怕。

故事

古时候，有个名叫仲子的男青年，爱上了一个姑娘，想偷偷地上她家幽会。姑娘因他们的爱情还没有得到父母的同意，担忧父母知道后会责骂她，所以要求恋人别这样做。于是唱道：

"请求你仲子啊，
别爬我家的门楼，
不要把我种的杞树给弄折了。
并非我舍不得树，
而是害怕父母责骂。
仲子，我也在思念你，
只是怕父母要骂我呀。"
姑娘想起哥哥们知道了这件事也要责骂她，便接着唱道：
"请求你仲子呀，
别爬我家的墙，
不要把我种的桑树给弄折了。
并非我舍不得树，而是害怕哥哥们责骂。
仲子，我也在思念你，
只是怕哥哥要骂我呀！"
姑娘还害怕别人知道这件事要风言风语议论她，于是再唱道：
"请求你仲子呀，
别爬我家的后园，
不要把我种的檀树给弄折了。
并非我舍不得树，
而是害怕人家说闲话。
仲子，我也在思念你，
只是怕人家风言风语议论我呀！"
仲子听到心上人的歌声后，便打消了幽会的念头，悄悄回家去了。

任人唯贤

出处

《韩非子·外储说左下》：如子之言，我且贤之用，能之使，劳之论。我何以报子。

译义

表示用人只凭德才。

故事

齐襄公有两个弟弟，一个叫公子纠，另一个叫公子小白，他们各有一个很有才能的师傅。由于襄公荒淫无道，公子纠跟着他的师傅管仲到鲁国去避难，公子小白则跟着他的师傅鲍叔牙逃往莒国。

不久，齐国发生大乱，襄公被杀，另外立了国君。第二年，大臣们又杀了新君，派使者到鲁国去迎回公子纠当齐国国君，鲁庄公亲自带兵护送公子纠回国。

公子纠的师傅管仲，怕逃亡在莒国的公子小白因为离齐国近，抢先回国夺到君位，便先带领一支人马去拦住公子小白。

果然，管仲的队伍急行到即墨附近时，发现公子小白正在赶往齐国，便上前说服他不要去，但公子小白坚持要去，于是管仲偷偷向公子小白射了一箭。公子小白应声倒下，管仲以为他已被射死，便不慌不忙地回鲁国去护送公子纠到齐国去。不料，公子小白并未被射死，鲍叔牙将他救治后，赶在管仲和公子纠之前回到了齐国都城，说服大臣们迎立公子小白为国君，是为齐桓公。

不久，鲁国的兵马也将公子纠送回了齐国地界，鲍叔牙请齐桓公发兵抵抗。于是，齐、鲁之间发生了战争。结果鲁军大败，只得答应齐国的条件，将公子纠逼死，又把管仲抓起来。齐国的使者表示，管仲射过他们的国君，国君要报一箭之仇，非亲手杀了他不可，所以一定要将他押到齐国去。庄公也只好答应。

管仲被捆绑着，从鲁国押往齐国。一路上，他又饥又渴，吃了许多苦头。来到绮乌这个地方时，他去见那里守卫边界的官员，请求对方给点饭吃。不料，那守卫边界的官员竟跪在地上，端饭给管仲吃，神情十分恭敬。等管仲吃好饭，他私下问道："如果您到齐国后，侥幸没有被杀而得到任用，您将怎样报答我？"

管仲回答道："要是照你所说的那样我得到任用，我将要任用贤人，使用能人，评赏有功的人。我能拿什么报答您呢？"管仲被押到齐国都城后，鲍叔牙亲自前去迎接。后来齐桓公不仅没有对他报一箭之仇，反而任命他为相国，而鲍叔牙自愿当他的副手。原来，鲍叔牙知道管仲的才能大于自己，说服齐桓公这样做。管仲任相国后，他一系列的改革使齐国国力大增，数年后齐桓公也成了春秋第一霸。

忍辱负重

出处

西晋·陈寿《三国志·吴书·陆逊传》：国家所以屈诸君使相承望者，以仆有尺寸可称，能忍辱负重故也。

译义

为了完成艰巨的任务，暂时忍受屈辱。含褒义。忍辱：忍受屈辱。负重：承担重任。

故事

公元221年，蜀主刘备不顾将军赵云等人的反对，出兵攻打东吴，以夺回被东吴袭夺的战略要地荆州（今湖北江陵），并为大意失荆州而被杀的关羽报仇。东吴孙权派人求和，刘备拒绝。于是孙权任命陆逊为大都督，率领五万兵马前往迎敌。次年初，刘备的军队水陆并进，直抵夷陵（今湖北宜昌东南），在长江南岸六七百里的山地上，设置了几十处兵营，声势十分浩大。陆逊见蜀军士气高涨，又占据有利地形，便坚守阵地，不与之交锋。当时，东吴的一支军队在夷道（今湖北宜都西北）被蜀军包围，要求陆逊增援。陆逊不肯出兵，并对众将说，夷道城池坚固，粮草充足，驻守将领得官民拥戴，无需担心。陆逊手下的将领见主将既不攻击蜀军，又不援救夷道，以为他胆小怕战，都很气愤。众将领中有的是老将，有的是孙权的亲戚，他们不愿听从陆逊的指挥。于是陆逊召集众将议事，手按宝剑说："刘备天下知名，连曹操都畏惧他。现在他带兵来攻，是我们的劲敌。希望诸位将军以大局为重，同心协力，共同消灭来犯敌人，上报国恩。我虽然是个书生，但主上拜我为大都督，统率军队，我当恪尽职守。主上之所以委屈诸位听从我的调遣，就是因为我还有可取之处，能够忍受委屈、负担重任。军令如山，违者要按军法处置，大家切勿违反！"陆逊这一席话，把众将领都镇住了，从此再也不敢不听从他的命令了。

陆逊打定主意坚守不战，时间长达七八个月。直到蜀军疲惫不堪，他利用顺风放火，取得了最后胜利。刘备逃归白帝城，不久病死。

日不暇给

出处

东汉·班固《汉书·高帝纪下》：虽日不暇给，规摹弘远矣。

译文

事务繁重，时间不够用。暇：空闲。

故事

公元前202年，刘邦战胜项羽，即皇帝位，建立汉朝，史称汉高祖。

刘邦刚做皇帝的时候,朝廷直接统治的领土不过十五个郡,其余的土地都封给有功的诸侯王,几乎恢复了战国时期的割据局面。但是,这种做法在当时是必要的,不这样做就不能换得这些人攻打项羽,不能换得这些人对汉皇帝名义上的承认,也就不能换得统一与和平。

为了求得一个安全的环境,必须建立各种规章制度。秦朝的各种规章制度都已经废除,新的还没有建立。为此,刘邦命丞相萧何制订汉律,使举国上下有法可循。

萧何从县吏一直当到大臣,对民情比较熟悉。早在起义军进入秦都咸阳的时候,他就接管秦朝律令的文书档案,掌握了全国的山川险要、郡县户口等情况。他奉命后,根据当时的社会情况,参照秦朝的制度,制定出了《九章律》。

军事方面也得有个法令。韩信是位卓越的军事家,在帮助刘邦打败项羽的战争中立了大功,因此刘邦让他制定军法。大臣张苍是有名的历算家,刘邦叫他制定了历法制度和各种器物的度量标准。此处,刘邦还命博士官叔孙通制定礼仪制度,使君臣之间有了规定的礼节,大家都能遵照执行。

刘邦年轻时没有读过多少书,当了皇帝也没有读书的习惯。太中大夫陆贾喜欢读书写文章,还常常在刘邦面前谈论《经》《书》。刘邦每天处理政事已经非常繁忙,时间不够用,听多了就感到厌烦。有一次,他骂陆贾道:

“我是骑在马上取得天下的,关《诗》《书》什么事!”

陆贾又耐心地说:“陛下是骑在马上取得天下的,可是能骑在马上治理天下吗?自古以来的圣君、贤王,都要研究治理天下的办法,文武不能偏废,国家才能巩固。”

刘邦觉得陆贾说的话有理,便说:“好吧,你既然知书达理,就把秦朝为什么灭亡,我为什么取得天下,以及从古到今朝廷兴亡成败的大事,都写出来给我看。”

不久,陆贾写出了十二篇文章。刘邦看后觉得很有启发,就让他把这些文章编成一部书,号其书为“新语”。

刘邦还立下誓约,并叫人将分封功臣的文书用朱砂书写,铸成铁券,把它放在金属做成的盒子和石室中,然后藏在宗庙里面,以便永久保存。

就这样,刘邦虽然每天忙得一点空闲时间也没有,但离他所要达到的目的还远得很。

日暮途穷

出处

西汉·司马迁《史记·伍子胥列传》:吾日莫(暮)途远,吾故倒行而逆施之。

译义

天色已晚,路已走到尽头。比喻走投无路,束手无策。也比喻到了末日或衰亡的境地。暮:傍晚;穷:尽,尽头。

故事

春秋后期,荒淫的楚平王无耻地霸占了自己的儿媳,又听信太子的师傅费无忌的诬告,一面派人去杀太子,一面把太子的另一位师傅伍奢及其长子伍尚杀掉。伍奢的次子伍子胥逃往宋国。

为了替父兄报仇,伍子胥历尽千辛万苦,又从宋国逃奔到吴国。他决定借吴国的兵力去攻打楚国,同时帮助阖闾刺杀吴王僚,夺得王位。后来他同吴王阖闾率领大军进攻楚国,一直攻进楚国的都城郢。执政的楚昭王带着一部分大臣和将士,逃往随国(在今湖南随县南)去了。

进郢都的第二天,伍子胥劝阖闾把楚国的宗庙拆了。阖闾贪图楚国的地盘,听了伍子胥的话,便把宗庙拆了。但伍子胥仍不满足,又请求阖闾让他去挖楚平王的坟。阖闾认为伍子胥帮他攻楚立了大功,便允许了他的请求。

伍子胥打听出,楚平王的坟在东门外的廖台湖边。但他带军士到那里后,只见茫茫的湖面,不知道坟在哪里。后来在一个石工的指点下,他才找到了坟地,挖出了棺材,拖出了楚平王的尸体。伍子胥一见这尸体,便怒气冲天,抄起铜鞭,一气打了三百下才罢休。

伍子胥鞭尸的事，被他先前的好朋友申包胥知道了。申包胥特地派人送了一封信给伍子胥。信中说：

“你这样做太过分了。你曾经是楚平王的臣下，可是为了报私仇，竟连死人也不放过，真是太残忍了！”

伍子胥读信后，对来人说：

“我因军务太忙，没有时间回信。请你代我谢谢申君，并告诉他：忠孝不能两全，我好比一个走远路的人，天快黑了，路途还很遥远，所以我只好做出这种违背常理的事！”

伍子胥最后下场也很悲惨。吴越相争时，他劝吴王夫差拒绝越国求和并停止征伐齐国。夫差不听，最后赐剑命他自杀。

阮囊羞涩

出处

南朝·宋·刘义庆《世说新语·任诞》：阮仲容（阮咸）、步兵（阮籍）居道南，诸阮居道北，北阮皆富，南阮贫。七月七日，北阮盛晒衣，皆纱罗锦绮。仲容以竿挂大布犊鼻裈于中庭，人或怪之，答曰：“未能免俗，聊复尔耳。”

译义

意指贫寒。

故事

阮咸是“竹林七贤”之一，善弹乐器。后人将当时他所弹的乐器称为“阮咸”，阮咸一直到今天仍在用于演奏。

阮咸是阮籍的侄儿，出身名门。当时阮家是一个大家族，聚集在一片地方居住。阮咸和阮籍住在道南，家族里旁系分支的人住在道北。北面住的人比较富有，南面的人像阮籍、阮咸这样恃才傲物的，难免贫穷。

七月七日那天，按照惯例，家家户户都要晾晒衣物。北面的人家把衣物晾出来，都是绫罗绸缎，满满地挂了一院子。阮咸家中没有什么好晾，但他也拿了一根竹竿，把一条粗布做的犊鼻裤挂在了院中。两边院子的风景相映成趣。

看到的人觉得奇怪，问阮咸为什么要挂一条破裤子出来。阮咸幽默地答道："不能免俗，姑且挂挂罢了。"

阮咸大丈夫胸襟，不以贫穷为意。后人沿用"阮郎贫""阮囊羞涩"来指代文人贫寒的状况。

S

三顾茅庐

出处

三国·蜀·诸葛亮《出师表》:先帝不以臣卑鄙,猥自枉屈,三顾臣于草庐之中。

译义

原为汉末刘备三次拜访诸葛亮,请其出山助自己打天下的故事。比喻真心诚意地一再邀请。顾:拜访;茅庐:草屋。

故事

汉末,黄巾事起,天下大乱,曹操坐据朝廷,孙权拥兵东吴,汉宗室豫州牧刘备听徐庶和司马徽说诸葛亮很有学识和才能,就和关羽、张飞带着礼物到隆中(今河南南阳城西,一说为湖北襄阳城西南)卧龙岗去请诸葛亮出山辅佐他。恰巧诸葛亮这天出去了,刘备只得失望地转回去。不久,刘备又和关羽、张飞冒着大风雪第二次去请。不料诸葛亮又出外闲游去了。张飞本不愿意再来,见诸葛亮不在家,就催着要回去。刘备只得留下一封信,表达自己对诸葛亮的敬佩和请他出来帮助自己挽救国家危险局面的诚意。过了一些时候,刘备吃了三天素,准备再去请诸葛亮。关羽说诸葛亮也许是徒有虚名,未必有真才实学,不用去了。张飞却主张由自己一个人去叫,如他不来,就用绳子把他捆来。刘备把张飞责备了一顿,又和他俩第三次拜访诸葛亮。结果刘备三人到诸葛亮的住所时,诸葛亮正在睡觉。刘备不敢惊动他,一直站到诸葛亮自己醒来,才进屋坐下谈话。

诸葛亮见到刘备有志替国家做事,而且诚恳地请他帮助,就出来全力帮助刘备建立蜀汉皇朝。

三千珠履

出处

西汉·司马迁《史记·春申君列传》:赵平原君使人于春申君,春申君舍之于上舍。赵使欲夸楚,为玳瑁簪,刀剑室以珠玉饰之,请命春申君客。春申君客三千余人,其上客皆蹑珠履以见赵使,赵使大惭。

译义

形容门客多而且豪侈。

故事

春申君是战国时期著名的"战国四公子"之一。他名叫黄歇,原是楚国的大臣。有一年秦昭王命白起为将,联合韩国和魏国共同讨伐楚国,企图一举灭掉楚国。黄歇听说这个消息后,马上写信给秦昭王,说服他不要攻打楚国,并愿意作为人质到秦国去,以求两国议和。秦昭王答应了黄歇的请求,将白起的军队撤回,两国订立了盟约。黄歇和楚太子完到秦国当了人质。

几年之后,楚国的顷襄王病重,黄歇打算让太子完回楚国去继承王位,但秦王不准。黄歇找到秦相应侯说:“现在楚王恐怕活不长了,如果让太子完回国继承王位,将来他势必侍奉秦国。如果不让他回国,他在你们这里不过是咸阳的一个布衣。楚国一旦立了别人为国君,就不一定与秦国和好了。请你同秦王说一下,放太子完回楚国去吧!”

秦相应侯果真把这话对秦昭王讲了,可秦昭王只允许黄歇回国看看,不让太子完离开秦国。黄歇想了一条计策,叫太子完换了一身衣服,化装成楚国使者,混出了城。秦昭王发觉后,太子完早已走远。他气得火冒三丈,想杀死黄歇,但被秦相应侯劝住了。应侯说:“黄歇是位人臣,当然要为他主子效命,杀了他又有何用?不如放他回国,以后还会亲善我们。”秦昭王只好放了黄歇。

楚国的顷襄王不久病死了,太子完做了国君,称为考烈王。黄歇做了相国,并被封为春申君,受赐淮北十二县为封地。

当时齐国的孟尝君、赵国的平原君、魏国的信陵君,都广招天下贤士为门客,辅国持权,门客的待遇都相当优厚。有一年,赵国的平原君派自己的门客为使者,去拜见春申君。春申君盛情接待,让赵国使者住漂亮的房子,乘豪华的马车。

平原君的门客想在春申君三千门客面前炫耀一番。他拿出用玳瑁制作的头簪和饰有珠玉的剑鞘给他们看,以为他们必定会感到惊奇。然而赵国的使者想错了,春申君的门客一点也没有羡慕的神色,有的甚至还不屑一顾。赵国使者迷惑不解:“这些上好的珠玉他们为啥不动心呢?”他往春申君门客的脚上一看,顿时明白了:好多门客的脚上竟然穿着用珠玉装饰的鞋子!相比之下,他感到自愧弗如,赶忙收拾起头簪和宝剑,躲进屋里去了。

三人成虎

出处

《战国策·魏策二》:夫市之无虎明矣,然而三人言而成虎。

译义

三个人谎报城市里有老虎,听的人就信以为真。比喻说的人多了,就能使人们把谣言当事实。

故事

战国时期,互相攻伐,为了使大家真正能遵守信约,国与国之间通常都将太子交给对方作为人质。魏国大夫庞恭和魏国太子作为人质,将启程赴赵都邯郸。

临行时,庞恭向魏王提出一个问题,他说:"如果有一个人对您说,我看见闹市熙熙攘攘的人群中有一只老虎,君王相信吗?"魏王说:"我当然不信。"

庞恭又问:"如果是两个人对您这样说呢?"

魏王说:"那我也不信。"

庞恭紧接着追问了一句:"如果有三个人都说亲眼看见了闹市中的老虎,君王是否还不相信?"

魏王说道:"既然这么多人都说看见了老虎,想必确有其事,所以我不能不信。"

庞恭听了这话以后,深有感触地说:"果然不出我的所料,问题就出在这里!

事实上，人虎相怕，各占几分。具体地说，某一次究竟是人怕虎还是虎怕人，要根据力量对比来论。众所周知，一只老虎是绝不敢闯入闹市之中的。如今君王不顾及情理、不深入调查，只凭三人说有虎即肯定闹市有虎，那么等我到了比闹市还远的邯郸，您要是听见三个或更多不喜欢我的人说我的坏话，岂不是要断言我是坏人吗？临别之前，我向您说出这点疑虑，希望君王一定不要轻信人言。”

果然，庞恭走后，一些平时对他心怀不满的人开始在魏王面前说他的坏话。时间一长，魏王竟也听信了这些谗言。当庞恭从邯郸回魏国时，魏王再也不愿意召见他了。

三豕涉河

出处

《吕氏春秋·察传》：子夏之晋，过卫，有读《史记》者曰：“晋师三豕涉河。”子夏曰：“非也，是‘己亥’也，夫‘己’与‘三’相近，‘豕’与‘亥’相似。”至于晋而问之，则曰“晋师己亥涉河”也。

译义

比喻文字传写或刊印讹误。

故事

孔子有一个学生，名叫卜商，字子夏。有一年子夏去晋国游学，路过卫国的时候，碰见一位学者正在阅读史书，他们就谈起学问来。这位学者谦虚地请教说：“听说你是孔子的门生，一定很有学问的，有一个问题想请教你。”

子夏忙说：“请不要这样讲，有什么问题你尽管说，我们一块商讨。”

“哦,这卷书里说‘晋师三豕涉河’,这是什么意思呢?‘豕’是猪呀,怎能说晋师里有三只猪过河呢?所以请你解释一下。”子夏拍拍脑袋,怎么也想不出其中的道理来。他想呀,想呀,忽然兴奋地叫起来:

“那不是‘三豕’呀,是‘己亥’二字,这两字古时的写法与‘三豕’相近,大抵是抄写的人给抄错了,就这样讹传下来。”

卫国的学者也恍然大悟,说:“对呀,如果是‘己亥’二字就能够讲通了,‘己亥’是表示年份的呀,那么这句话的意思就是:‘晋国的军队在己亥这年渡河。’我谢谢你啦,这句话憋得我好苦呀!”

几天以后,子夏到达晋国,问晋国的朋友说:“贵国有‘晋师己亥涉河’的事情吗?”

“有呀,就是己亥涉河呀!”

当子夏把路上所发生的故事讲给那位朋友时,两人不禁放声大笑。

始作俑者

出处

《孟子·梁惠王上》:仲尼(孔子)曰:“始作俑者,其无后乎!”为其象人而用之也。

译义

比喻第一个做某项坏事的人或某种恶劣风气的创始人。

故事

战国时,有一次孟子和梁惠王谈论治国之道。孟子问梁惠王:“用木棍打死人和用刀子杀死人,有什么不同吗?”

梁惠王回答说:“没有什么不同的。”

孟子又问："用刀子杀死人和用政治害死人有什么不同？"

梁惠王说："也没有什么不同。"

孟子接着说："现在大王的厨房里有的是肥肉，马厩里有的是壮马，可老百姓面有饥色，野外躺着饿死的人。这是当权者在带领着野兽来吃人啊！大王想想，野兽相食，尚且使人厌恶，那么当权者带着野兽来吃人，怎么能当好老百姓的父母官呢？孔子曾经说过，首先开始用俑（古时陪同死人下葬的木偶或土偶）的人，他是断子绝孙、没有后代的吧！您看，用人形的土偶来殉葬尚且不可，又怎么可以让老百姓活活地饿死呢？"

输攻墨守

出处

《墨子·公输》：王曰："善哉！虽然，公输盘为我为云梯，必取宋。"于是见公输盘。子墨子解带为城，以牒为械，公输盘九设攻城之机变，子墨子九距之。公输盘之攻械尽，子墨子守圉有余。

译义

比喻只要有一种进攻的战术，就会有防御的方法。输：指公输盘，春秋时鲁国人，也称鲁班。墨：墨子。

故事

春秋时期，鲁国有一位很聪明的工匠，名叫公输班，人们又叫他鲁班。有一回，他在楚国为楚王制作攻城用的云梯。云梯制成以后，楚王准备用它去攻打宋国。这个消息让墨子知道了。墨子很反对打仗，所以听说楚国要进攻宋国，

就急忙动身到楚国去,劝说楚王不要攻击宋国。他走了十天十夜,脚底磨出了茧子和血泡,就从衣服上撕下一条布,把脚包上,继续赶路,终于来到了楚国的国都郢城。

墨子见到了公输班,便对他说:

“北方有一个人侮辱我,我想请你帮助我把他杀了!”

公输班听了这话,挺不高兴。

墨子又说:“如果你去把那个人杀死,我送给你十斤黄金!”公输班气急了,嚷道:“我这个人是重视仁义的,我不能随便杀人!”

墨子趁机追问道:“你说得好啊,可是你为楚王制造云梯,要去进攻宋国。宋国犯了什么罪呢?人家无罪而你偏去攻打人家,这不是仁义吧?!”

墨子说服了公输班,又去劝说楚王。楚王听了他的一番话,觉得很有道理,就回答他说:“你讲的都对呀,但是公输班为我制成了云梯,这一定能把宋国打败!”

墨子不慌不忙地说:“那也未必吧!你有攻城的武器,我有守城的方法,咱们来演习一下进攻和防守吧!”说罢,他解下腰带围一个四方形,当作城墙。又拿一块木板,当作防御武器,让公输班来攻城。公输班使用他的云梯,先后发动九次攻势,九次都被墨子挡回去了。公输班的攻击已经技穷力竭,而墨子的防守本领还没用完。

公输班没有攻下墨子的城,便说:“我知道有办法战胜你,但是我不说。”

墨子也说:“我知道你能战胜我的方法是什么,我也不说出来!”

楚王听了他俩的对话,感到莫名其妙,就问墨子说:“你们说的什么意思啊?”

墨子告诉楚王:“公输班的意思是把我杀掉,宋国就没人守得住了,楚国便可以获得胜利。其实他想错了,我有弟子三百多人,他们都用我的防御武器守在城上,等待楚王发兵哩!所以,你们即使杀了我一个,也是无济于事的。”

楚王听了这话,对墨子十分佩服,连忙说:“好啊,好啊,那我不去进攻宋国了!”

于是楚国和宋国之间,避免了一场战争。

鼠窃狗盗

出处

西汉·司马迁《史记·刘敬叔孙通列传》:此特群盗鼠窃狗盗耳,何足置之齿牙间。

译义

指小偷小盗。

故事

秦朝末年,人民大众不堪忍受秦王朝的残暴统治,爆发了以陈胜、吴广领导的农民大起义。以这一起义为先导,各地农民和六国的一些旧贵族纷纷掀起了反暴抗秦的斗争。

当时秦朝的统治者秦二世胡亥是一个昏庸无能的家伙。从东方回来的使者纷纷向他报告各地郡县农民起义的情况,可是丞相赵高谎称这些使者造谣,秦二世便把他们投进监狱。后来,农民起义的消息不断传进宫中,秦二世才召集了一批人询问情况。有些人照实说了,惹得秦二世勃然大怒。有一个叫叔孙通的人见此情景,便对秦二世说:"现在天下一家,上有英明的天子,下有严厉的法律,各郡县都有称职的长官,百姓安居乐业,天下太平,谁还敢造反?各地有一些小偷小盗是免不了的,叫郡守、县尉把他们拿了办罪就是了,皇上何必担心。"秦二世一听高兴了,把说实话的下了监狱,说谎话的叔孙通反而得了重赏。

从此以后,各地的起义风起云涌,秦王朝终于走上了灭亡的道路。

杀身成仁

出处

《论语·卫灵公》:子曰:“志士仁人,无求生以害仁,有杀身以成仁。”

译义

表示为了成全仁德,可以不顾自己的生命。或为了维护正义事业而牺牲生命。

故事

有一次,孔子的弟子向孔子请教说:“先生,您讲的仁德、忠义都是极好的。人人相爱,以仁义待人,确实是一种美德。仁德我很想得到,但活在世界上也是我的欲望。假如仁德与生命两者发生了冲突,该怎样处理呢?”

孔子严肃地回答说:“这还有什么可犹豫的呢?凡是真正的志士仁人,都不会因为贪生怕死而损害仁义,应该为了成全仁德,可以不顾自己的生命。”

弟子恭敬地给孔子施礼,表示敬服。这时,孔子的学生子贡又问先生说:“仁德一定是很难得到的吧?我们应当怎样去培养它呢?”

孔子回答说:“培养仁德可以从头做起。比如说,工匠要做好他的活计,必须先有得心应手的工具。对于一个国家来说,应该选择那些大夫中的贤者去敬奉他;对于自己来说,就应该挑选那些士人当中的仁者交朋友。这样,才会培养出仁德来。”

杀敌致果

出处

《左传·宣公二年》：狂狡辂郑人，郑人入于井。倒戟而出之，获狂狡。君子曰："失礼违命，宜其为禽也。戎，昭果毅以听之之谓礼。杀敌为果，致果为毅。易之，戮也。"

译义

勇敢杀敌，建立功勋。致：使达到；果：果敢除敌。

故事

春秋时候，晋国和楚国是大国，宋国、郑国是小国，小国只能听从大国的命令。有一年，晋国派荀林父领兵征讨宋国，迫使宋国向晋国媾和，降服晋国。楚国为此对宋国不满，第二年春天，楚王就命令郑国替他去讨伐宋国。郑国只好听从楚王的命令，派公子归生率兵去攻打宋国。

宋国的军队由华元、乐吕统率，迎战郑军。双方在大棘打了一仗，结果宋军惨败，损失了四百六十辆战车，二百五十名军士被郑军俘虏，乐吕阵亡，华元也当了俘虏。

在交战中，有一个宋军士卒名叫狂狡，他作战很勇敢，但心地十分善良。狂狡追击一个敌人，敌人吓得跳进井里。狂狡把戟倒过来，用戟柄将落井的郑军士卒搭救上来。可是这个郑国人上来后，非但不感谢狂狡的救命之恩，反而把他绑起来，当作俘虏交给将领了。

这件事后来传到宋国，宋国的人们说："狂狡太可惜了，不过这是他自食恶果。打仗嘛，发扬果敢刚毅的精神，服从命令，击败敌人。杀死敌人就是果敢，做到果敢就是刚毅，足够刚毅才能建立功勋。狂狡违背军令对敌人慈悲，所以才当了俘虏，这是自讨苦吃啊！”

善自为谋

出处

《左传·桓公六年》：君子曰：“善自为谋。”

《南史·王昙首传》：高帝素善书，笃好不已，与僧虔赌书毕，谓曰：“谁为第一？”对曰：“臣书第一，陛下亦第一。”帝笑曰：“卿可谓善自为谋。”

译义

形容善于为自己设想打算。

故事

南北朝南齐人王僧虔，因为写得一手好隶书，出了名。由于他对待工作和对待别人的态度也出了名，他的友人替他概括出八个字：“戒盈守满，屈己自容。”拿现在的话来解释，便是：居高位而能警戒自己不骄傲自满，他人好坏只要与己无关，何必坚持己见。若能少被麻烦缠身，委屈一点也不碍事。如果再说得通俗些，王僧虔便是一个“刀切豆腐两面光”的人物。

正巧,当朝的皇帝齐太祖也是非常爱好书法的。

一天,他高兴起来,要在书法上和王僧虔比试比试。这位进退都为自己留一步的人,这次可不肯示弱了。他一笔一捺,特别用劲,写好以后,自己也很满意。但是,当齐太祖要他做个评论,说说谁的字够得上第一的时候,王僧虔愣住了。他心想:把自己的评作第一吧!不行,当面怎能说皇上比我差呢?惹恼了皇上,这不是玩的。故意推说皇上的字得第一吧?不行,如果以后被他发现了是欺骗他的,这也不是玩的。思索了好半天,王僧虔才想出妥当的办法,他回答道:“我看,我写的字在臣子中可以得第一;但是,皇上写的在帝王中首屈一指。”齐太祖听了禁不住扑哧一声。他说:“王僧虔,你真不愧是一个善于替自个儿盘算的人。”

舍儿救孤

出处

西汉·司马迁《史记·赵世家》载:春秋时,晋国佞臣屠岸贾诬陷赵盾,杀其满门,盾子赵朔妻有遗腹子赵武匿公宫中,屠岸贾搜捕之。赵朔友人程婴及朔门客公孙杵臼定计以他人婴儿顶替,救出赵武,赵氏真孤遂得以保全。

译义

比喻为了他人而牺牲自己的利益。

故事

春秋时期,晋灵公的武将屠岸贾,恃宠专权,陷害忠良。大臣赵盾家属三百人全部被杀害,只剩下一个刚出生不久的孤儿赵武,被赵盾的门客程婴救出,期望以后为赵家报仇。屠岸贾知道了赵氏有遗孤,下令要将晋国境内半岁以下的婴儿全部杀尽,以绝后患。

程婴为了拯救晋国婴儿,保存赵氏孤儿,找晋灵公的退职老臣公孙杵臼商量,甘愿以自己才生下来的儿子冒充赵氏孤儿献出,把赵武作为自己亲生的儿子隐藏起来。公孙杵臼曾与赵盾有"刎颈之交",他也甘愿假扮藏匿赵氏孤儿的人,让程婴去告密。

屠岸贾得知赵氏孤儿下落,立即派武士跟着程婴去抓来公孙杵臼和婴儿,果真将程婴的儿子误认为是赵氏孤儿,把他活活地摔死了。公孙杵臼受尽严刑拷打,大骂屠岸贾后触阶而死。屠岸贾以程婴告密有功,将其收为门客,作为心腹,还将顶替了程婴儿子身份的赵氏孤儿认作义子。

二十年后,赵武学成文武技艺,经过程婴点破,得知自己的身世,乘机砍杀屠岸贾,为赵家报了仇。

身轻言微

出处

南朝·宋·范晔《后汉书·孟尝列传》:臣前后七表言次故合浦太守孟尝,而身轻言微,终不蒙察。

译义

地位低下者说的话不为人所重视。身轻:身价低下,地位低;微:作用小。

故事

东汉时候,浙江会稽上虞县有一个寡妇,对年老的婆婆非常孝顺。丈夫死后,她一个人砍柴烧饭,侍奉婆婆,村里人都夸她是一个好媳妇。后来,她的婆母因为年老去世。

这位寡妇有一个小姑，也就是她丈夫的妹子。这个小姑心肠歹毒，为人刁钻，对自己母亲不但不敬、不孝，反而说她受嫂嫂虐待。老人死后，她竟然到县衙告状，说嫂嫂毒死了自己母亲。县令是一个昏庸之辈，不加调查就判了寡妇死罪。当时在县衙内担任户曹史的孟尝，知道这是一起冤案，急忙报告太守，可太守根本不当回事儿。孟尝又气又恨，哭着离开官衙，辞职不干了。寡妇最终蒙冤而死。

两年之后，当地换了一个新太守，孟尝向他告发寡妇蒙冤受难。新太守惩办了诬陷寡妇的那个女人，郡中百姓无不拍手称快。不久孟尝到合浦当太守，他制定了采珠的一些法令，保护珍珠母贝，珍珠产量逐年提高，使贫穷的合浦又繁荣起来。当地的采珠人和百姓交口称颂他的功绩。

孟尝有一个同乡，名叫杨乔，当时在朝廷做尚书。他很了解孟尝，因此曾七次向皇帝推荐孟尝，但汉桓帝都没有理睬。杨乔又第八次给桓帝上书，说：

"臣下前后七次向陛下举荐合浦太守孟尝，但因为我职位低下，言语也就微不足道，始终得不到采纳。孟尝确实是一个品行高尚的人，为百姓做了许多善事。他是难得的清廉之士呀，如果选到陛下左右，一定能帮助陛下成就大业！"

可是汉桓帝仍然不采纳杨乔的建议。孟尝也不愿再做官，他以生病为由，请求免职还乡。听说孟尝要弃官归家，成百成千的老百姓拦路阻挡，不让他辞官。郡吏们也拉住车辕，极力挽留他。可是孟尝决心不再当官，他在夜里偷偷坐上渔民打鱼的小船，一个人悄然离去了。

神工鬼斧

出处

《庄子·达生》：梓庆削木为鐻，鐻成，见者惊犹鬼神。

译义

比喻建筑、雕塑等艺技高超，巧夺天工，像是有鬼神相助制作出来的。

故事

春秋时，鲁国有个技艺非常高超的木匠，名叫庆，人称梓庆。他能制作各种精巧的木器，人们看了都很钦佩。有一次，他用木头削雕成一个鐻。它外形美观，花纹精细，见到它的人都非常惊奇，不相信这是人工做出来的，而觉得这像出于鬼神之手。

鲁国的国君见了这个鐻后，也连声喊绝，特地问梓庆说：

“你是用法术制作它的吧？”

梓庆笑笑说：

“我是一个凡人，哪里有什么法术。”

国君听他这样说，有点不大相信，又问道：

“那你是怎样制作它的？”

梓庆说：“我在制作鐻时，聚精会神，没有杂念，并不想借此获得什么赏赐，而是忘掉名和利，集中心思考虑怎样才能制作好它。这时，连自己四肢的形态都忘了。然后再到山林去仔细观察，找到完全合用的木材。与此同时，心目中对鐻有一个具体的形象，然后再加工制作。加工制作时，心里只想着鐻，把所有的心血都凝聚在它上面，避免主观成见。经过这样的专心致志和精雕细刻，就能制作出好的鐻。”

国君听了，才明白了这鐻制作得像经过神工鬼斧一样的缘故。

生花妙笔

出处

五代·王仁裕《开元天宝遗事·梦笔头生花》：李太白少时，梦所用之笔头上生花，后天才赡逸，名闻天下。

译义

比喻具有杰出的写作才能。

故事

李白是唐代著名的大诗人，传说他少年时代，曾经做过一个奇特的梦。他梦见自己使用的笔，笔头上开出了鲜艳的花朵。一张张白纸，自动飞到他眼前。李白高兴极了，就抓起妙笔飞快地写了起来，落在纸上的却是一朵朵盛开的鲜花。

后来，李白刻苦读书，深入社会生活，游历祖国名山大川，创作了大量的不朽诗篇。他热情歌颂了雄伟、壮丽的祖国，并在一定程度上揭露了腐朽黑暗的封建社会。他的许多著名的诗篇，流传千古，至今仍被中外读者吟咏传颂。

生灵涂炭

出处

《晋书·苻丕载记》：先帝晏驾贼庭，京师鞠为戎穴，神州萧条，生灵涂炭。

译义

形容百姓陷于泥潭火坑，处于极端困苦的境地。生灵：百姓；涂：泥沼；炭：炭火。

故事

十六国时期，前秦在苻坚的统治下，加强中央集权，重视农业生产，增加了财政收入，逐步统一了北方大部分地区，并夺取了东晋的一小部分土地。但是，由于连年用兵，百姓负担沉重，加深了境内的阶级矛盾。特别是建元十九年(公元383年)苻坚征调数十万大军攻伐东晋，结果在淝水大败，使国家元气严重受损，各族首领乘机反秦自立。

两年后，前秦受到后燕和后秦的攻伐，都城长安被困。苻坚被迫退到五将山，不久被后秦王姚苌的军队活捉，囚禁在一个寺庙里。姚苌威逼苻坚交出玉玺，苻坚不仅坚决拒绝，而且痛骂姚苌。于是姚苌下令处死了苻坚。

前秦的幽州刺史王永得知这个消息后，立即派人通知苻坚的儿子苻丕，并拥立他即皇帝位。第二年，苻丕大封群臣，王永被加封为左丞相。

王永就任后，写了一篇檄文，号召前秦在各地的武装力量联合起来，讨伐后秦的首领姚苌和后燕的首领慕容垂。檄文中写道：

“先帝不幸在贼人控制的地方被害，京师长安成为敌人的巢穴，国家凋败，百姓生活在泥沼、炭火之中，痛苦不堪。各地文武官员见到本檄文后，要马上派兵马前来会师，准备作战。”

尽管如此，但由于后秦兵力强大，王永指挥的各地兵马实力不强，终于失败。公元394年，前秦被后秦攻灭。

声名狼藉

出处

西汉·司马迁《史记·蒙恬列传》:毅对曰:"……此四君者,皆为大失,而天下非之,以其君为不明,以是藉于诸侯。"司马贞索隐:"言其恶声狼藉,布于诸国。"

译义

形容名声很坏,许多人一听到他的名字就感到厌恶。狼藉:杂乱不堪。

故事

秦始皇在世时,蒙恬、蒙毅兄弟俩很受信任。蒙恬被派往北方统帅三十万大军去抵御外夷的入侵,并筑起绵延万里的长城。蒙毅则封为上卿,参与国家军政大事的决定。因秦始皇十分相信他俩,当时有许多文臣武将,不敢和他们兄弟俩计较与争论。

秦始皇死后,中车府令赵高和宰相李斯用阴谋诡计立始皇幼子胡亥为太子,因怕事情暴露,就捏造罪名派使者赐秦始皇长子扶苏和蒙恬自裁。因为蒙恬从前曾处罚过赵高,赵高一直怀恨在心。扶苏自杀,蒙恬却不相信自己被始皇帝下诏赐死这回事,多次质问派来的使者,结果被使者看管起来。

胡亥即位后,赵高不断地在胡亥面前说蒙恬、蒙毅的坏话。胡亥听信了谗言,诬赖蒙毅曾经劝阻秦始皇立胡亥为太子,对君不忠,赐蒙毅死。蒙毅觉得很冤枉,进行了一番辩驳,说道:

"从前秦穆公杀死三位良臣(奄息、仲行和针虎)殉葬,秦昭襄王杀武安君白起,楚平王杀伍奢,吴王夫差杀伍子胥,这四个国君,都因杀害良臣,犯了大错,遭到天下人的指责与非议，所以他们的恶名被记载于诸侯各国的史籍上。用正道治理国家，就要不杀无罪之人，我劝你们不要乱杀无辜！……"

胡亥派来的官吏，无论蒙毅怎样说，都听不进去，最后还是把蒙毅杀了。

胡亥又派人去赐死蒙恬，蒙恬也被迫自杀了。史书在注解"以是藉于诸侯"时，用了"恶声狼藉，布于诸侯"这句话，人们便以此引申出"声名狼藉"这一成语了。

升堂入室

出处

《论语·先进》：子曰："由也升堂矣，未入于室也。"

译义

学习所达到的境地有程度深浅之别，现一般用来赞扬人在研究学问或钻研技术方面已深得老师的传授。堂：厅堂；室：内室；升：登上。升堂比喻刚刚入门，入室比喻达到更高境界。

故事

我国古代伟大的思想家、政治家和教育家孔子，在四十多年的办学中，共招收了三千多名弟子，其中著名的弟子有七十二人。子路便是这七十二名弟子中的一名。

子路为人直率，却好生事，入学前还跟孔子捣乱过。他向孔子表示，我像一根笔直的竹竿，生来可做一支好箭，还读书干什么。孔子开导他说，读了书就有了学问,好比在竹箭尾部装上羽毛,在前面又安上锋利的金属头,这样箭就更有用了。子路听孔子说得很有理,便拜孔子为师。

有一次,子路在孔子家里弹瑟。他人很刚勇,弹出的声音也像打仗一样充满着杀气。孔子是主张“仁”和“中庸”的,自然觉得这声音不平和,不满意地说:“他为什么要在我家里弹瑟呢?”

孔子的弟子听了老师这话,琢磨出这是老师对子路弹瑟的批评,对子路的看法顿时有了改变,言语中有些不尊敬。

孔子知道后,就对大家解释说:“子路弹瑟的本领已经升入厅堂,但尚未进入内室。他已经有了一定的成绩,只是没有达到高深的境界。”

弟子们听了孔子的解释,才知道子路在音乐方面已有了一定水平,连老师也给予了一定肯定,便改变了对他的态度,不敢再不尊敬他了。

丧家之犬

出处

西汉·司马迁《史记·孔子世家》:累累若丧家之狗。

译义

无家可归的狗。比喻无处投奔,到处乱窜的人。

故事

春秋时,周游列国的孔子来到了宋国。在宋国,孔子每天率领弟子们来到一棵大树下演习周礼。宋国司马桓魋对孔子这一套非常厌恶,叫人砍掉了那棵大树。第二天,孔子和弟子们又去时,大树不见了。一个弟子说:“我们赶快走吧,否则宋人要找我们的麻烦。”孔子说:“怕什么呢?我们的行为符合天地的德性,桓魋等人又能把我们怎么样呢?”

后来，孔子离开了宋国，又和弟子们来到了郑国。不巧，孔子与弟子们失散了，只身来到东城门外。弟子们分散寻找，后来，一个人告诉子贡说："我出城时，见东城门外有一个人站在那里东张西望，像等什么似的。"子贡说："那人是什么样子？"这人说："要说样子还真有些特殊，额头像上古时的尧，脖子像皋陶，肩膀又像子产，但腰以下和大禹差三寸。一副疲惫不堪的样子，就像一条无家可归的狗一样。"

子贡来到东城门外，找到了孔子，就把刚才在路上的情况如实地告诉了孔子。孔子听了欣然笑道："说我像丧家之狗，虽然外形不像，但神情的确像啊！"

司马昭之心

出处

西晋·陈寿《三国志·魏书·高贵乡公纪》裴松之注引《汉晋春秋》:帝见威权日去,不胜其忿……谓曰:"司马昭之心,路人所知也。"

译义

比喻人所共知的阴谋、野心。"司马昭之心"常与"路人所知"或"路人皆知"连用。

故事

三国后期,魏国的大权逐步被司马氏掌握。

司马懿死后,他的儿子司马师继任大将军的官职,独专国政。公元254年,司马师废掉曹芳,立曹髦为帝。司马师死后,他的弟弟司马昭又继任大将军,朝廷大权仍然掌握在司马氏的手里。

曹髦见曹氏的权势日渐衰落,司马昭又越来越专横,内心非常气愤,于是写了一道题为《潜龙》的诗。诗中写道:受伤被困的龙不能跃出深渊,自由自在地上天入地,就好比龙蟠踞在井底,看着泥鳅、鳝鱼在面前手舞足蹈,只能藏起牙齿伏住爪甲。真可恶,我处于同样的境地!

司马昭见到这首诗,勃然大怒,在殿上大声斥责曹髦说:"我司马氏对魏建有大功,你为什么把我们比作泥鳅和鳝鱼?"

曹髦听了,吓得浑身发抖。司马昭见他不敢作答,冷笑一声离去。

曹髦回到后宫,觉得司马昭有篡夺帝位之心,所以敢于当众侮辱他。这样的日子无论如何过不下去了，他必须采取果断措施，除掉司马昭。于是他召集侍中王沈、尚书王经、散骑常侍王业等大臣密谋对策。

曹髦愤怒地对大臣们说：

“司马昭企图篡夺帝位的野心，是人所共知的。我不能坐等被废黜的侮辱，今天要与你们一起去讨伐他。”

尚书王经提出，司马昭重权在握已非一日，只靠少数人马是对付不了他的，希望曹髦慎重考虑。曹髦把讨伐司马昭的诏书抛在地上，激动地说：“我已经下了决心，即使死，也没有什么可怕，何况也不一定死！”

侍中王沈和散骑常侍王业怕祸及自身，准备一出宫就向司马昭报告。曹髦等不及了，拔出宝剑，登上马车，带领宫中侍卫、仆从等三百多人，向司马昭的府第进发。

途中，曹髦一行遇到司马昭的亲信贾充，正带了数千卫兵过来。曹髦以为他们是来杀自己的，便冲到前面高声喊道：“我是天子，你们想弑君吗？”

卫兵不敢阻止，也不知应采取什么行动，便向后退却，贾充马上对卫兵大声喊道：“司马公养你们，就是为了今天之事啊！”

卫兵们听他这一喝，顿时明白过来，一齐挥戈，当场将曹髦杀死。

曹髦死后，司马昭立曹奂为帝，即魏元帝。曹免完全听命于司马昭，不过是个傀儡皇帝而已。公元 265 年，司马昭死去，他的长子司马炎继位任晋王。仅过了几个月，司马炎就逼曹奂让出帝位，由他称帝，建立晋朝。

四海之内皆兄弟

出处

《论语·颜渊》：子夏曰：“君子敬而无失，与人恭而有礼。四海之内，皆兄弟也。君子何患乎无兄弟也？”

译文

表示天下的人都像兄弟一样。四海：全国，泛指天下。

故事

孔子的弟子司马牛，有一次向孔子请教怎样做君子。

孔子对他说："君子不忧愁，不害怕。"

司马牛不懂这话的意思，问道："不忧愁，不害怕，就叫作君子了吗？"

孔子说："君子经常反省自己，所以问心无愧，还有什么可忧愁、可害怕的呢？"

司马牛告辞孔子后，见到了他的师兄子夏。他忧愁地说："人家都有兄弟，多快乐呀，唯独我没有。"

子夏听了安慰他说："我听说过：'一个人死与生，要听从命运的安排，富贵则是由天来安排的。'君子对待所做之事谨慎认真，不出差错，和人交往态度恭谨而合乎礼节。那么普天之下到处都是兄弟，君子何必担忧没有兄弟呢？"

四面楚歌

出处

西汉·司马迁《史记·项羽本纪》：项王军壁垓下，兵少食尽，汉军及诸侯兵围之数重。夜闻汉军四面皆楚歌，项王乃大惊。

译文

比喻四面受敌，处于孤立无援、走投无路的绝境。楚歌：楚地的民歌。

故事

公元前206年，楚霸王项羽与汉王刘邦两大集团为争夺政权，展开了楚汉战争。战争初期互有胜败，但后来刘邦联合各地反对项羽的势力和项羽相争。公元前202年，刘邦等率军合围楚军；到年底，项羽败退到垓下，被汉军团团围住。

这时，项羽的兵力已被消灭得差不多了，粮食也已吃完，而刘邦的军队兵强马壮，粮食充足，把楚军包围了好几重，项羽很难突破重围。

为了彻底瓦解楚国的斗志，刘邦运用心理战术，叫汉军唱楚地的歌曲，使楚军以为汉军已经尽占楚地——这步棋下得特别成功。

一天夜里，项羽听到四面都响起了楚地的歌声，不由得自言自语起来："难道说汉军已经完全占领楚地了吗？唉，这里的楚人为什么这么多？"

项羽深感大势已去，焦虑万分。他命人在营帐中摆酒，痛饮解愁。他心爱的妃子虞姬随军陪伴他，此刻被他叫来陪饮。项羽还有一匹青白杂色的好马，名叫骓，也是他最喜爱的。败局已定，人将战死，最放不下的便是这虞姬和骓马。想到这里，他一边饮酒，一边悲哀激昂地唱道：

"我的力气能拔山啊，豪气盖世无双，
时运不佳啊，骓不再前进。
骓不前进啊，该怎么办？
虞姬呀虞姬呀，该怎样把你安排？"

唱了几遍，又让虞姬舞着剑跟他唱。项羽唱得热泪盈眶，在旁的随从人员也跟着哭泣，谁也不忍心抬起头来看这悲惨的景象。

当天夜里，项羽率领800多名骑兵，拼死突破重围，向南逃去。几经辗转，最后身边只剩28名骑兵，而追来的汉军有好几千人。项羽走投无路，在乌江拔剑自杀而死。

时不再来

出处

《国语·越语》:臣闻之,得时无怠,时不再来。天予不取,反为之灾。

译义

时机错过就不会再来了。指行事不要放过时机。时:时机。

故事

春秋时,越王勾践继承王位三年,率兵攻打吴国,结果反被吴国打败,被围困在会稽山上。最后,勾践答应把国库的钥匙交出,自己亲自去吴国当吴王的仆人,吴王才撤军。

三年后,吴王把勾践放回了越国,勾践请教谋臣范蠡说:"我继承王位后,因为年轻好胜,迷恋打猎喝酒,结果给越国带来了灾祸,让吴国来统治我们。可是吴国也太过分了,我想同你商量报仇的事。"范蠡说:"现在还不可以,应该顺应天时的转变。过早地打主意,事情反而难预料。"

过了一年,勾践听说吴王迷恋声色,疏远贤臣,就想进攻吴国。范蠡劝道:"人事已至,可天时还不到,大王暂且忍一下吧!"又过了一年,勾践听说吴王杀了宰相伍子胥,又想进攻吴国,范蠡仍劝勾践暂时忍耐。再过了一年,勾践听说吴国遭受天灾,稻被蟹都吃光了,又想报仇,可范蠡还是认为时机不成熟。

勾践发怒说:"天时、人事都有了,为什么还要等呢?"范蠡说:"战争是无可奈何的事,只有天时和人事都配合好了才能得胜。"一年后,吴国国内人心涣散,范蠡才劝越王勾践出兵进攻。进军之前,范蠡说:"我听说得到了时机不能怠慢,时机一失去就不能再来;上天给予的不接受,反而会有灾难。"勾践点头回答:“我听从你的建议,一定不盲目进攻;现在有了机会,自然会抓住不放。”

最后,勾践打败了吴王夫差,灭了吴国。

尸居余气

出处

《晋书·宣帝纪》:司马公尸居余气,形神已离,不足虑也。

译文

像尸体一样但还有一口气,指人将要死亡。也比喻人暮气沉沉,无所作为。余气:最后一口气。

故事

魏废帝嘉平年间,曹爽当了大将,掌握了全国的军权,骄奢无度,任情恣肆地享乐。当时很多人规劝他,他都不听,他所惧怕的只有太傅司马懿。那时河南尹李胜是曹爽的亲信僚属,他被调任到荆州去做刺史时,知道曹爽最害怕的是司马懿,便向司马懿去辞行,想顺便试探司马懿的状况。司马懿特地装出生病的样子,叫两个婢女搀扶着出来见客。他的衣服一半落在地上,用手指指口,示意婢女给他吃粥,他装出没有气力去接碗的样子,就着婢女端着的碗喝粥,粥都流在胸前的衣服上。李胜见他这个样子,说:“我以为是您的老毛病复发,哪里晓得您的身体衰弱到这个地步呢?”司马懿有气无力地说:“我年老多病,就要死了,你要到并州去,并州地方接近胡人,你要好好地防备,我恐怕不能再和你见面了。我的儿子,请你好好地照顾他们。”李胜说:“我是去荆州,不是并州。”司马懿故意胡言乱语了一阵,李胜见他神志不清，回去报告曹爽说：“司马懿尸居余气，形神已离，大概就快死了，不必忧虑他了。”

拭目以待

出处

明·罗贯中《三国演义》第四十三回：先生今为刘备出谋划策，朝廷旧臣，山林隐士，无不拭目以待。

译义

后人用“拭目以待”形容期望十分殷切，也表示确信某件事的出现。

故事

三国时代，曹操的军队占领襄阳后，又星夜兼程直逼江陵，这极大地威胁着江东的孙权和荆州的刘备。江东的孙权派鲁肃为使，前去说服刘备，同心一意，共破曹操。刘备见曹操势大，难以抵敌，也希望联合孙权，共同御敌。为此，刘备派诸葛亮随鲁肃到东吴共商对策。

一日，孙权召集张昭、顾雍等一班文武二十余人升堂议事，并请诸葛亮一同参加。张昭一班人，因惧曹兵势大，力主投降，今见诸葛亮前来出使，料定是来游说孙权共抗曹操，因而首先出来诘难诸葛亮。张昭口沫横飞地说：“先生自比管仲、乐毅，而管仲为桓公之相，治国有方，一匡天下，称霸于诸侯；乐毅扶持微弱的燕国，使之逐渐强大，并使齐国的七十座城池降服，这两个人才真正是济世之才！先生今为刘备出谋划策，朝廷旧臣，山林隐士，无不拭目以待，希望复兴汉室，除灭曹操；然而今天曹兵一出，却弃甲抛戈，望风而窜，上不能报刘备，下不能安庶民，管仲、乐毅难道是这样的吗？”诸葛亮听了，哑然失笑，说道：“复兴汉室，绝非一日之功！一个患了重病的人，先要给他吃稀粥、服平和之药；等到腑脏调和，形体渐安，然后才能以肉食加以补养，以猛药加以治疗。我主刘备向日军败，兵不满千；新野小县，人少粮薄，这正如人染沉疴一样，得慢慢调治。就是在这样的情况下，仍然能博望烧屯，白河用水，使夏侯惇、曹仁等心惊胆裂，就是管仲、乐毅用兵，也不过如此吧！何况胜败乃兵家常事，过去高皇数败于项羽，而垓下一战成功，这不是韩信的良谋吗？”这一番言语，说得张昭无言回答。

食肉寝皮

出处

《左传·襄公二十一年》：食其肉，而寝处其皮矣。

译义

食肉寝皮由“食其肉，而寝处其皮”简缩而成，表示仇恨极深。寝皮：把皮剥下来当褥子。

故事

晋国有个州绰，此人聪敏、勇敢而又善战。有一次，齐晋两国在平阴打仗，州绰获胜，并生俘了齐国勇士殖绰和郭最。后来，州绰的好友栾盈与晋国当权的范宣子有矛盾，栾盈被囚，州绰因此出奔齐国。

有一天早朝，齐庄公指着殖绰、郭最说：“他们是我的勇士啊！”州绰心中不服，便说：“大王认为他们是勇士，谁又敢说不是呢？不过在平阴一战，他们是被我生俘过的。”

不久，庄公准备封一批勇士，其中有殖绰、郭最，但却没有州绰。为此，州绰很不满意地对庄公说：“前次齐晋之战，我从平阴打到了齐国的都城，在都城的东门从容不迫地数点过东门的门板，难道还不算勇敢吗？”庄公解释说：“你那时是替晋国打我们齐国啊！你到我们齐国来还不久啊！”州绰十分恼怒地说：“我在齐国虽是新仆，但殖绰、郭最被我生俘时，他们好比禽兽一般，我恨不得吃他们的肉，把他们的皮剥下来垫着睡觉，他们算什么英雄！”齐庄公不管州绰如何恼怒，还是没有封他为勇士。

世外桃源

出处

东晋·陶渊明《桃花源记》：忽逢桃花林，夹岸数百步，中无杂树，芳草鲜美，落英缤纷，渔人甚异之……土地平旷，屋舍俨然，有良田、美池、桑竹之属。阡陌交通，鸡犬相闻。其中往来种作，男女衣着，悉如外人。黄发垂髫，并怡然自乐。

译义

“世外桃源”原指理想中的生活或安乐而幽美的环境。现在用以比喻一种空想的脱离现实的地方。

故事

晋朝孝武太元年间，武陵地方有个打鱼的人。有一天，他顺着小溪捕鱼，忘了路程的远近，一直往前走，走进了一片桃花林。此处风景十分优美，为世上所罕见。渔人觉得奇怪，便想看看这座桃林到底有多远多宽。当他把桃林走完时，便发现山旁有一个洞，里面似乎还有光亮。他走进洞去，初时道路狭窄，再走几十步便豁然开朗，眼前出现了一片平原。平原上桃红柳绿，房舍俨然，男耕女织，怡然自得，人人过着自由幸福的生活。他们看见渔人进来，家家都设酒杀鸡，招待渔人。在言谈中，渔人才知道这里面的人是因为他们的祖先为避秦代的祸乱逃进这个洞里，才一直在此生活的。他们与世外隔绝多年，也不想再出去了；外面是个什么世道，他们也不知道。渔人在这洞中的平原里住了几天，受到各家各户的热情招待。当他辞别这些好客的主人们时，大家都告诉他："洞中情况，请不要告诉外边的人。"

渔人出来后沿着原来的路往回去，还处处做了标记。到武陵后，渔人就把这事告诉了太守。太守马上派人去找那个世外的桃源，但找来找去，毫无结果。

视为畏途

出处

《庄子·达生》：夫畏涂者，十杀一人，则父子兄弟相戒也。

译义

看成可怕的、危险的道路。也比喻看成困难的、可怕的事情。畏途：可怕的道路。

故事

春秋时，有个叫田开元的人见到了周威公，周威公对他说："听说一个人保护好肾脏就等于学会了养生之道。先生这次来，能不能给我讲些这方面的道理呢？"田开元回答说："我无非是个手拿扫帚的看门人，哪里有大王的学识渊博呢？"周威公满脸不悦地说："先生也太谦让了，随便讲讲，又有何妨！"田开元说："好吧。我曾听孔子说过，一个善于养生的人，就好比一个牧羊人。鞭打羊时，打它的头就不会走,打它的肚子就会损伤身体,只能鞭打它的后面。"

周威公听了,很不理解地说:"为何这样比喻?"田开元说:"举个例子吧。鲁国有个叫单豹的人,长期隐居山林,生活俭朴,无忧无虑,年满七十却肌肤娇嫩,如婴儿的模样。不幸的是,一次出门遇见饿虎,被吃掉了。另有一个叫张毅的人,拼命追逐物质享受,居住在高门大户之中,有许多财物,可刚到四十岁就得疾病而死。

单豹注重颐养性情,却被饿虎咬去了身体;张毅一心追求财富,却被疾病蚕食了精神。这两人,养生都不得其道,就像用鞭打羊打在肚子上一样。善于养生的人,不仅要注重身体和精神,还要注重文化修养,才算是真正的完人。"

庄子知道后,不禁感慨道:"一个在危险道路上行走的人,听说前面有人被杀,就会立刻回到家里告诫全家,然后带上刀刃,结伴而行。这的确是明智的行为!但那些注重吃喝玩乐和声色享受的人却不了解,他们的所作所为远远超过走在危险的道路上,却不引以为戒,这不是十分错误的吗?"

所向无敌

出处

西晋·陈寿《三国志·吴书·周瑜传》注引《江表传》:士风劲勇,所向无敌,有何逼迫,而欲送质?

译文

力量所达到的地方,没有任何力量与之匹敌。形容无往而不胜。

故事

公元196年,曹操将汉献帝迎到许县,在那里建立都城,然后以献帝的名义发号施令,先削平了吕布等割据势力,接着,他又威胁东吴的孙权把儿子送到许都当人质。

孙权不知该怎么办,便召集文武大臣商量对策。面对势力强大的曹操,许多官员拿不定主意,觉得左右为难。

孙权的主将周瑜坚决反对向曹操送人质,并力劝孙权不要屈服于曹操。他说:“现在孙将军继承了父兄开创的伟业,应该实现他们的遗愿。我们统辖着江东六郡的广大地区,资源丰富,土地肥沃,物产富饶,兵精粮足,交通便利,人心安定。只要我们充分利用这些有利条件,奋发图强,那么力量所达到的地方,没有任何力量可与我们匹敌。如果送去人质,我们只能听从曹操摆布要挟,这就等于向他称臣了。”

孙权的母亲非常赞成周瑜的见解,嘱咐孙权尊重周瑜的意见。孙权本来就不愿把自己的儿子送给曹操做人质,以表示听命于曹操。他听了周瑜的分析后,更加坚定了自己的决心,毅然拒绝了曹操的要求。

T

同室操戈

出处

《左传·昭公元年》:郑徐吾犯之妹美,公孙楚聘之矣,公孙黑又使强委禽焉。……〔子晳〕欲杀之而取其妻。子南知之,执戈逐之。及冲,击之以戈。

译义

自家人动刀枪,指兄弟争吵。泛指内部斗争。操:拿;戈:兵器。

故事

春秋时,郑国大夫徐吾犯的妹妹长得貌如天仙,举止文静。郑国的公孙楚和公孙黑两兄弟都去求亲。公孙楚先送去订婚的聘礼,徐吾犯答应了;公孙黑再送去聘礼时,徐吾犯只好婉言谢绝。不料公孙黑竟威胁说:“如果你不答应,我将派人来抢你妹妹。”徐吾犯对此忧心忡忡,公孙家族在郑国势力强大,怎么敢得罪呢?他将此事告诉了子产,子产说:“公孙兄弟应该以礼相让,怎么急起来了呢?这是郑国政治混乱的表现啊!事已如此,不如让你妹妹自己决定。”

于是,徐吾犯请来了公孙兄弟,然后让妹妹在帘幕内观察。公孙黑穿得鲜艳华丽，一副贵公子的派头，出门时向徐家的人施舍了不少钱财。公孙楚一身戎装，左手握弓，右手拿箭，出门时向上一箭射中天上的飞鸟，向下一箭射死池中的游鱼，然后跳上战车奔驰而去。

徐吾犯的妹妹说："公孙黑的确英俊，但缺乏大丈夫的气概。男人应该有男人的样子，女人应该有女人的样子，夫妇才能和顺。"最后，她嫁给了公孙楚。

公孙黑不服。一天，他全副武装闯进楚家，要杀弟弟，夺他妻子。公孙楚大怒，手握长矛向哥哥刺去，两人就在室内拼斗起来。最后，公孙黑斗败负伤逃跑。

桐叶封弟

出处

西汉·司马迁《史记·晋世家》：成王与叔虞戏，削桐叶为圭以与叔虞，曰："以此封若。"史佚因请择日立叔虞。成王曰："吾与之戏耳。"史佚曰："天子无戏言。"……于是遂封叔虞于唐。

译义

指成王戏封叔虞的故事，后来也用这个故事意指天子无戏言。

故事

西周初年，周武王姬发驾崩，唐国趁机发动叛乱。当时太子姬诵还很小，他在周公姬旦的扶助下做了国君，历史上称为周成王。

有一天，姬诵和他的弟弟叔虞在宫中一起玩。姬诵看到有桐叶落在地上，就随手捡起了一片，并把它剪成玉圭形，送给叔虞，同时对他说："这个玉圭是我送给你的，我要封你到唐国去做诸侯。"于是，史佚请求选择一个吉日封叔虞为诸侯。姬诵说："那是我跟弟弟闹着玩的。"史佚却认真地对他说："天子无戏言啊!”

后来,姬诵只得选择吉日,按照当时的戏语,把叔虞正式封为唐国的诸侯,史称唐叔虞,所以这个故事又叫“桐封”“剪桐”。不过,叔虞长大后,励精图治,以自己的智慧才能,带领百姓兴修水利,改良农田,大力发展农业,使唐国百姓过上了安居乐业的生活。唐叔虞死后,他的儿子燮继位。因为境内有晋水,便改国号为“晋”。山西简称晋,也由此而来。

投笔从戎

出处

南朝·宋·范晔《后汉书·班超传》:〔班超〕家贫,常为官佣书以供养,久劳苦,尝辍业投笔叹曰:“大丈夫无它志略,犹当效傅介子、张骞立功异域以取封侯,安能久事笔研间乎?”

译义

意指弃文从武,文人参军。

故事

班超是东汉史学家班固的弟弟。班家是书香世家,父亲班彪曾续写《史记》,班固、班超、班昭兄妹三人都在父亲的指导下刻苦读书。班固也致力于史学,后来撰写了《汉书》,班昭因才德出众被选入宫中。

与其他两人相比,班超是个特别有性格的人。他能言善辩,少有大志,为人不拘小节。班固被召为校书郎之后,班超随同母亲来到洛阳。由于日子过得清苦,班超又极为孝敬父母,便为官府抄文书来维持生计。班超觉得所做的事与自己的志向背道而驰,非常苦闷,有一次他把笔一扔慨叹道:“大丈夫即使没有更高的志向，也应该像傅介子、张骞那样在异域建功立业，以取封侯，哪能长久地干这些抄抄写写的事呢?”旁边的人嘲笑他说大话，班超说：“小子哪能知道壮士之志!”

到了四十岁时，班超果真弃文从武了。班超奉命出使西域，使丝绸之路畅通无阻了数年，成为继张骞之后出使西域的又一位“奇男子”。

投鞭断流

出处

《晋书·苻坚载记》：坚曰：“吾闻武王伐纣，逆岁犯星。天道幽远，未可知也。昔夫差威陵上国，而为勾践所灭。仲谋泽洽全吴，孙皓因三代之业，龙骧一呼，君臣面缚，虽有长江，其能固乎!以吾之众旅，投鞭于江，足断其流。”

译义

比喻兵士众多，实力强大。

故事

苻坚是我国古代东晋时期北方前秦的君主。公元383年，他率领数十万大军准备攻打东晋。大臣石越分析了双方的形势，劝苻坚不要轻举妄动。石越认为：从天时的角度看，福德在东晋；从地利看，东晋有长江之险，易守难攻；从人和看，东晋君主明智，群臣人才济济。因此，这个时候实在不适合出兵，而应该积蓄力量，静候时机。但苻坚一意孤行，不听石越的劝告，坚持伐晋。他夸口说：“我的军队兵多将广，只要每人把一根马鞭扔到江中，就能截断大江。”于是，他率领大军南下了。

随后，前秦与东晋在淝水边进行了一场力量悬殊的战斗，这便是有名的淝水之战。东晋主将谢玄只有八万人马，而前秦军队有数十万兵士。但是，这数十万兵士大多是苻坚强行征来的各族人民，军心涣散，多数人不愿作战。谢玄利用他们这种心理，以少胜多，取得了淝水之战的胜利。苻坚勉强逃得了性命，但前秦从此一蹶不振。

退避三舍

出处

《左传·僖公二十三年》：〔晋公子重耳〕及楚，楚子飨之……曰："虽然，何以报我？"对曰："若以君之灵，得反晋国，晋楚治兵，遇于中原，其辟君三舍。"

译义

主动退让九十里。比喻退让和回避，避免冲突。

故事

春秋年间，晋国公子重耳为避难流亡各国。公元前637年，重耳到了南方的楚国。楚王对他十分礼遇，二人相处得很融洽。但楚王这样做是有目的的，他知道重耳志向远大，身边又有谋士相助，迟早会回到晋国即位，希望他日后能报答自己。于是，在一次宴会上，楚王问重耳："如果你以后回到晋国，拿什么报答我？"

重耳起身回答："如果依靠您的力量，我能够重返晋国即位，那么万一将来我们两国发生战争，我愿意退避三舍（大约三十里为一舍，三舍就是九十里）来报答您的恩情。"

重耳的这番话不卑不亢，颇有王者之风。宴后，有大臣向楚王进言："重耳这人出言狂妄，以后不一定会为我们所用，不如现在杀了他。"楚王没有即刻采取行动。不久重耳就离开了楚国，后来借助秦穆公的帮助返回晋国做了国君，史称晋文公。

晋国逐渐强盛起来，与南方的楚国发生了冲突。公元前632年，晋楚城濮之战爆发。两军对阵之际，晋文公果然退避三舍，践行了自己的诺言。但楚军仍穷追不舍，终于被晋军打得大败而回。

推敲苦吟

出处

宋·胡仔《苕溪渔隐丛话前集》卷十九引《刘公嘉话》：〔贾〕岛初赴举京师，一日，于驴上得句云："鸟宿池边树，僧敲月下门。"始欲着"推"字，又欲着"敲"字，炼之未定，遂于驴上吟哦，时时引手作推敲之势。时韩愈吏部权京兆，岛不觉冲至第三节，左右拥至尹前，岛具对所得诗句云云。韩立马良久，谓岛曰："作敲字佳矣。"

释义

指做文章、作诗时对其中的字句进行反复地修改。

故事

贾岛是唐代的一位诗人，范阳（今河北涿州）人。少年时期，贾岛读书很刻苦，但是参加考试却一直不能成功，加上他家里又很穷，所以就去庙里当了和尚。后来，当时的文学家韩愈劝他还了俗。

有一次，他骑着毛驴，在大街上一边慢慢地走着，一边酝酿着诗句。突然，他想到了两句诗："鸟宿池边树，僧推月下门。"一会儿又觉得"僧敲月下门"比较好，于是便在驴背上反复揣摩，一面伸出手来做出推门和敲门的动作。正在这时，当时的代理京城长官、大文学家韩愈在仪仗队的簇拥下，走过大街。贾岛因为沉醉于诗词中，竟然碰撞了韩愈的仪仗队。韩愈的手下把贾岛带到了他的面前，韩愈问清缘由后，不仅没有责备贾岛，反而跟他一起研究起了诗句。经过分析，韩愈认为用"敲"字比较好。此后，两人成了朋友。

贾岛作诗极为认真，每字每句都要推敲，因此曾自题诗："两句三年得，一吟双泪流。知音如不赏，归卧故山秋。"每年一到除夕，他都要把自己一年所作的诗句拿出来放到桌子上，焚香下拜，说："这是我一年的苦心啊！"可见，贾岛作诗确实是耗费了不少心血的。

泰山压卵

出处

《晋书·孙惠传》：况履顺讨逆，执正伐邪，是乌获摧冰，贲育拉朽，猛兽吞狐，泰山压卵，因风燎原，未足方也。

译义

比喻力量强弱悬殊,强者必定胜利。

故事

公元266年,司马炎代魏称帝,建立西晋王朝,史称晋武帝。为了永久统治天下,他把同姓子弟都封为王,让他们分守全国重要城邑。

公元302年,河间王司马颙与长沙王司马乂联合起来攻杀了司马冏。这时,成都王司马颖专权辅政,任用孙惠,封他为大将军参军。不久,司马颙和司马颖联合攻杀了司马乂,然后司马颙又将司马颖废掉。孙惠由于擅自杀死司马颖的门将梁俊,更换姓名潜逃。

后来,东海王司马越在下邳大举起兵,声势很大,表示拥戴皇室。孙惠对司马越抱有很大的希望,于是化名南岳逸士秦秘之,给他写了一封信。孙惠在信中称颂司马越的举兵好像是猛兽吞食一只小狐狸,高峻的泰山压一个小小的鸟卵,必胜无疑。

司马越非常赏识孙惠的文才,派人张贴榜文寻找写信人。后来终于找到孙惠,就任他为记室参军,负责军中文书工作,并参与谋议大事。此后孙惠屡次升官,受到重用。

贪多务得

出处

唐·韩愈《进学解》:记事者必提其要,纂言者必钩其玄。贪多务得,细大不捐。

译文

学习时，务求尽量多地获得知识。现泛指贪心不足。

故事

唐代大散文家韩愈，从小刻苦好学，年轻时已博学多才。他二十四岁考中进士，三十五岁到京城长安，当最高学府国子监博士。后来在官场中不得志，升了官又遭贬斥。四十五岁那年，他被贬回长安任国子监博士。

韩愈学识渊博，兼通百家，讲起课来旁征博引，出口成章，深受太学生们的欢迎。有一次，他写了一篇题为《进学解》的文章，来发泄自己富有才学却屡遭贬斥的不满情绪。

《进学解》是采用师生答辩的形式写成的。文章中的主要部分，是借学生之口赞誉韩愈"业精""行成"，并以此来与韩愈动辄得咎、治才不彰的遭遇作比较，对韩愈的"进学"主张表示怀疑。最后，韩愈又自我解嘲，说自己当前的处境已属万幸了。

文章是从韩愈教导太学生的一席话开始的。一天早上，韩愈对太学生们说："学业由勤奋而精进，由嬉游而荒废；为人行事由深思远虑而获得成就，由因循随俗而招致毁败。如今圣上选贤任能，公正无私，所以只怕自己没有真才实学，而不怕没有人赏识和提拔。"

太学生们听到这里，哄然大笑起来。有人站出来说，先生在骗人，因为先生极有才学，但做起事来却常常进退两难，一有举动就获罪或受到责备。

在提到韩愈"业精"的时候，那位太学生说："弟子跟先生学了几年，深知先生口不停地吟诵六经，手不停地翻阅诸子百家的著作。记事的书必定提炼书中的要点，理论性的著作必定探索其中的精深义理。不自满而多学，务求有所收获，不管大小都不舍弃。夜以继日，终年苦学不倦。先生对待学业，可称勤奋了。"

贪得无厌

出处

《左传·襄公三十一年》:既而政在大夫,韩子懦弱,大夫多贪,求欲无厌。

译义

贪心没有满足的时候。贪:贪心;厌:满足。

故事

春秋末期,周天子的权力已不再为大家所重视,一些当初受封的诸侯,都纷纷闹独立,扩展自己的领土。

那时,晋国是一个大诸侯国。国中有六卿:赵、魏、韩、范、智、中行六大家族。在六卿中,智伯是个野心勃勃的人,他总是处心积虑地想扩展自己的势力范围。

有一次,智伯联合韩、赵、魏去攻打中行氏,在把中行氏消灭后,他便把中行氏的土地侵占了。过了几年,智伯又派人去向韩康子要求割地,韩康子惧怕智伯,便忍气吞声地割了一块有一万户人家的地方给他。

智伯得到这块土地以后,很是喜欢。接着,他又派人去向魏桓子要求割地,魏桓子本不想给他,但怕他起兵攻打,也不得已割让了一块土地给他。

这时候,智怕得意极了。他以为全天下的人都怕他,于是他又派人去要赵襄子割让蔡和皋狼这两个地方。

可是,赵襄子却不答应,说:“土地是先人的产业,我不能随便送人!”

智伯得知赵襄子不肯割让土地,十分生气,便约韩康子和魏桓子一同去讨伐赵襄子。

赵襄子知道自己寡不敌众，便采纳了谋士张孟谈的计策，迁到晋阳城中坚守。结果智伯围攻晋阳三年，却一直没能攻下来。

但这时候，晋阳城里粮食快要吃完了，智伯又用水淹城，形势十分危急。赵襄子便派张孟谈去游说韩康子和魏桓子，说动他们反过来攻智伯。

韩康子和魏桓子本来就对智伯不满，知道智伯贪得无厌，灭了赵襄子对他们没什么好处，便答应和赵襄子一起联合起来，灭掉智伯，然后平分智伯的土地。

于是，三家约定由赵襄子乘夜出兵袭击，韩康子和魏桓子做内应。结果，三家联合，终于击败了智伯，并将他杀死。

就这样，贪得无厌的智伯落得了一个可悲的下场。

贪小失大

出处

北朝·齐·刘昼《刘子新论·贪爱》：昔蜀侯性贪，秦惠王闻而欲伐之。山涧峻险，兵路不通。乃琢石为牛，多与金帛置牛后，号牛粪之金，以遗蜀侯。蜀侯贪之，仍堑山填谷，使五丁力士，以迎石牛。秦人帅师随后而至。灭国亡身为天下所笑，以贪小利失其大利也。

译义

表示因贪图小利而造成重大损失。

故事

战国时，蜀国物产丰富，四周环山，形势险要，国家比较安定。但是，蜀侯却非常昏庸而又贪财。秦惠文王早就想吞并它，只是由于到蜀国去的道路太艰险了，进蜀的军队总是半途而废。

惠文王多次让近臣出主意，究竟怎样灭掉蜀国。后来，有人献了一条计谋：针对蜀侯贪财，命石匠把大石头凿成石牛，牛身雕空，从牛后塞进一些金帛，称它为“牛粪之金”，扬言要把这些石牛作为进蜀的礼物，赠送给蜀侯。蜀侯中计后，设法进入蜀国。

惠文王觉得这是一条妙计，马上下令实施。要不了多少时日，一批石牛就雕成了。又过了不久，惠文王要献石牛的消息传到了蜀国。蜀侯听到这个消息，高兴极了，一心等待秦国把石牛送来。过了几天，惠文王派的使者来到了蜀国，使者向蜀侯表示，秦王愿意与蜀国永久和好，为了表示情谊，愿将产金的石牛赠送给蜀侯。

蜀侯忙问石牛何时能运来。秦使表示，进蜀山涧峻险，道路不通，至少得一年半载才能运到。蜀侯急于取得石牛，表示将派民工开山填谷，铺筑道路，迎接石牛。

事后，蜀国的大臣们劝谏蜀侯说，秦是虎狼之国，决不会无缘无故把石牛送给蜀国，一定要提高警惕，切不可轻举妄动。但蜀侯财迷心窍，一点不听大臣们的忠告，征集数万民夫加紧开凿山道。

惠文王得到蜀侯征调民夫开山筑道的消息后，组织精兵，以运送石牛为名，向蜀国进发。等到蜀国的民夫把进蜀的道路修好，秦国的大军也跟在石牛后面开进蜀国来了。就这样，惠文王施用了石牛妙计，吞并了蜀国。后来，人们嘲笑蜀侯说：“为了贪图小利，结果失掉了大利。”

贪天之功

出处

《左传·僖公二十四年》：窃人之财，犹谓之盗，况贪天之功，以为己力乎！

译义

表示抹杀别人的成绩和作用,把功劳都算到自己身上。

故事

晋国公子重耳流亡在外十九年后,终于回国夺得政权,成为历史上所称的晋文公。为了报答有功之臣,晋文公对那些跟随他流亡的人论功行赏,给了许多优厚的待遇,可是,却把介子推给忘了。介子推既没有得到赏赐,也没有得到提拔。

其实,介子推的功劳是很大的。在重耳流亡期间,介子推一直跟随他,对他照顾得无微不至。在挨饿的时候,介子推甚至把自己大腿上的肉割下来给重耳煮汤吃。介子推是个很有气节的人,他对没有得到重耳的封赏,毫不介意,甚至认为自己根本就不该受赏。重耳回国之后,他就假称有病,回家隐居,侍奉老母,甘守清贫,宁愿编草鞋为生,也不去图谋禄位,并且说:"献公九个儿子,只有国君在世。上天不绝晋国,必定会指派主人。主持晋国祭祀的人,不是国君又是谁?所以,这实在是上天立他为君的。可是,那些跟随他流亡的人却以为是自己的力量,这不是在骗人吗?偷人家的财物尚且要被称为盗贼,更何况贪取上天的功绩,把它当作自己的力量呢!下面的人把罪过当成合理,上面的人对欺骗加以赏赐。上下相互蒙蔽,这就难以相处了!"

谈何容易

出处

东汉·班固《汉书·东方朔传》:先生曰:"於戏!可乎哉?可乎哉?谈何容易!"

译义

形容事情做起来并不像嘴上说的那么容易。

故事

汉武帝即位不久，下令全国推荐人才。年轻的东方朔到京都长安向武帝上书自荐，被任命为常侍郎。

武帝要把长安附近一大块土地划为上林苑，东方朔竭力反对，他认为这样做对国家对百姓都不利。但是，武帝不听从他的正确意见。后来，东方朔又上书提出耕战强国的建议，也未被采纳。为了讽谏汉武帝，东方朔写了一篇题为《非有先生论》的文章。文中虚构了这样一个故事：

从前有个非有先生，在吴国当了三年官。默默无言，从不发表什么政见。国君吴王很奇怪，就对他说："先生如果有高明的见解而不谈出来，就是不忠；如果谈出来我不采纳，那就是我不明。先生什么看法也不谈，难道是我不明吗？"非有先生只是连连作揖，还是不开口。吴王又说："先生谈谈吧，我一定诚心听取。"

非有先生叹了一口气说："可以了吗？可以了吗？臣下向君主进言很不容易啊！"接着，他举例说明自己为什么有这想法："夏朝的贤臣关龙逢再三向夏桀直言进谏，却被杀害；商朝忠臣比干屡次劝谏纣王，却被剖腹挖心而死。这样看来，臣下向君主进言真是不容易啊！"接着，非有先生又举了一些奸臣靠阿谀逢迎而飞黄腾达，贤臣因主上昏庸而避世的例子。

谈言微中

出处

西汉·司马迁《史记·滑稽列传》：太史公曰："天道恢恢，岂不大哉！谈言微中，亦可以解纷。"

译文

比喻言语隐约曲折，但切中事理。微中：微妙而切中要害。

故事

西汉史学家、文学家司马迁撰写的《史记》中，有一种记述皇帝以外的人物事迹的体裁，称为“列传”。其中的《滑稽列传》是他为几位幽默诙谐、多智善辩的人物写的传记。

在《滑稽列传》的开头，司马迁引用了孔子说的一段话，意思是《礼》《乐》《书》《诗》《易》《春秋》这六部经书，虽然具有不同的性质内容，但在政治方面的作用是相同的，里面都是治理天下的大道理。接着司马迁说，天道是非常广大的，就是说些隐微而切中要害的话，同样也能排解纠纷，实际上也解除了有关治理天下的大问题。

为了证明这个观点，司马迁记述了几个幽默诙谐、多智善辩的人物的动人故事。里面一个是有关优旃的。

优旃是秦国一个善于歌舞的人，他身材矮小，很会说笑话，但所说的笑话中往往包含着大道理，所以秦始皇常要他在身旁侍奉。

一天，秦始皇让百官到宫中来喝酒。正好天下大雨，持盾牌站立在殿前的侍从全身被雨打湿，冷得瑟瑟发抖，却又不敢擅离岗位。优旃见他们这副模样，非常同情，便走到他们跟前轻声问道：“你们想休息一下吗？”

侍从们马上回答说很想休息。于是优旃对他们说：

“等一会我呼唤你们，你们马上说‘有’。”

优旃说罢，上殿入席。不一会儿，群臣齐声高呼万岁，向秦始皇敬酒。优旃迅速走到殿前的宫廊边，高声喊道：

“侍从人员！”

侍从们听到优旃呼唤，马上答应“有”。接着他与侍从们开玩笑地说：“看你们个个长得高高大大，可又有什么好处呢？还不是站在那儿挨雨淋。我人虽然长得矮小，福气却比你们大，可以在屋里休息。”

优旃说的话引起了秦始皇的注意，他发现侍从们在雨中又湿又冷，便命他们一半侍立，一半休息，轮换更替。

有一次，优旃陪同秦始皇游览皇家花园。途中，秦始皇突然对优旃说：“这花园太小了，我想扩大。不如就东起函谷关，西至陈仓吧。”

优旃听了马上说："对了，这样可以多养些禽兽在里面，如果有敌人来犯，命令鹿用它的角去顶撞敌人，那就足够了。"

秦始皇一听，觉得自己的想法不大实际，便放弃了这个设想。

谈笑自若

出处

西晋·陈寿《三国志·吴书·甘宁传》：宁受攻累日，敌设高楼，雨射城中，士众皆惧，惟宁谈笑自若。

译义

形容在危急、紧张的时刻，也跟平时一样，说说笑笑非常自然。自若：跟平时一样。

故事

三国时，东吴的名将甘宁，因有战功，被任命为西陵太守、折冲将军。

曹操在赤壁之战中失败后，孙权和刘备的联军乘胜追击，一直追到南郡。驻守南郡的魏将曹仁以逸待劳，击败了吴军的先头部队。吴军大都督周瑜大怒，准备与曹仁一决雌雄，甘宁上前劝阻，认为南郡与夷陵互为犄角，应该先袭取夷陵，然后再进攻南郡。周瑜接受了他的建议，命他领兵攻取夷陵。甘宁率军直逼夷陵城下，与魏军守将曹洪激战。曹洪败走，甘宁命令部下迅速夺取夷陵。当时他的兵力很少，只有几百人；入城后立即招兵，但也不过千人。当天黄昏，驻守南郡的魏将曹仁，派曹纯和牛金引兵与曹洪汇合，共聚五千余人，把夷陵城团团围住。曹军架设云梯攻城，被甘宁守军击退。

第二天，曹军堆土构筑高楼，然后在高楼上向城中射箭。箭如雨发，射死射伤不少吴兵。将士们都恐惧不已，唯独甘宁跟平时一样，谈笑非常自然。他命人收集曹军射来的数万支箭，选派优秀射手，与魏军对射。由于甘宁率军沉着顽强地固守，直至周瑜率援军到来，曹军都无法攻破城池。

弹冠相庆

出处

东汉·班固《汉书·王吉传》：吉与贡禹为友，世称“王阳在位，贡公弹冠”，言其取舍同也。

译义

比喻一个人做了官或升了官，他的同伙将得到援引而做官，也互相庆贺。后用来形容坏人得意。

故事

汉宣帝年间，王吉和贡禹有旧交，又同是琅琊人，他俩的资历、才学也相差不多。贡禹曾多次被免职，王吉也并不得志。到元帝时，王吉忽然被朝中召去任命为谏议大夫。贡禹听到这个消息，心中暗喜，他想：“既然王吉高升了，我大概也快要受命上任了。”于是就把官帽取出来，掸去灰尘，准备戴用。

果然，不久贡禹也被任命为谏议大夫。

探骊得珠

出处

《古今诗话·探骊获珠》：白曰："四人探骊，子先获珠，所余鳞角，何用。"

译义

表示摸到骊龙的颔下，取得明珠。比喻作诗写文章能抓住要害。骊：骊龙的简称，黑龙。

故事

据传说，古时候黄河边上有一户人家，生活得贫苦，靠割芦篙编芦苇为生，勉强维持温饱。

一天，儿子到河边去割芦蒿，一时兴起，潜入河水深处，竟觅得到一颗价值千金的明珠，便高兴地拿回家去。

他父亲看后，说："好险啊！这种价值千金的明珠，必定是深渊中黑龙下巴底下的东西。要探取它，一定得在黑龙睡着的时候。要不，你还能活着回来吗？"

唐朝著名的诗人元稹、刘禹锡、韦楚客，一天在白居易家里聚会，谈论南朝兴衰的历史，并每人赋一首题为《金陵怀古》的诗。结果，刘禹锡先赋成一首。白居易读后赞叹不已，对他说："我们四个人摸黑龙，你先获得明珠，留下的只是黑龙的鳞角了，还有什么用！"

就这样，其余三人就不再作以金陵怀古为内容的诗赋了。

探囊取物

出处

宋·欧阳修《新五代史·南唐世家·李煜》:中国用吾为相,取江南如探囊中物尔。

译义

比喻一件事非常容易办好。探囊:手伸进口袋。

故事

五代时,后唐的名士韩熙载因父亲被明宗李嗣源所杀,准备离开中原,投奔江南的南唐。

韩熙载的好友李谷为他送行。道别时,韩熙载对李谷说:

"江南的国家如果任用我为宰相,我定能率军北上,迅速平定中原。"

李谷听后说:

"中原国家如果任用我为宰相,那夺取江南各国好比把手伸到口袋里取东西那样容易。"

韩熙载投奔吴国不久,吴国就被南唐攻灭。但是,南唐也国事多变,奸臣当道,他未能得到重用。于是,他借酒消愁,与歌妓厮混在一起,因此一直未能当上宰相。他原先的誓言,自然没有得到实现。

李谷的情况与韩熙载不同。他做北方后周的将领,奉命征伐南唐。他在南征过程中打了不少胜仗,屡建战功。只是他当宰相的誓言也没有实现。

叹为观止

出处

《左传·襄公二十九年》：虽甚盛德，其蔑以加于此矣。观止矣！若有他乐，吾不敢请已。

译义

赞叹所见事物已好到极点。

故事

吴国君主寿梦病危时，把四个儿子诸樊、余祭、夷昧、季札召集到病床前，安排后事。寿梦认为幼子季札最贤能，想让他做君主，可是季札拒绝了。于是，寿梦立下遗规，由四个儿子依次传位，兄终弟及，最终由季札为君。

寿梦死后，诸樊为君十三年死了，余祭在位四年被刺杀，三弟夷昧继位，拜季札为相。季札主张罢兵安民，结交齐、晋等中原诸侯，夷昧同意季札主张，派他出使鲁、齐、郑、卫、晋等国。公元前544年，吴公子季札来到鲁国，表示愿与鲁国世代友好相处。鲁国很高兴，用舞乐招待季札。季札精通舞乐，一边观赏，一边品评。当鲁国演出《韶箾》舞时，季札便断定这必然是最后一个节目了。观罢《韶箾》，季札赞叹一番，然后非常得体地道谢：

"这舞乐好极了,我们就观看到这里为止吧!"鲁国人感到非常惊奇,季札竟能预知这是最后的一个节目。

螳臂当车

出处

《庄子·人间世》:汝不知夫螳螂乎?怒其臂以当车辙,不知其不胜任也。

译义

比喻做力量做不到的事情,必然失败。臂:螳螂的前腿;当:阻挡。

故事

鲁国的名士颜阖来到卫国游历,卫灵公听说他很有才学,便打算聘请他当自己长子蒯聩的老师。

颜阖风闻蒯聩非常凶暴,任意杀人,卫国的人对他十分惧怕。对这样的人是否可以教导,颜阖吃不太准,因此去请教卫国的贤人蘧伯玉。

颜阖把自己对蒯聩的了解告诉了蘧伯玉,然后问道:

"如今大王要我当他的老师,要是我同意了,会很难办的:如果放任他而不引导他走正路,他一定会继续残害国人,给国家带来危难;如果对他严加管束,制止他胡作非为,他就会来害我。我该怎么办呢?"

蘧伯玉回答说:

"你想用自己的才能去教育蒯聩,是很困难的。如真的当他老师,应该处处谨慎,不能轻易地去触犯他,否则会惹出杀身之祸。就像有个人太爱自己的马了,见有虫咬马,便赶紧猛力拍打。结果惊了马,自己也被马踢死。"

蘧伯玉见颜阖不住地点头,便又举了一个例子:

“你知道螳螂吗？一次我乘马车外出，看到路上有只螳螂，不顾车轮正在朝它滚去，奋力举起两条前腿想挡住车轮。它不知道自己的力量根本不能胜此重任，结果当然是被车轮辗得粉身碎骨。螳螂之所以被碾死，是因为它不自量力。如果你也不自量力，想去触犯蒯聩，恐怕也要落得个与螳臂挡车一样的下场。”

颜阖听了，决定不去触犯蒯聩，尽快离开卫国。后来，蒯聩因闹事而被人杀死。

W

望尘莫及

出处

唐·李大师、李延寿《南史·孝义传》:吴庆之,字文悦,濮阳人也,寓居江兴。宋江夏王义恭为扬州,召为西曹书佐。及义恭诛,庆之自伤,为吏无状,不复肯仕,终身蔬食。后王琨为吴兴太守,欲召为功曹,答曰:"走素无人世情,直以明府见接有礼,所以奔走岁时。若欲见吏,则是蓄鱼于树,栖鸟于泉耳。"不辞而退。琨追谢之,望尘不及矣。

译文

望见前面骑马的人走过扬起的尘土而不能赶上。比喻远远落在后面。多用于表示对人钦佩的自谦语。尘:尘土;莫:不;及:赶上。

故事

吴庆之,字文悦,南朝宋时濮阳人。刘义恭在扬州任职时,曾请他担任西曹书佐。后来刘义恭因事被皇帝杀了,吴庆之觉得自己没有辅佐的能力,从此就不再出来做官。不久,王琨就任吴郡太守,打算请他做功曹。他便对王琨说:"我一向不懂得什么事情,只因为从前的太守很看得起我,所以才奔走了一些时日。假如你还要我做官，那简直是把鱼食放在树边，把鸟放在水里。”吴庆之说完这话，也不告辞一声，拔腿就走。王琨连忙跟在他后面追赶，但只见前面扬起的灰尘，自己已经赶不上他了。

望梅止渴

出处

南朝·宋·刘义庆《世说新语·假谲》：魏武行役失汲道，军皆渴，乃令曰：“前有大梅林，饶子，甘酸可以解渴。”士卒闻之，口皆出水，乘此得及前源。

译义

原意是梅子酸，人想吃梅子就会流涎，因而止渴。后比喻愿望无法实现，用空想安慰自己。

故事

有一年夏天，曹操率领部队去讨伐张绣。天气热得出奇，骄阳似火，天上一丝云彩也没有。部队在弯弯曲曲的山道上行走，两边密密的树木和被阳光晒得滚烫的山石，让人透不过气来。到了中午时分，士兵的衣服都湿透了，行军的速度也慢下来，有几个体弱的士兵竟晕倒在路边。

曹操看行军的速度越来越慢，担心贻误战机，心里很是着急。可是，眼下几万人马连水都喝不上，又怎么能加快速度呢？他立刻叫来向导，悄悄问他：“这附近可有水源?”向导摇摇头说:“泉水在山谷的那一边,要绕道过去还有很远的路程。”曹操想了一下说:“不行,时间来不及。”他看了看前边的树林,沉思了一会儿,对向导说:“你什么也别说,我来想办法。”他知道,此刻即使下命令要求部队加快速度也无济于事。脑筋一转,办法来了,他一夹马肚子,快速赶到队伍前面,用马鞭指着前方说:“士兵们,我知道前面有一大片梅林,那里的梅子又大又好吃,我们快点赶路,绕过这个山丘就到梅林了!”士兵们一听,仿佛梅子已吃到嘴里,精神大振,步伐不由得加快了许多。

忘年之交

出处

南朝·宋·范晔《后汉书·祢衡传》:衡始弱冠,而融年四十,遂与为交友。

释义

意指年龄辈分不相当而结为莫逆之交。

故事

东汉有位名士名叫祢衡,他思维敏捷、口才出众,但为人刚强任性,喜欢嘲弄权贵名流,因此一直不得志。

曹操当权时,祢衡来到许昌谋求发展,但拒绝去拜会当时几个有声望的名士,扬言许昌城里除了孔融和杨修,其他的都是徒有虚名。孔融是孔子的二十世孙,当时官高禄厚,极有才名。他听了祢衡的话以后,很想见见这个狂傲的年轻人,便特地换了便服屈尊去拜访他。

两个人一见面就感觉意气相投,交谈推心置腹,毫无顾忌,完全忘记了年龄的隔阂。当时孔融已年届四十,祢衡还不到二十岁。之后,孔融经常把祢衡请去家里喝酒。经过一段时间的交往,孔融对祢衡的才学有了更进一步的了解,就多次在丞相曹操面前推荐他,希望曹操能够加以重用。

曹操想约祢衡来见面,但祢衡一向鄙薄曹操的为人,不但托病不往,还经常在别人面前奚落曹操。曹操被触怒,将他送到荆州刘表那里,不久刘表也不能忍受他的傲慢,将他转荐到江夏太守黄祖那里。黄祖喜怒无常,一次被祢衡顶撞后当场将他斩首。

孔融非常悲痛,认为是曹操间接害死了自己的朋友,以后对曹操更为不敬,终于被曹操以放荡狂言等罪名下令杀害。

望洋兴叹

出处

《庄子·秋水》:秋水时至,百川灌河,泾流之大,两涘渚崖之间不辨牛马。于是焉,河伯欣然自喜,以天下之美为尽在己。顺流东行,至于北海,东面而视,不见水端。于是焉,河伯始旋其面目,望洋向若(海神)而叹,曰:“野语有之曰:‘闻道百,以为莫己若者。’我之谓也……吾非至于子之门则殆矣,吾长见笑于大方之家。”

译义

原指在伟大事物面前感叹自己的渺小,现多比喻做事时因力不胜任或没有条件而感到无可奈何。

故事

很久很久以前,黄河里有一位河神,人们都叫他河伯。有一天,河伯站在黄河岸上，他望着滚滚的浪涛由西而来，又奔腾跳跃着向东流去，非常激动，兴奋地说："黄河太大了，世上没有哪条河能和它相比！我河伯就是最大的水神啊！"有人告诉他："你的话不对啊，黄河的东面有个地方叫北海，那才真叫大呢！"

河伯说："我不信！北海再大，难道它能大得过黄河吗？"

那人说："别说是一条黄河了，就是几条黄河的水流进北海，也装不满它啊！北海真的非常大！"

河伯却说："我没见过北海，我不相信！"

秋天到了，连日的暴雨使大大小小的河流都注入黄河，黄河的河面更宽阔了，隔河望去，连对岸的牛马都分不清了。看到这一切，河伯更得意了，以为天下壮观的景色都在自己这里了。在这个时候，他突然想起了那人跟他提过的北海，于是决定去那里看看。

河伯顺流来到黄河的入海口，在这儿，海神北海若正欢迎他的到来。河伯放眼望去，只见北海汪洋一片，无边无际。他呆呆地看了一会儿，深有感触地对北海若说："俗话说，只懂得一些道理就以为谁都比不上自己，这话说的就是我呀！今天要不是亲眼见到北海，我还会以为黄河是天下最大的呢！那样，岂不被有见识的人永远笑话啊！"

王质烂柯

出处

南朝·梁·任昉《述异记》卷上：信安郡石室山，晋时王质伐木，至，见童子数人，棋而歌，质因听之。童子以一物与质，如枣核，质含之，不觉饥。俄顷，童子谓曰："何不去？"质起，视斧柯尽烂。既归，无复时人。

译文

表示光阴易逝、世事变迁，也形容时日漫长。

故事

东晋时候，信安郡有一个普通的樵夫，名叫王质。有一天，王质上山砍柴，绕来绕去，转到了石室山上。这座山上平时很少有人来。突然，王质听到一阵歌声。他顺着歌声绕过峰去，发现面前有一大片空地，几个小童正席地而坐，一边唱歌，一边下棋，十分悠闲自在。

王质不觉走上前去，将斧头放下，坐在旁边观战。过了一会儿，他肚中有些饥饿，一个童子递过来一个枣核样的东西，让他含在嘴里。他照做，立刻不觉得饿了。这局棋下得变幻莫测、难舍难分、神妙无比，王质坐在旁边看得全神贯注，完全忘记了时间。一局终了，他还没有站起来的意思。旁边一个童子提醒道："你还不走吗？"王质这才赶快跳起来，回身一看，刚才放在一边的斧头，斧柄已经烂掉了。

王质赶快告辞，寻路下山。当回到以前居住的村庄时，他发现村里一个人也不认识了。他找几个老人一问，他们说相传很多年前，有个叫王质的樵夫上山砍柴，便再也没有回来。

韦编三绝

出处

西汉·司马迁《史记·孔子世家》：孔子晚而喜《易》，序彖、系、象、说卦、文言。读《易》，韦编三绝。曰："假我数年，若是，我于《易》则彬彬矣。"

译义

编连竹简的皮绳断了三次。比喻读书勤奋。

故事

春秋时的书，主要是以竹子为材料制造的，把竹子削成狭长的竹片，用火烘干后再在上面写字。竹简有一定的长度和宽度，一片竹简只能写一行字，多则几十个，少则八九个。一部书要用许多竹简，这些竹简必须用牢固的绳子之类的东西编连起来才能阅读。像《易》这样的书，当然是由许许多多竹简编连起来的，因此有相当的重量。

孔丘花了很大的精力，把《易》全部读了一遍，基本上了解了它的内容；不久又读第二遍，掌握了它的基本要点；接着，他又读第三遍，对其中的精神、实质有了透彻的理解；在这以后，为了深入研究这部书，又为了给弟子讲解，他不知翻阅了多少遍。这样读来读去，把连接竹简的牛皮带子也给磨断了几次，不得不多次换上新的再使用。

即使读到了这样的地步，孔子还谦虚地说："假如让我多活几年，我就可以完全掌握《易》的文与质了。"

尾生抱柱

出处

《庄子·盗跖》：尾生与女子期于梁下，女子不来，水至不去，抱梁柱而死。

《战国策·燕策一》：信如尾生，廉如伯夷，孝如曾参，三者天下之高行也。

译义

尾生为守约被水淹死。指坚守信约，或指为爱情而守候。

故事

相传古时有一个名叫尾生的年轻人,他和一个女子相爱,但是他们的爱情却遭到了女子家人的反对。不得已,尾生只好经常和心爱的人相约在远离家中的地方见面。

有一次,他们分别时约好下次在一座小桥下见面。会面那天,尾生一个人先到了小桥下,他在那里等了很长时间,可是他的爱人还是没有到来。尾生有些担心,怕她的家人把她拦住了。在尾生等待的时候,天渐渐下起雨来,小桥下的水也慢慢地涨了起来。尾生先是靠着小桥下的石柱,极力站在高一点的地方。后来,水涨得越来越高,尾生不得不用双臂抱着石柱爬得再高一点。尾生想去爱人家中告诉她这里很危险,还是不要过来了,但是又担心她已经从家里出来了,便决定一直等下去。

于是,尾生尽力抱着石柱,期待爱人的身影会出现在视野中。雨越来越大,水越来越高,尾生也越来越没力气了。当又一个浪头打过来时,尾生消失在水中。

后人用"尾生抱柱"或"抱柱信"指恪守约定的信义行为。比如南梁皇帝萧衍的《秋歌》:"当信抱梁期,莫听回风音。"唐朝文人李白的《长干行》:"常存抱柱信,岂上望夫台。"

问鼎中原

出处

《左传·宣公三年》:楚子伐陆浑之戎,遂至于雒,观兵于周疆。定王使王孙满劳楚子。楚子问鼎之大小轻重焉。

译义

比喻企图夺取天下，觊觎王位。

故事

九鼎是古时周王室的祭器、传国之宝，也是天子君临天下的象征。

楚国原是中国南方的一个小国，到楚穆王时，楚国发展渐呈停滞之态。穆王的儿子庄王即位时还不足二十岁，当时国内矛盾重重、叛乱不断。年轻的庄王采取了以静制动的策略，表面上沉湎于声色犬马、不问政事，其实是在暗中筹划。三年后，他一鸣惊人，采取一系列治国举措，重用伍举、苏从等忠直之臣，打败前来进犯的庸国，使楚国的势力向西北扩展。此后庄王又大力选拔人才，知人善任，君臣齐心，使楚国国力日渐强盛。

楚国强盛起来后，楚庄王便有了称霸诸侯之心，四处出兵攻打别国。他甚至故意以伐戎当借口，在周天子的都城洛邑附近布排军队，进行检阅，以显示自己力量的强大，并向周天子示威。

周定王派王孙满去楚的军营劳军。席间，楚庄王寻机问起九鼎的大小、轻重。九鼎是天子的象征，楚庄王这样问，分明有吞并江山的企图。王孙满不卑不亢地答道："天下有德者居之。周王室七百余年福祚绵延不衰，乃受命于天。天子的信物，怎么可以随便问呢？"

楚庄王自知理亏，恭敬地将王孙满送回。

文君当垆

出处

西汉·司马迁《史记·司马相如列传》：是时，卓王孙有女文君，新寡，好音，故相如缪与令相重，而以琴心挑之……文君窃从

户窥之,心悦而好之……文君夜亡奔相如……文君乃与相如归成都,买田宅为富人。

译义

比喻有学问的人做生意,或指文人落拓不遇。

故事

西汉时,临邛县的卓王孙富甲一方。有一天,他宴请宾客,请来了著名的才子司马相如。在宴席上,司马相如凭借自己的才华和风度,吸引住了卓王孙寡居在家的女儿卓文君。宴席之后,卓文君怀着仰慕的心情,背着父亲私自逃奔到司马相如那里。为了避免父亲的责骂与追赶,两人又连夜逃到成都。不料到了成都,卓文君才发现风度翩翩的司马相如,竟是家徒四壁,一贫如洗。

卓王孙得知女儿与人私奔,不禁勃然大怒,发誓说:“想不到我女儿如此不争气!我不忍心杀她,但她休想得我一分钱!”

卓文君在成都住了一段时间,感到闷闷不乐,就对司马相如说:“我们住在成都,生活如此艰难,不如回临邛去,我从亲戚那里借点钱来维持生活,犯不着过这种苦日子。”于是,她同司马相如一起回到临邛城。

到了临邛,司马相如卖了车马,买了一间酒屋,做起卖酒的生意。司马相如穿着一条破烂裤子和长工酒保一起造酒,有时还把酒缸搬在街中洗刷。卓文君则站在酒台边卖酒边收钱。卓王孙知道后,感到无脸见人,就躲在家里闭门不出。

后来,卓王孙的叔父、弟弟都劝他说:“既然卓文君已嫁给司马相如,司马相如虽然贫穷,但一表人才,又有才学,今后一定会有所作为的。”卓王孙这才分出一部分钱接济两人。

文恬武嬉

出处

唐·韩愈《昌黎先生集·平淮西碑》:相臣将臣,文恬武嬉。

译义

文官图安逸,武官贪玩乐。指文武官吏一味贪玩享乐,不关心国事的腐败现象。

故事

唐玄宗李隆基是唐代帝王中在位时间较长的一个,从公元 712 年到公元 756 年,先后统治了 45 年。李隆基执政期间,任用李林甫、杨国忠等奸臣,到开元末年,政治日趋腐败。李隆基本人则沉迷声色,奢侈荒淫。同时,由于府兵制遭到破坏,京师和中原地区武备空虚,西北和北方各镇节度使掌握重兵,天宝十四载(公元 755 年)爆发了安史之乱。第二年,玄宗逃往四川。至德二载末(公元 757 年)回长安,后郁闷而死。

到了唐宪宗时,淮西节度使吴元济又发动叛乱。公元 817 年,著名文学家韩愈随宰相裴度前往淮西平叛。叛乱平息以后,宪宗命韩愈撰写《平淮西碑》,以记述此事。韩愈在碑文的开始,首先指出了淮西叛乱发生的根源:唐玄宗时,自恃国力强盛,享乐腐化。安史之乱虽然平息了,但北方的人民却蒙受了深重的灾难。由于皇上荒淫,朝中的文官只知安逸享乐,武将也一味追求声色犬马。这种风气如果延续下去,国家的前途便不堪设想了。

问一得三

出处

《论语·季氏》：陈亢退而喜曰："问一得三：闻《诗》，闻《礼》，又闻君子之远其子也。"

译义

问一件事却得到解决三件事的办法。形容求少得多。

故事

春秋时，孔子有个亲生儿子叫孔鲤，字伯鱼。当时，在孔子的学生中，有些人担忧孔子在教学时不一定把全部知识都传授给学生，还有人怀疑孔子对自己的儿子可能教的更多一些。有一天，孔子的学生陈亢问伯鱼："您在老师那里听到过什么特别的教导吗？"伯鱼回答说："没有。有一天，他（孔子）一个人站在那里，我快步经过庭院。他问我：'学过《诗》吗？'我说：'没有。'他说：'不学《诗》，（在官场中）就不会说话。'我回去就学《诗》。又有一天，他又是一个人站在那里，我从他面前快步经过庭院。他问我：'学过《礼》吗？'我说：'没有。'他说：'不学《礼》，就站不住脚。'我回去后就学《礼》。我只知道这两件事。"陈亢听了孔鲤的回答，心里很高兴。他说："我提一个问题，得到三点收获：了解到学《诗》的道理，了解到学《礼》的道理，又了解到君子不偏向自己的儿子。"

卧薪尝胆

出处

西汉·司马迁《史记·越王勾践世家》：越王勾践反国，乃苦身焦思，置胆于坐，坐卧即仰胆，饮食亦尝胆也。

译义

睡觉睡在柴草上，吃饭睡觉都尝一尝苦胆。形容人刻苦自励，发奋图强。薪：柴草。

故事

春秋时期，南方的吴国与越国之间战争不断。在公元前496年，吴国打败越国。越王在战争中身受重伤，难以活命。临死前他嘱咐儿子勾践，一定要打败吴国，为他报仇。

勾践登上王位后，不忘父训，勤练兵马，等待合适的时机为父报仇。这个消息传到吴王的耳朵里，他立即派兵攻打越国。由于越国国力不如吴国，吴国再一次大获全胜，而勾践本人也沦为吴王的阶下囚。吴国士兵将他押送到了吴国，但勾践仍然不忘报仇。他对吴王唯命是从，吴王让他干什么，他就干什么，这样一来就打消了吴王对他的疑心。吴王还以为他真的不再想报仇的事情了，就把他放回了越国。

勾践回去后，对报仇的事情依然牢记于心。他为了磨炼自己的意志，不再睡在豪华的宫殿，而是命人找来一堆干柴草，每天在柴草里睡觉。而且每次吃饭前，他都要吃一口苦胆，然后大声告诉自己："勾践！你难道忘了越国的耻辱和仇恨了吗？"

就这样，勾践锻炼了自己的意志。他不仅自己的生活十分朴素，还采取许多手段使越国富强起来。他亲自参与农事，选贤任能，并且对百姓们爱护有加。如此一来，没过几年，越国就逐渐强大起来。

勾践十分聪明，在增强国力的同时，他还不忘使计麻痹吴王。他命人给吴王送去大量的金银财宝和美女，让吴王沉迷享受，并且还让吴王更加坚信自己已经无心报仇，成功地让吴王放松了对越国的警惕。

就这样，几年之后，国力昌盛的越国寻找到合适的机会，一举攻破吴国，俘虏了吴王，勾践终于如愿以偿。

五丁力士

出处

晋·常璩《华阳国志·蜀志》：蜀有五丁力士，能移山，举万钧……惠王知蜀王好色，许嫁五女与蜀，蜀遣五丁迎之。还到梓潼，见一大蛇，入穴中。一人揽其尾，掣之，不禁；至五人相助，大呼抴蛇。山崩，时压杀五人及秦五女并将从，而山分为五岭，直顶上有平石。蜀王痛伤，乃登之，因命曰"五妇冢"……今其山或名"五丁冢"。

译义

五丁力士因为民除害而受万代景仰。

故事

东周列国时候，蜀国有一位妇女一胎生了五儿一女。这五个儿子成人后力大无穷，有万钧之力。蜀王听说后，就把他们留在身边，随时听用。

周显王五年，秦王送给蜀王五个美人，蜀王叫五丁力士去接。从秦国到蜀国的路上要攀越许多陡峭的山峰，路途非常艰险，途中梓潼山区正有一条巨蛇为害一方，不知有多少人畜被它吃掉，当地人束手无策，称它为“蛇王”。五丁力士临走前，蜀王千叮咛万嘱咐，一定要保得美人平安。

五丁力士日夜兼程地上路了。经过梓潼的时候，他们非常警惕，结果平安无事，顺利通过山区，到秦国接到了美人。他们回来的时候，秦王不放心，又派了两名武将送他们一行。

没想到他们刚进入梓潼山区，就遇见一条巨蛇正往山洞里钻。两名武将吓得两腿发软，赶快拉着五人想要逃跑。五丁力士里的老大说：“好机会，我们刚好为民除害！”其他四人一致赞同。于是他们五人合力，抓住了蛇王的尾巴，想把它拖出来。谁知蛇王的力气也不小，双方僵持起来。过了一会儿，蛇身终于被拖出一大段，于是五人更加起劲。就在这时，只听“轰”的一声巨响，山崩地裂，化为五座山岭，蛇王、五丁力士和两名武将、五个美人都被压死在山下。

蜀王把这五座山岭命名为“五女冢”，但百姓们怀念为民除害的五丁力士，把山岭叫作“五丁冢”，并在他们遇难的地方造了五丁力士庙，供后人瞻仰。唐朝诗人李白过蜀道的时候听到了这个传说，在长诗《蜀道难》中写道：“地崩山摧壮士死，然后天梯石栈相钩连。”赞扬了他们为民除害的精神。

无可奈何

出处

西汉·司马迁《史记·范雎列传》:范雎既相,王稽谓范雎曰:"事有不可知者三,有不奈何者亦三。宫车一日晏驾,是事之不可知者一也。君卒然捐馆舍,是事之不可知者二也。使臣卒然填沟壑,是事之不可知者三也。宫车一日晏驾,君虽恨于臣,无可奈何。君卒然捐馆舍,君虽恨于臣,亦无可奈何。使臣卒然填沟壑,君虽恨于臣,亦无可奈何。"

译义

没有办法,无法可想。指事已至此,想挽回已无能为力。

故事

范雎当上了秦国的宰相,当年曾经救助过他的王稽却官职原封未动,因此王稽有些不大满意。有一天,王稽去找范雎说:"我以为人世间的事情,不可知道的有三件:一是皇帝不知哪天忽然驾崩归去,二是您不知什么时候离开人世,三是我自己不知哪天死在山沟里。人世间还有无可奈何的事情三件:皇帝驾崩,他虽然恨臣子也无可奈何了;您离开人世,君恨于臣也无可奈何;我死在山沟里,群恨于臣也是无可奈何了。"

范雎听了王稽的话,心里很不痛快,便到秦昭王那里去说:"陛下,王稽是有大功劳的臣子呀,若不是他的庇护,我来不到秦国;若不是您的圣贤,我也不会当上宰相。今天我做了宰相,而王稽却不见提升官职,我心里过意不去呀。"

"好吧,那就提王稽为河东郡守吧!"秦昭王满足了他的要求。

原来范雎本是魏国人，先在魏中大夫须贾家里做门客，后来须贾怀疑他暗中勾结齐国，将他打得半死，扔进厕所里，他逃命后改名为张禄隐藏起来。正巧秦昭王派王稽到魏国访寻贤人名士，有人将范雎推荐给他。王稽夜里与范雎谈得很投机，便约他到秦国去，范雎高兴地答应了。

王稽和范雎乘车进入秦国，走到湖县的时候，碰上秦相国穰侯的车马。

范雎担心地说："我听说穰侯是很专权的，反对接纳别国的宾客，如果知道我来了，他不会放过的，我还是藏在车里吧！"穰侯果然把车马停下来，问王稽："你这次去魏国有何收获？有没有带来宾客呀？他们只会乱人耳目，毫无益处呀！"

王稽恭敬地回答："哦，我什么人也没有带回来，您说得对……"

待穰侯走远了，范雎跳下车子，对王稽说："我看穰侯这个人很狡猾，一会儿一定回来检查车子，我还是躲开走吧！"

果然不出范雎所料，穰侯走出很长的路后，突然折回来搜索王稽的车子。他见没有查出人来，才放心离去。

范雎在王稽的保护下，安全地进了咸阳城，接着拜见了秦昭王，取得了秦昭王的信任，后来做了秦国的宰相。

王稽将范雎请来秦国，是有功劳的，所以他才向范雎说了那番话。

五日京兆

出处

东汉·班固《汉书·张敞传》：舜以敞劾奏当免，不肯为敞竟事，私归其家。人或谏舜，舜曰："吾为是公尽力多矣，今五日京兆耳，安能复案事？"

译义

比喻任职时间不长或即将去职，也指凡事不作长久打算。

故事

西汉宣帝年间，京都长安闹贼，百姓家里常常被贼窃，闹得家家户户都不安。京都的治安归由京兆尹负责，可是历任的京兆尹都不能把偷窃之事根绝。宣帝听说在胶东做官的张敞是个能吏，就把张敞调来做京兆尹。张敞到任后，首先亲到民间察访，查知这些窃贼来自一个有组织的集团，有几个为首的人在发号施令，而这几个为首的人，平时出入都骑马坐车，住宅豪华，婢奴成群。张敞便收买了这几个为首的人，设计把全城的窃贼都捉到了，从此长安果然再没有盗案发生了。

张敞做了几年京兆尹，因他的朋友杨恽犯了大逆不道之罪被杀，朝中公卿大夫奏请凡是杨恽的亲友，在朝做官的都应削职，张敞也在所难免。这时张敞手下有个管窃案的府吏名叫絮舜，张敞要他出去办案，他非但不去，还对人说："张敞还能做几天京兆呢？五日京兆罢了，我为什么还要给他办事？"张敞知道了，很生气，就治絮舜抗命之罪，下在狱中，数日内便将他上刑致死。

巫山云雨

出处

战国·楚·宋玉《高唐赋》：妾在巫山之阳，高丘之阻。旦为朝云，暮为行雨，朝朝暮暮，阳台之下。

译文

原指古代神话传说中巫山神女兴云降雨的事，后多指男女之情。

故事

战国时候，楚襄王和楚国著名的文学家宋玉到云梦之地游览，看到高唐之上云气变化无穷，便询问宋玉。宋玉便给楚襄王说了一个故事：

楚怀王在高唐地区游览，中途感到疲乏倦怠，便小睡一觉。睡梦之中，一位女子对他说："我是巫山之神的女儿，听说您游览高唐，我愿在枕席之侧陪伴您。"楚怀王于是与女子欢会。神女离去时辞别说："我住在巫山的南边，高丘的险阻之处，早晨兴起云彩，傍晚降下雨水。每日早晚都在巫山高台之下。"第二天，楚怀王特意去查看，果然如梦中女子所言。因此，楚怀王在此处立了一座庙，起名为"朝云"。

还有一种说法是，楚襄王与宋玉到云梦之地游览，命宋玉作《高唐赋》。当天晚上，果然有神女与楚襄王在梦中相会，且容貌甚是美丽。

X

响遏行云

出处

《列子·汤问》:抚节悲歌,声振林木,响遏行云。

译义

声音高入云霄,把流动着的云也阻止了。形容歌声响亮。

故事

春秋时候,青年薛谭跟随当时著名的歌唱家秦青学习唱歌。学过一段时间之后,薛谭自认为已经把秦青的本领全都学到手了,于是便向秦青告辞回家。

秦青并不阻止他,而是在郊外的大路上为他饯行。饯行之际,秦青轻轻地打着节拍,唱了一首动听的歌。歌声嘹亮,振动了林间的树木,美妙的音响高入云际,使得天上飘动的白云也停了下来。薛谭此时才明白自己和老师的差距,原来老师还有许多本领自己没有学到呢!

薛谭马上向秦青告罪,请求回来继续学习。此后,薛谭都不敢再提回家的话了。

相门有相

出处

西汉·司马迁《史记·孟尝君列传》:〔田〕文闻将门必有将,相门必有相。

译义

旧指名门子弟能继承父兄的事业。

故事

战国时,齐国有个贵族叫田文。有一次,田文问他的父亲田婴:“儿子的儿子是什么?”田婴回答:“是孙子。”田文又问:孙子的孙子是什么?”田婴答:“是玄孙。”田文再问:“玄孙的玄孙是什么?”田婴答:“不知道。”

田文对父亲说:“您在齐国为相,已侍奉了三代君王。现在您家财万贯,但家里不见一个有才能的人。我听说‘将门必有将,相门必有相’。现在您和全家都节衣缩食,还在不断积累财富,不知想留给何人。这样下去怎么能行呢?”田婴听了田文的话,便命田文广招门客。后来,田婴死了,田文承袭了他的封爵,封于薛(今山东滕州东南),称薛公,号孟尝君。田文门下的食客招到了数千人,声名闻于诸侯。

相濡以沫

出处

《庄子·大宗师》:泉涸,鱼相与处于陆,相呴以湿,相濡以沫,不如相忘于江湖。

译义

泉水干了,鱼吐沫互相润湿。比喻一同在困难的处境里用微薄的力量互相帮助。

故事

庄子认为生死是自然规律,不可避免,人们不应该拘泥于形体,而要与大化同流。庄子用鱼的故事打比方,来说明这个道理:泉水干涸了,一群鱼儿被困在陆地上。它们互相吹嘘着湿气,用口水相互湿润,以此来延续生命。是这样更好呢?还是像当初那样,在江湖中各自自由自在、不受约束、彼此遗忘的状态更好呢?相互帮助是因为没有了水,这种情况下生命受到了威胁,的确不如彼此遗忘但各个自由的状态好啊!所以说,人不必太看中身体的形灭,一切只要跟随造化就可以了。

庄子是这样说的,也是这样想、这样做的。后来,庄子的妻子去世,别人前来吊唁,却见庄子在家里敲着瓦盆唱歌,并没有一点哀伤的样子。朋友不解,问庄子:"你的妻子和你相伴了这么多年,你和她不会没有感情,为什么她死了你还在唱歌呢?"庄子答道:"命运如此,哭也没有用。而且死亡不过是进入另一种生命的状态中,我应该为她欣喜,为什么要哭泣呢?"朋友听了,认为有理,告辞而去。

胸中块垒

出处

南朝·宋·刘义庆《世说新语·任诞》:王孝伯问王大:"阮籍何如司马相如?"王大曰:"阮籍胸中垒块,故须酒浇之。"刘孝标注:"言阮皆同相如,而饮酒异耳。"

译义

意指才华不得施展,心中有抑郁不平之气。

故事

有一天,王孝伯和王大两个人坐在一起喝酒聊天,开始评价历史上的名人。谈到汉朝的司马相如时,他们俩先是赞叹一番他的才气和学识,然后对司马相如的一生谈了各自的看法。他们认为司马相如写的赋,场面非常宏大,文辞相当富丽,所以深得汉武帝的欣赏,而且对后代文人的影响也非常大。

说着说着,他们说到魏晋时期的文学家阮籍身上来了。阮籍是当时的"竹林七贤"之一,他这个人,蔑视礼教,不屑与一般的礼俗之士相交。他的诗文当中表现出了人生的孤独和苦闷,对社会现实也加以讽刺,但是阮籍这个人懂得明哲保身,他"口不臧否人物",不对任何人做出评价。

王孝伯就问王大："怎么来评价阮籍和司马相如？"王大就说："阮籍因为在口头、在笔下都不能痛快地表达自己的看法，心中常常积着一股抑郁不平之气，所以经常喝酒，用酒来掩盖这种愁思。他和司马相如在别的地方没有什么大的区别，只是在喝酒上不同。"

徐娘半老

出处

唐·李大师、李延寿《南史·后妃传·徐妃》：徐妃常与人淫通，季江每叹曰："柏直狗虽老犹能猎，萧溧阳马虽老犹骏，徐娘虽老，犹尚多情。"

译义

原词有贬义，现转为中性。多形容年纪大而尚存风韵的妇女。

故事

萧绎是南朝梁武帝的第七个儿子，自小聪明，诗、书、画都擅长，人称"三绝"。可惜生下不久患上目疾，医治无效，瞎了一只眼睛。武帝因此更加怜爱他，七岁就封他为湘东王，十岁时为他娶了湘东王妃徐昭佩。

娶亲那天，天气变化异常，萧绎认为预兆不祥，此后对徐妃又没有特别的好感，不免冷落了她。徐妃出身名门，秉性高傲，自然心存怨恨。一次当她得知萧绎要来时，故意画了半面妆等他。萧绎来到宫中,看到徐妃半边脸浓妆艳抹,半边脸一点脂粉都没有,十分奇怪,出言询问。徐妃含笑答道:“殿下向来只以一目看人,所以我只要画半面妆就可以了。”萧绎气得脸发白,此后再也不去她那里了。

徐妃失去宠幸之后,耐不住深宫寂寞,虽已过芳龄,仍着意于打扮,姿态曼妙,风流得很,四处找人幽会。萧绎有一个亲近的侍臣名叫季江,生得仪表非凡,徐妃竟然毫无顾忌地和他私通。季江的年龄比徐妃小十多岁,也被她弄得神魂颠倒,一次幽会后叹息道:“柏直的狗老了,仍能捕捉猎物;萧溧阳的马老了,仍能驰骋千里;徐娘虽然老了,仍然如此风流多情!”

后来,徐妃的放荡行径渐渐传到萧绎的耳中,萧绎终于下令逼徐妃自杀。

Y

一国三公

出处

《左传·僖公五年》:退而赋曰:"狐裘尨茸,一国三公,吾谁适从?"

译义

形容主持政事的人太多,意见庞杂,号令不统一,让人无所适从。

故事

春秋初,晋国吞并了附近的一些小国,成为一个大国。有一年,晋献公在战争中夺得美女骊姬,带回去立为夫人。不久,骊姬生了个儿子,取名奚齐。

骊姬是个很有心计的女人,既年轻美貌,又善于献媚。晋献公对她宠爱无比,竟想废去太子申生,改立奚齐为太子。这本是骊姬的心愿,但她顾忌群臣不服,又故作姿态,劝献公不要再行废立。这样,献公更宠爱她了。

骊姬还有一个顾忌。那就是太子申生与他两个异母兄长重耳、夷吾关系亲密。于是,她暗中和献公的宠臣梁五、东关五等密谋,离间这三位公子,最后再让自己的儿子奚齐继承王位。经过多次商议,他们决定先设法使三公子离开献公身边,疏远他们父子间的感情。梁五和东关五向献公进言说,让太子去坐镇先君宗庙所在地的曲沃，而让重耳、夷吾两位公子分别去坐镇边疆要地蒲和屈。这样，国君居中指挥，三公子分守重镇，国上万无一失。

经不起两人如簧之舌的巧辩，献公同意了这样做。由于蒲地和屈地一片荒野，便命士为负责修筑蒲、屈两城。士为揣测到，这必定是骊姬为了使奚齐被立为太子而施出的一条计谋，所以故意胡乱营造，草草完工。公子夷吾对此不满，向献公告了一状，说士为办事不力。献公把士为召来，问他为什么修得马马虎虎，士为回答说："我听说没有悲哀的原因而悲哀，悲哀必定会到来；没有战争而筑城，城必定会被敌人利用。现在我奉命为两位公子修城，若是不修筑得坚固，要承担对公子不敬的罪名；而若是修筑得坚固，则为敌人提供了阵地，要承担对君主不忠的罪名。如果我失去了忠和敬，还怎么能为大王做事呢？"说到这里，士为又引了《诗经》中的一首诗："怀德维宁，宗子维城。"意思是用贤德来安定国家，子孙后代才会像城那样坚固。最后他说："我以为三年之后，那里将打仗呢。"回到家里，士为又作了一首诗。诗的意思是这样的："穿狐皮衣服的贵人多得像蓬松杂乱的茸毛一样，一个国家有三个君主，我应该听从谁的呢？"士为的预言没有错。后来，献公听信骊姬的坏话，逼死了太子申生。重耳和夷吾被诬为太子的同党，献公发兵攻打蒲地和屈地。两位公子被迫逃亡国外。骊姬阴谋得逞，奚齐做了晋国的太子。不过，骊姬的好日子也不长。献公死后，继位的奚齐被大臣里克杀掉，骊姬不久也被逼得投河自杀，从此晋国大乱。晋公子重耳在外流亡了十九年后，终于回国继位，是为晋文公。

衣锦还乡

出处

西汉·司马迁《史记·项羽本纪》:项王见秦宫室皆以烧残破，又心怀思欲东归,曰:"富贵不归故乡,如衣绣夜行,谁知之者!"

东汉·班固《汉书·朱买臣传》:上(汉武帝)谓买臣曰:"富贵不归故乡,如衣绣夜行,子今何如?"买臣顿首辞谢。

译文

旧指富贵以后回乡,有喜庆或炫耀的意思。后泛指荣归故里。

故事

"衣锦还乡"的概念,最早是由西楚霸王项羽提出的。当时项羽刚刚攻占了秦朝都城咸阳,有人劝他说:"关中这个地方四周有山河环抱,土地肥沃,可以以此为都城,称霸天下。"项羽见秦王修建的宫室都已被烧得残破不堪,心里又很想回南方的家乡,就答道:"人富贵了就应该很荣耀地回故乡去,让家乡的人都知道,否则就好像穿了锦绣衣衫却走在黑夜中,没有人看见。"

西汉时候,有一个叫朱买臣的书生,诗书满腹,却因家境穷困被妻子抛弃,亲戚朋友也都不理睬他。后来,朱买臣得到汉武帝的赏识,官居高位,为朝廷做了不少事情。汉武帝想要奖赏他,便想了一个主意。汉武帝把朱买臣叫来,说道:"人家说得到荣华富贵之后不回故乡,就好像穿了锦绣衣衫走在黑夜中一样。现在我让你风风光光地回家乡去,怎么样?"朱买臣立刻磕头谢恩。于是他带着汉武帝的赏赐回到家乡,果然人人羡慕,他的妻子也跑来请求重修旧好。

后来,"衣锦还乡"逐渐成为在外的游子奋斗的目标。

一馈十起

出处

《淮南子·氾论训》：一馈而十起，一沐而三捉发，以劳天下之民。

译义

吃一顿饭要起来十次。形容事务繁忙。馈：以食物送人，这里指吃饭。

故事

大禹因为治水有功，颇受百姓爱戴。后来虞舜把帝位让给大禹。

大禹当君主之后就用五种声音来治理国家。这五种声音是钟声、鼓声、磬声、鞀声和铎声。他对百姓说："要来告诉我大道，就敲钟；要来告诉我大义，就击鼓；有紧急事情要告诉我，就击磬；有什么案件要我处理，就敲小鼓；有大事告诉我，就摇铃铛。"当他把这五种声音的用法告诉百姓以后，大禹就常常是："一馈而十起，一沐而三捉发，以劳天下之民。"（意思是：因为要找大禹的人太多。大禹吃一顿饭都要接待百姓许多次；洗一次澡，也往往没洗完就又有好多人来找他来了。他就是这样一心一意为百姓办事。）

一鸣惊人

出处

西汉·司马迁《史记·滑稽列传》:此鸟不飞则已,一飞冲天;不鸣则已,一鸣惊人。

译文

比喻平时没有突出的表现,一下子做出惊人的成绩。

故事

公元前613年,突然得了暴病的楚穆王死了,王位传给了后来大名鼎鼎的楚庄王。

楚庄王登上王位已经三年了,但是他整天饮酒作乐,不理朝政,并下命:"凡进谏者,杀无赦!"

一天,有个叫伍举的大夫对楚庄王说:"我听别人说了一个谜语,但我始终没有猜出答案,特地来请教一下大王。有一只五彩缤纷的大鸟一直住在楚国的京城,整整三年,既不振翅飞翔,也不高声鸣叫,所有的人都很奇怪,大王您说这是一只什么鸟呢?"这些话的含意,楚庄王一听就都明白了,他笑了笑说:"这一只大鸟,你不知道,它不飞则已,一飞就会冲到天上去;它不鸣则已,一鸣就会惊动众人,你慢慢等

着瞧吧!”

可是几个月之后,楚庄王一如既往地享乐,荒废朝政。大夫苏从实在忍无可忍,又去进谏。他号啕大哭着走进宫门,楚庄王问他:“你为什么这么伤心啊?”面对着杀头的危险,苏从毫不畏惧,直言进谏:“您贵为楚国一国之君,却贪图享受,不思进取,长此以往,国家就要毁了!”楚庄王听了以后非常生气,他抽出宝剑,要杀苏从。苏从毫无惧色,直言不讳:“现在楚国一片混乱,我活着也没什么意思了,请大王杀了我吧!”见他一身正气,怒目圆睁,楚庄王激动地从座位上站起来说:“我听从大夫的一片忠言!”于是,他解散了所有的乐队和舞女,立志做出一番事业来。

楚庄王首先从政治入手,他起用了伍举、苏从等人才,让他们担任要职。在改革政治的同时,楚庄王也积极地扩充军队,加强对军队的训练。在他登上王位的第六年,他派兵把庸国灭掉了,并且战胜了宋国。到第八年,又战胜了犬戎。这些都大大地振作了楚国的势力和声威。

公元前598年,也就是周定王九年,趁着陈国发生内乱的时机,楚国出兵把陈国降服了。第二年,楚庄王亲率军队去攻打晋国的保护国郑国,对此,晋国定然不会袖手旁观,同年夏天,荀林父为晋国大将,在晋景公的命令下率领着600辆兵车,浩浩荡荡地开往郑国进行援救。

在新郑(今河南省郑州东部),两国军队展开了激战,晋军最终不敌楚国,战败了。

这场战争,使晋国600辆兵车几乎全军覆没,晋国从此再也无法与楚国抗衡。楚庄王三年不鸣,最终果然一鸣惊人。他成了齐桓公、晋文公、秦穆公之后的第四位诸侯国霸主。

一目十行

出处

唐·姚思廉《梁书·简文帝纪》:太宗幼而敏睿,识悟过人,六岁便属文,高祖惊其早就,弗之信也,乃于御前面试,辞采甚美。高祖叹曰:"此子,吾家之东阿。"既长,器宇宽宏,未尝见愠喜。方颊丰下,须鬓如画,眄睐则目光烛人。读书十行俱下。九流百氏,经目必记,篇章辞赋,操笔立成。

译文

看书时可以同时看十行书。形容看书的速度快。

故事

南北朝时期梁国的简文帝萧纲,是梁武帝萧衍的第三个儿子。萧纲小时候十分聪颖,识悟过人,刚刚六岁他就会写文章,但大家都感到惊奇,不肯相信。一天,他的父亲梁武帝,把萧纲叫到跟前,给他出了一个题目,说:

"你就坐在我面前写,我亲眼看着,就知道你到底会不会写文章!"

梁武帝吩咐左右,取来纸笔。萧纲提笔挥写,一会儿工夫便写完了。梁武帝边读边摇晃脑袋,嘴里不停地称赞说:

"好啊,语句流畅,辞采甚美,我这个儿子快赶上七步成诗的曹植啦。"

萧纲长大以后,非常喜欢读书,而且可一目十行,别人对他看书的速度简直不敢相信。萧纲对各种各样的书籍都不抗拒,九流百氏,诸家学说,无所不晓。他尤其喜欢诗词歌赋,拿起笔来就能写上一篇。他办事也很干练,十几岁就能独立处理事务。

梁武帝死后，萧纲即位，当上了皇帝，但没有几年就被废掉，接着又被害死，死的时候只有四十九岁。

迎刃而解

出处

《晋书·杜预传》：昔乐毅藉济西一战以并强齐，今兵威已振，譬如破竹，数节之后，皆迎刃而解，无复着手处也。

译文

意为把竹子劈开口，下面的一段竹子就迎着刀刃裂开了。比喻处理事情，解决问题很顺利。

故事

晋武帝时，有一个叫杜预的人，不但学问非常渊博，而且见识又很广，他做了七年度支尚书，贡献很多。当时的人都称赞他无所不能，叫他“杜武库”。后来他调任镇南大将军，都督荆州军事，建议攻伐吴国。待到他出兵以后，只用十天的时间，就接连占领了长江上游许多城市；紧接着沅、湘两水以南一带的州郡，也纷纷投降了，他还俘虏了吴军督孙歆以下的文武官员二百多人。这时，有人说吴国是强劲的敌人，不能够一下子完全打败；而且时值夏季，河水正在泛滥，更怕有疫病流行，应该等到明年春天再集中力量攻打。但杜预坚定地说:“从前乐毅由于在济西打了一仗,就吞并了强大的齐国。现在我们士气旺盛,用这样强大的兵力去打吴国,犹如去破竹,等到劈破几节之后,下面便都‘迎刃而解’,不会有碍手的地方了。”于是他带着队伍继续进军,真好像破竹子一样顺利和迅速地把吴国灭掉了。

咏絮之才

出处

南朝·宋·刘义庆《世说新语·言语》:谢太傅寒雪日内集,与儿女讲论文义。俄而雪骤,公欣然曰:“白雪纷纷何所似?”兄子胡儿曰:“撒盐空中差可拟。”兄女曰:“未若柳絮因风起。”公大笑乐,即公大兄无弈女(谢道韫),左将军王凝之妻也。

译文

谢道韫以柳絮比飞雪,应声而成佳句,后人便以“咏絮之才”来称扬富有才华的女子。

故事

谢道韫是东晋时期的才女,出身名门世族,聪慧有才辩,伯父谢安非常喜爱她。谢安曾经问她《毛诗》中哪句最佳,道韫答道:“吉甫作颂,穆如清风。仲山甫永怀,以慰其心。”有一年冬天,天空飘起雪花,谢安召集子侄讲论文义,见窗外雪大,偶尔兴起,问道:“白雪纷纷何所似?”意思是:你们说说,这纷纷飘落的白雪用什么来比喻好呢?侄儿回答:“撒盐空中差可拟。”他把白雪比作天空中洒下的盐粒。道韫说道:“未若柳絮因风起。”谢道韫将白雪比作因风而起的柳絮,比盐粒风雅得多,且出语新奇。谢安听后不觉大笑,很是赞赏。

道韫后来嫁给王羲之的第二子王凝之,这里面还有一段小故事。本来谢家看中的是王羲之第五子王徽之,后来听说王徽之雪夜饮酒之后乘舟去百里外拜访戴安道,到了戴家却叫人掉头回家,所谓“兴尽而返,何必见戴?”就认为王徽之太佻达,有失稳重,因此改选厚道的王凝之为婿了。

道韫善辩,有一次王献之在家里与一位客人谈论文理,始终辩不过客人。道韫就打发使女跟献之说:“请让我来为小郎解围。”于是,道韫以青色绫缎作幛,隔着幛子与客人辩论起来,直至客人词穷。

游刃有余

出处

《庄子·养生主》:彼节者有间,而刀刃者无厚。以无厚入有间,恢恢乎其于游刃必有余地矣。

译义

比喻技巧熟练高超,做事轻而易举。

故事

文惠君有一个厨子叫庖丁,他替文惠君杀牛的时候,只用手一触,用肩一倚,用足一踏,用膝一靠,就能听到皮和骨头脱离的声音。他用起刀来,都是恰到好处。文惠君道:“咦,真妙呀!你的技术怎么高明到这种地步呢?”庖丁把刀放下来,对文惠君说道:“我之所以技术好,是因为知道了规律,将其运用到刀法上去。我刚学杀牛的时候,眼中所见的是全牛,三年之后,就没有看见过全牛。现在,只要凭我精神的感觉,依着这精神的运用,就能够知道牛身骨骼结构,顺其自然地支解开来,不必再用眼去看牛。这是因为熟能生巧,运用起来,都能砍到紧要的地方。好的厨师,一年换一把刀,因为他是用刀去硬割肉;差一点的厨师,一月换一把刀,因为他用刀去硬砍骨。我现在所用的刀,已经十几年了,所杀的牛也有数千只,然而我这把刀,看起来好像还是新的,和刚刚新磨出来的一样。牛的骨骼之间是有节的,节当中有空隙的地方。而刀刃并不厚,用不厚的刀刃,剖向有空隙的地方,自然觉得这个空隙很大,刀刃还能在里面转动呢!”

约法三章

出处

西汉·司马迁《史记·高祖本纪》:吾与诸侯约,先入关者王之,吾当王关中。与父老约,法三章耳:“杀人者死,伤人及盗抵罪,余悉除去秦法,诸吏人皆案堵如故。”

译义

常指在一个群体内,由大家共同约定行为规则并予以遵守。

故事

秦朝末年,刘邦在谋士张良的帮助下打到了灞上,秦朝的皇帝子婴领着一些大臣主动出宫投降,刘邦随后进入了都城咸阳。

进了咸阳城后,刘邦手下的一些人就开始争夺秦宫里的财物,连刘邦自己也想住到秦宫里去,享受一下那里奢华的宫室。但是刘邦手下的大将樊哙却提出了反对意见,他认为奢侈逸乐正是秦朝亡国的重要原因,所以刘邦应该带着军队回到咸阳城外的灞上。谋士张良也赞同樊哙的看法,他认为,刘邦若想成就大业就不应该重蹈秦朝统治者的覆辙。于是,刘邦查封了秦朝的宫室库府,带着军队回到了灞上。

后来,为了稳定民心,刘邦还把当地百姓中较有威望的人召集到一起,对他们说:"我和各个诸侯有约在先,谁第一个入关,谁就是这里的王,现在我应该是这里的王。我要和大家约定三条律法:杀人的要处死,伤人的或偷盗财物的要抵罪,此外还要废除秦朝的繁律苛法。所有的官吏和平民都可以照常生活。"

刘邦的举措使当地的百姓安下心来,百姓都拥戴他为汉中王。以"约法三章"得到民心后,刘邦的势力越来越稳固。后来他在楚汉之争中取得决定性的胜利,最终建立了汉朝。

Z

凿壁借光

出处

《西京杂记》卷二：匡衡字稚圭，勤学而无烛，邻舍有烛而不逮。衡乃穿壁引其光，以书映光而读之。

译义

原指西汉匡衡凿穿墙壁引邻舍之烛光读书。后用来形容家贫而读书刻苦。

故事

西汉时候，有个农民的孩子，叫匡衡。他小时候很想读书，可是因为家里穷，没钱上学。后来，他跟一个亲戚学认字，才有了看书的能力。

匡衡买不起书，只好借书来读。那个时候，书是非常贵重的，有书的人不肯轻易借给别人。匡衡就在农忙的时节，给有钱的人家打短工，不要工钱，只求人家借书给他看。

过了几年，匡衡长大了，成了家里的主要劳动力。他一天到晚在地里干活，只有中午歇晌的时候，才有工夫看一点书，所以一卷书常常要十天半月才能够读完。匡衡很着急，心里想：白天种庄稼，没有时间看书，我可以多利用一些晚上的时间来看书。可是匡衡家里很穷，买不起点灯的油，怎么办呢？

有一天晚上，匡衡躺在床上背白天读过的书。背着背着，突然看到东边的墙壁上透过来一线亮光。他嚯地站起来，走到墙壁边一看，原来从壁缝里透过来的是邻居的灯光。于是，匡衡想了一个办法：他拿了一把小刀，把墙缝挖大了一些。这样，透过来的光也更亮了，他就凑着透进来的灯光，读起书来。

匡衡就是这样刻苦地学习，后来成了一个很有学问的人。

斩草除根

出处

《左传·隐公六年》：周任有言曰："为国家者，见恶如农夫之务去草焉，芟夷蕴崇之，绝其本根，勿使能殖，则善者信矣。"

译文

除草时要连根除掉。比喻除去祸根，不留后患。斩：砍断；除：去掉。

故事

春秋时期，有一次卫国与陈国联合去讨伐郑国。郑国的郑庄公请求陈国的陈桓公，希望讲和。陈桓公不答应，他的弟弟陈五父劝他说："与善人亲近，与邻国和睦相处，是最宝贵的东西，不能失掉。我看还是与郑国讲和吧！"

听了弟弟的话，陈桓公很生气，说："宋国和卫国是强大的国家，我害怕他们难为我；可郑国是一个小国，我去攻打它，它难道还能把我怎么样呢？"于是继续攻打郑国。

两年以后，郑国强大起来，派兵侵袭陈国，把陈国打得大败。邻国眼看着陈国吃了败仗,然而却坐视不救。人们议论说:这是陈国自找苦吃,长期作恶事不知改悔。古书有言,做恶事容易,这犹如燎原烈火一样,无法扑灭,必然最后将大祸引到自己头上。周朝的大夫周任讲过这样的道理:"作为国家的国君,对待恶事应像农夫对杂草一样,将它们铲除,连根挖掉,不让它们再生长出来,这样好事才能得到发展。"

张敞画眉

出处

东汉·班固《汉书·张敞传》:〔敞〕又为妇画眉,长安中传张京兆眉怃。有司以奏敞。上问之,对曰:"臣闻闺房之内,夫妇之私,有过于画眉者。"上爱其能,弗备责也。

译义

比喻夫妇或男女十分相爱。

故事

"张敞画眉"讲的是汉代京兆尹张敞为爱妻画眉的故事。

张敞为人倜傥不群,性情随和,但富有才干,他在任期间,京城地区的治安一直很好。但因为他为人行事不拘小节,也给人留下了不少话柄。

汉代妇女流行画眉,张敞与妻子感情很好,闺房之中,常常给爱妻画眉。这件事情不知怎么被人传了出去,京城地区的人都说张敞画的眉妩媚动人。负责教化的官员得知后,认为此举有失官统,便上奏给皇上。

皇上立刻召张敞来见,问他是否确有此事。张敞承认道:"的确有。但臣听说闺房之内,夫妻间的恩爱有甚于画眉的。"皇上听了这种机敏的对答,爱他的才华，也就原谅了他。

后来妇女画眉，有一种眉形就叫“张敞眉”。画眉鸟也因为“张敞画眉”的典故，有了一个别名叫“京兆鸟”。

张冠李戴

出处

明·田艺蘅《留青日札·张公帽赋》卷二十二：谚云：“张公帽掇在李公头上。”有人作赋云：“物各有主，貌贵相宜；窃张公之帽也，假李老而戴之。”

译义

比喻认错对象或弄错事实。

故事

东昌有个牛医的儿女名叫胭脂，又美又聪明，想嫁个好丈夫。而一般有身份的人家因她父亲是个牛医，瞧不起她家，所以迟迟没订婚。一天，她送邻妇王氏出门，见一少年经过，很有风度，他走远了，胭脂还远远望着他。王氏说：“他是鄂秋隼秀才，跟你恰是一对，我给你做媒好吗？”胭脂羞红了脸，不答。但是心里以为王氏真的给她做媒，很喜欢。一等半月没消息，胭脂饮食无味，病了。王氏来看她，问她病因，她不说。王氏猜到了，在她耳边说：“我丈夫出门做生意了，等他回来，叫他去鄂家做媒，好吗？”胭脂喜动颜色。这王氏从小和书生宿介要好，嫁了人还和宿介往来。这夜宿介又来了，王氏便把胭脂为鄂秋隼而害相思病的事告诉了他。宿介早知胭脂美丽，第二夜便翻墙进了胭脂家，自称是鄂秋隼，抱着她求欢。胭脂不肯，说：“你再不放手我就叫了！”宿介怕把事情搞僵，只得松手。胭脂说："我愿做你的妻子，但决不能私通，你请媒人来吧！"宿介脱下她一只鞋带走了。宿介没尝到甜头，于是又到王氏家睡觉。谁知宿介把那鞋搞丢了，怎么也找不到。王氏问他找什么，宿介只好把经过告诉了王氏。谁知窗外一名叫毛大的贼听见了，恰恰又拾到了鞋，大喜。第二夜毛大翻墙来到胭脂家，胭脂父亲听得声音，持刀追贼，反被毛大杀死，那只鞋子丢在尸体旁。第二天，县官追问这鞋怎么会在尸旁的，胭脂为父亲悲痛之极，直说是鄂秋隼脱去了。县官把鄂秋隼捉来，不容分说，一阵毒打，便把鄂秋隼定为凶手，判死刑，报到济南府。知府吴公很干练，一看鄂秋隼不像凶手，追问之下，才知鄂秋隼根本不认识胭脂，胭脂却曾托王氏做过媒。于是把王氏抓来，逼问之下，供出是宿介假冒鄂秋隼之事。于是宿介死罪难逃了。大家都称赞吴太守英明。宿介虽脱履却未杀人，负屈上告。学使施公反复思考，接手此案，他把王氏找来，问她此事告诉过别人没有，王氏说："没有。""那么有哪些人调戏过你呢？"王氏说出毛大等四人。施公把这四人抓来，说："凶手必是你四人之一，让神来指出来！"于是黑夜把庙壁涂黑，把四人放入庙内，说："谁是凶手，神会在他背上写明的。"毛大心虚，怕神真的在他背上写字，把背靠着墙，背染上了黑墨。第二天，施公说："真凶是你！"不打，毛大就招了。

于是宿介、鄂秋隼都释放了，鄂秋隼和胭脂结为夫妻。此案假中有假，张公帽戴在李公头上，如果不仔细，险些冤杀鄂秋隼或宿介。

朝三暮四

出处

《庄子·齐物论》：狙公赋芧，曰："朝三而暮四。"众狙皆怒。曰："然则朝四而暮三。"众狙皆悦。名实未亏而喜怒为用，亦因是也。

译义

原指玩弄手法欺骗人。后用来比喻常常变卦,反复无常。

故事

宋国有一个狙公,十分喜爱猕猴。为了观赏这种似人非人、富有灵性的动物,他专门喂养了一群猕猴。狙公与猕猴相处久了,人猴之间的信息沟通就成了一种心领神会的交流。不仅狙公可以从猕猴的一举一动和喜怒哀乐中看出这种动物的欲望,而且猕猴也能从狙公的表情、话音和行为举止中领会人的意图。

因为狙公养的猕猴太多,每天要消耗大量的瓜、菜和粮食,所以他必须节制家人的消费,把俭省下来的食物拿去给猕猴吃。然而一个普通的家庭哪有财力物力满足一群猕猴对食物的长期需要呢?直到狙公发觉家里的存粮难以维持到新粮入库的时候,他才意识到限制猕猴食量的必要性。

猕猴这种动物不像猪、羊、鸡、犬,吃不饱时仅仅只是哼哼叫叫,或者外出自由觅食。对于猕猴,如果不提供良好的待遇,想让它们安分守己是办不到的。它们会像一群顽皮的孩子,经常给人闹一些恶作剧。既然没有条件让猕猴吃饱,又不能让它们肆意捣乱,狙公只好想主意去安抚它们。狙公家所在的村子旁边,有一棵高大的栎树。一到秋天,栎树上结满了一种猕猴爱吃的橡子。在口粮不足的情况下,用橡子去给猕猴解馋充饥是个好办法。于是狙公对猕猴说:“今后你们每天饭后,另外再吃一些橡子。你们每天早上吃三粒,晚上吃四粒,这样够不够?”猕猴只弄懂了狙公前面说的一个“三”。一个个立起身子,对着狙公叫喊发怒——它们嫌狙公给的橡子太少。狙公见猕猴不肯驯服,就换了一种说法:“既然你们嫌我给的橡子太少,那就改成每天早上给四粒,晚上给三粒,这样总够了吧?”猕猴弄懂了狙公前面说的一个“四”,以为自己多得了橡子,所以马上安静下来,眨着眼睛,挠着腮帮,露出高兴的神态。

指鹿为马

出处

西汉·司马迁《史记·秦始皇本纪》：赵高欲为乱，恐群臣不听，乃先设验，持鹿献于二世，曰："马也。"二世笑曰："丞相误邪？谓鹿为马。"问左右，左右或默，或言马以阿顺赵高。或言鹿，高因阴中诸言鹿者以法。后群臣皆畏高。

译义

比喻有意颠倒黑白，混淆是非。

故事

秦始皇末年，宦官赵高与始皇之子胡亥串通一气，他帮助胡亥夺得了皇位。秦二世即位后，将赵高封为丞相。做了丞相的赵高，对权利的欲求并未得到满足，他野心勃勃，日夜盘算着要篡夺皇位。在清除了朝内的一些老臣之后，他急于弄清朝中大臣对自己的忠实态度，就想了个办法来进行检验。

有一天，在朝堂上，赵高让人牵来一只鹿，笑着对秦二世说："陛下，我献给您一匹马。"秦二世看了看，笑着说："丞相看错了吧，这明明是只鹿，怎么会是马呢？"赵高于是高声问群臣："大家看看，这到底是马还是鹿？"

大臣们一时微笑着不敢说话。大家心里都明白这是鹿而不是马，但一想到赵高铲除异己的行为,胆小的人不由得倒吸了口冷气。朝堂上多数人缄默不语,有几个迫于赵高的权势,附和说“是马”,最后还是有几个忠直的人大声说“是鹿”。

第二天,那几个说实话的人便未见上朝——他们已经被赵高杀害了。从此,朝野上下人人自危,没有人敢与赵高作对了。

纸上谈兵

出处

西汉·司马迁《史记·廉颇蔺相如列传》:赵括自少时学兵法,言兵事,以天下莫能当。尝与其父奢言兵事,奢不能难,然不谓善。括母问奢其故,奢曰:“兵,死地也,而括易言之。使赵不将括即已,若必将之,破赵军者必括也。”

译文

仅在纸上论用兵之道。比喻空谈理论,不能解决实际问题。也比喻空谈不能成为现实。

故事

赵国有一个叫赵括的人,他是赵国名将赵奢的儿子,他从小爱学兵法,谈起用兵的道理来,引经据典,连他父亲也难不倒他。但是赵奢很清楚赵括没有什么真本事,不能够带兵打仗,所以他在临终时对儿子说:“你无论如何都不能担任军队的将军,你没有统领军队的才能,否则赵国的军队在你的带领下将会面临覆灭的命运。”

公元前262年。赵国受到秦国的攻击,赵国派了大将廉颇前去应战。廉颇作战经验十分丰富，是一名沙场老将，他率领二十万大军在长平与秦军展开交战。根据当时的双方势力，廉颇有着自己的作战计划。他觉得秦国过于强大，硬碰硬的话，赵国可能会吃亏，但是秦军长途跋涉，粮草供给是一大难题，所以他们打不了持久战争。于是廉颇紧闭城门，下令将士死死防守，面对秦军的任何挑衅，全都不与回应。廉颇采用这种政策在长平坚守了长达三年，始终把秦国拒之门外。

可是赵王却觉得廉颇的这个正确的作战策略十分丢脸，他在别人的谗言下，让赵括取代廉颇当了大将去统领那二十万大军。

赵括上任以后，把廉颇的作战方案全盘推翻，让全军立刻进入备战状态，随时准备向秦军发动进攻。

公元前260年的一天，赵括率领军队去攻打秦军，秦军故意打了几阵败仗。赵括不知是计，拼命追赶，秦军一直把他们引诱到了自己的大营前。等赵括反应过来下令撤兵时，已经来不及了，秦军已经切断赵军的后路；赵括又命令将士们对秦军大营发动攻击，但是却根本不能攻破秦军坚固的防御工事。秦军不给赵军任何的休息时间，不断地对收兵歇息的赵军进行骚扰，赵军进不得，退不得，竟成了秦军的囊中之物。

秦国又发兵把赵国的辎重和运粮路线切断了，把赵军截断为两部分，没有粮草补给和救兵的援助，几十万赵军已经无路可走了。

赵军坚守了四十多天，秦军不断地缩小着包围圈。在九月的一天，赵括决定带兵冲出重围，结果秦军万箭齐发，把赵括射死了。赵军听到主将被杀，饥饿难耐的士兵哪里还有心恋战，也纷纷扔下武器投降了秦军。四十万赵军，全部覆灭在了纸上谈兵的主帅赵括手里，被秦军活埋了。

长平一战，使赵国失去了全部的精锐部队，从此赵国逐渐衰落了下去。

中流击楫

出处

《晋书·祖逖传》:仍将本流徙部曲百余家渡江,中流击楫而誓曰:“祖逖不能清中原而复济者,有如大江!”辞色壮烈,众皆慨叹。

译文

比喻立志奋发图强。也比喻收复失地、报效国家的决心。

故事

东晋时候的祖逖,是一位仗义豪侠、忧国忧民的志士。他看到国家失去了北部大面积的地盘,非常痛心。他决心为国家收复失地,重振国威。

晋元帝司马睿在建康定都的时候,祖逖在京口召集了一些勇士,准备北上抗击外族的侵略。他上书晋元帝说:“晋朝所以遭到侵略,是由于藩王争权,自相诛灭,才给敌人造成机会。今天百姓在外族的欺压之下,都有奋击之志、报国之心。您如果能够发威命将,让我做统领,则各方豪杰都会投奔而来,敌兵去除,国耻可雪。”

皇帝答应了祖逖的请求,命他为奋威将军、豫州刺史,拨给他一千人的给养、三千匹布,让他自己去招募兵卒、制造兵器。祖逖准备停当,带领部民一百多家,渡江北上。

船离开南岸,渐渐划到大江中流,大家回望南土,心中都很激动。祖逖望着江心的浪花,手敲着船桨,向众人发誓说:“我祖逖如果不能肃清中原的贼寇,收复失地,就如江水一样,一去不回!”

"对，我们都跟着你，不打败敌人决不回家！"船上的勇士们都鼓足了勇气，发誓报效国家。

祖逖过江之后，先造兵器，后招兵马，成千上万的人闻讯而来，很快就组成了一支强大的军队。

祖逖勇敢善战，很会用兵，加上他对待部下、士卒体贴入微、关怀备至，士卒都愿意为他出生入死、舍命战斗。他接连打了几个胜仗，收复不少城池，不久黄河以南又成为晋朝疆土。祖逖对待有功的军士当天就奖赏，对待投降的敌军将士以礼相待；鼓励百姓植桑种地，自己也叫家人、子弟种地务农，上山砍柴；对战死的士卒收尸埋骨，亲自祭奠。他的这些做法深得老百姓拥护。老百姓自发地为祖逖举行庆功大会，称他为"重生父母"。有人编出民谣赞颂他：

"幸哉遗黎免俘虏，
三辰既朗遇慈父。
玄酒忘劳甘瓠脯，
何以咏恩歌且舞。"

晋元帝听说祖逖屡建功绩，也很高兴，封他为镇西将军。

终南捷径

出处

《新唐书·卢藏用传》：司马承祯尝召至阙下，将还山，藏用指终南曰："此中大有嘉处。"承祯徐曰："以仆视之，仕宦之捷径耳。"藏用惭。

译义

比喻求官职或名利的捷径，也比喻达到目的的便捷途径。

故事

终南山是道教圣地，距离唐朝的都城长安很近，到此地来烧香访道的人络绎不绝，包括自称道教始祖李耳(老子)后人的李氏皇族。因此，隐居在此极容易被皇帝发现，并有机会在朝为官——最早发现这个妙用的是卢藏用。

卢藏用文章写得漂亮，又擅长蓍龟九宫术，书法工草隶、大小篆、八分，善琴、弈。他热衷仕途，参加科举考试得中进士，并以为很快就可以做官了。谁知过了很久也没有得到任何消息，思来想去，他决定和哥哥卢徵明去隐居。到了终南山后，他学练气、辟谷，游历衡山、庐山，博得了清雅的美名。这样一来，他这个“高人”很快就引起了朝廷的注意。不久，他果然被征召，做了官，被人们看作是“随驾隐士”。

与他同一朝代有个道士叫司马承祯，在终南山住了几十年，多次被朝廷征召，名满天下。但司马承祯无意于仕途，请求皇上让他到天台山去修身养性。一次，卢藏用碰到他，对他说：“终南山可是个好地方，在那里隐居就可以了，干嘛还非得去天台山呢？”司马承祯意味深长地说：“在我看来，终南山只是做官的捷径而已。”卢藏用感到很惭愧。

卢藏用虽然热衷名利，但对朋友很真心。他和陈子昂、赵贞固是好朋友，这两个人都比他死得早，他们的儿子都是由卢藏用抚养成人。

壮士解腕

出处

西晋·陈寿《三国志·魏书·陈泰传》：古人有言：“蝮蛇螫手，壮士解其腕。”

译文

勇士手腕被蝮蛇咬伤，就立即截断，以免毒性扩散全身。比喻做事要当机立断，不可犹豫不决。

故事

陈泰是三国时期魏国的将领，曾担任过游击将军、并州刺史、尚书右仆射等官职。

陈泰在代理征西将军时，有一年蜀将姜维、夏侯霸分兵三路进攻魏国边境。雍州刺史王经连忙向陈泰报告。当时姜维率领几万兵马，到达枹罕，准备直取狄道。陈泰命令王经进驻狄道，结果王经作战失利，遭到惨败，只有一万多士卒退到狄道城内坚守，其余的都逃散了。姜维乘胜把狄道城围住。陈泰领兵昼夜兼往，路上与邓艾的兵马汇合，一同前往陇西。邓艾对陈泰说："如今王经军队受到很大挫伤，姜维打胜了，士气很高涨。他们的气势不可阻挡，再说我们继败军之后，将士信心不足，所以依我看，不如暂时放弃狄道城不管，避开姜维的锋芒。待他松懈下来以后再找机会救援狄道，这是割险自保，失去局部以保全整体。古人说过：毒蛇咬手，壮士就把手腕子砍下去，以便保护身体不被毒害。孙子兵法上不是也有'军有所不击''地有所不争'这样的话吗？我的意见请你斟酌！"

陈泰沉吟了半晌，摇摇头说："不行啊，王经已经败了，若让姜维趁胜进兵向东，占据栎阳，积存粮草，收降残兵，招纳羌人、胡人，与我们争夺关、陇要地，那我们就被动了。现在必须速进破敌！"

陈泰说服了邓艾，派兵进入高城岭，夜里偷偷登上狄道东南的高山，点燃烽火，吹起号角。狄道城内守兵看见援军已到，士气倍增，纷纷请战，姜维看援军来得这样快，以为必有奇谋，心中惊惧，便下令撤军。于是狄道城也就解围了。

庄周梦蝶

出处

《庄子·齐物论》：昔者庄周梦为胡蝶，栩栩然胡蝶也，自喻适志与，不知周也。俄然觉，则蘧蘧然周也。不知周之梦为胡蝶与？胡蝶之梦为周与？周与胡蝶则必有分矣。此之谓物化。

译文

形容人生变化无常，或借指奇妙的梦境。

故事

《庄子·齐物论》中说，有一天，庄子在草地上睡觉，做了一个梦。他在睡梦中觉得自己变成了一只蝴蝶，蝴蝶在空中翩然飞舞着，四处游荡，快乐得忘记了自己本来的样子，也忘了自己是由庄子变化而成的。

过了一会儿，庄子忽然醒了过来，但是梦境还清晰地印在他的脑海里。他起身看了看自己，又想了想梦中的事情，一时间有些迷惘。他竟然弄不清自己到底是庄子还是蝴蝶了。究竟是他在自己的梦中变成了蝴蝶，还是蝴蝶在它的梦中变成了庄子？现在究竟是一只蝴蝶在做梦，还是自己在现实中回忆梦境？

不过无论如何，庄子和蝴蝶毕竟还是不一样的，不然也就没有所谓的变化了。这件事让庄子很有感触，他觉得，有时人生中的梦境和真实的生活是很难区分开的。梦境有时会给人一种真实的感受，而在真实的生活中也会让人有身在梦中的感觉。庄子认为，世间万物就是这样不断变化着的，人生也是这样不停变幻着的，没有什么是永恒不变的。

紫气东来

出处

唐·司马贞《史记索隐》引《列仙传》：老子西游，关令尹喜望见有紫气浮关，而老子果乘青牛而过也。

唐·张守节《史记正义》引《抱朴子》：老子西游，遇关令尹喜于散关，为喜著《道德经》一卷，谓之《老子》。

译义

后以“紫气”表示吉祥降临，形势大好。

故事

“紫气东来”是道教的一个著名典故。

周昭王时期，有一位驻守函谷关的关令名叫尹喜。他精通天象学问，擅长望气。一天，他登楼远望，只见东边的天空紫气升腾、祥云缭绕，一轮红日喷薄而出，万道霞光辉映山川。这紫气逐渐弥漫了原野，弥漫了城楼，尹喜惊喜地叫道："紫气东来，必有异人来到。"于是便吩咐守关的部下清扫庭院，迎接贵人。

不一会儿，果然见老子身着黄袍，骑着青牛飘然而来。尹喜欣喜万分，恳请老子留下来著书。老子被尹喜的盛情所感动，又见他管理有方，于是答应著书，写成《道德经》一卷，共五千言，八十一章。这部书后来被奉为道教的经典，又称作《老子》，举世闻名。

后代封建社会历朝皇帝都信仰"唯天降命"，把"紫气东来"当作吉祥的征兆。

走马看花

出处

唐·孟郊《登科后》：昔日龌龊不足夸，今朝放荡思无涯。春风得意马蹄疾，一日看尽长安花。

译文

原形容事情如意，心境愉快。现多指粗略地观看事物。

故事

孟郊出身贫苦，勤奋好学，颇有才华，但仕途却一直很不顺利，从青年到壮年好几次参加科举考试都未考中，以致一生穷困潦倒，连家都养不起。艰难生活中的困苦经历反而促进了他诗作艺术的发展。他的诗以五言为主，大都反映下层人民的生活，如名篇《游子吟》以白描的手法叙述了母子之间绵密的情感。由于他和贾岛都以"苦吟"而知名，他们被后世称为"苦吟派"，北宋苏轼则将他们的风格概括为"郊寒岛瘦"。

性情耿直的孟郊虽然受制于穷困的生活，却不肯趋炎附势，只是一味刻苦攻读，终于在四十六岁参加唐德宗贞元十三年的科举考试时，以真才实学，叩开了仕途之门。得中进士之后，孟郊一扫郁闷之气，感觉神清气爽。他穿上新衣服，披红挂彩，骑着高头大马，游历长安城。长安的繁华与美丽令他大开眼界，赞叹之余，在高中进士的得意心境下，他写下了《登科后》："昔日龌龊不足夸，今朝放荡思无涯。春风得意马蹄疾，一日看尽长安花。"

左右开弓

出处

《元曲选·白仁甫〈梧桐雨·楔子〉》：臣左右开弓，一十八般武艺，无有不会。

译义

原指双手都能射箭。后来用以比喻双手都能操作或几方面都在进行。

故事

唐代时，有一个节度使叫安禄山，营州柳城（今辽宁朝阳南）胡人，本姓康，字轧荦山，因他的母亲嫁突厥人安延偃，故改姓安，更名禄山。安禄山懂六种少数民族语言，骁勇善战，被幽州节度使张守珪收为养子。

唐天宝十载（公元 751 年），张守珪派安禄山领兵六万进攻契丹，打了败仗，被押送回京城长安，请唐玄宗处置。唐玄宗见安禄山膀大腰圆，问："你的武艺如何？"安禄山回答说："我射箭能左右开弓，十八般武艺，没有不会的。我还懂六种少数民族语言。"玄宗听了很高兴，开玩笑地说："你的肚子这么大，里面是什么东西呀？"安禄山说："没有别的东西，只有一片赤诚之心！"唐玄宗听了愈加高兴了，不但没有追究他战败的责任，反而增加了对他的宠信。后来，安禄山兼任平卢、范阳、河东三节度使，有重兵十五万。

天宝十四载（公元755年）冬，安禄山在范阳起兵叛乱，南下攻陷洛阳。次年安禄山称帝，国号燕，年号圣武，但只在位一年，就被他的儿子安庆绪杀了。